厚德博學
經濟匡時

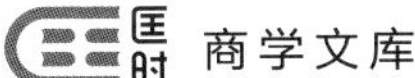

复合成长

中国 500 强企业转型最优路径

王　丹◎著

Compound Growth

The Optimal Path of Transformation for Chinese Top 500 Enterprises

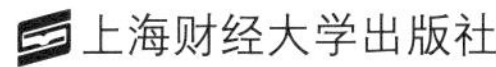

图书在版编目(CIP)数据

复合成长:中国500强企业转型最优路径/王丹著.—上海:上海财经大学出版社,2019.12
(匡时·商学文库)
ISBN 978-7-5642-3461-4/F·3461

Ⅰ.①复… Ⅱ.①王… Ⅲ.①企业升级-研究-中国 Ⅳ.①F279.2

中国版本图书馆CIP数据核字(2020)第022607号

□ 责任编辑 李成军
□ 封面设计 张克瑶
□ 责任校对 姚 玮

复合成长
——中国500强企业转型最优路径
王 丹 著

上海财经大学出版社出版发行
(上海市中山北一路369号 邮编200083)
网 址:http://www.sufep.com
电子邮箱:webmaster @ sufep.com
全国新华书店经销
江苏凤凰数码印务有限公司印刷装订
2019年12月第1版 2019年12月第1次印刷

710mm×1000mm 1/16 15印张(插页:2) 208千字
定价:68.00元

前　言

本书的研究是在中国经济转型和企业转型背景下进行的。在历经40多年改革开放的高速增长之后，中国经济增速逐渐放缓，进入中速增长的新常态。根据发达国家经验，未来驱动中国经济增长的要素将由劳动力、资本和土地这些资源要素向科技创新转变。中国经济发展需要深化制度创新，构筑良好市场环境；需要通过供给侧改革，促进产业转型升级；需要通过提质增效，提升中国企业国际竞争能力。微观层面，改革开放极大促进了中国企业的成长，极大丰富了人们的物质生活，改变了人们的生存方式和生活方式。但在新的技术、经济和贸易背景下，中国仍然面临国企活力不足、产能过剩、技术创新乏力、管理比较粗放等一系列问题和挑战。站在转型的十字路口，“在转型中成长，在成长中转型”是中国企业面临的唯一选择。理论上，需要构建符合中国情境的企业成长理论。实践上，需要总结中国企业在成长过程中积累的宝贵经验，发现其中的突出问题和瓶颈因素，并提出针对性的意见和建议。

本书由8章构成：第1章是绪论，阐述了研究背景和意义、梳理了研究内容和框架、说明了研究方法和创新。第2章是相关理论和文献综述，介绍了企业集团的概念及其在欧美、日本、韩国和中国的演变，梳理了制度理论、交易费用理论等与企业成长相关的理论，并进一步综述了国内外关于企业成长的文献。第3章构建了转型背景下中国企业成长模式理论，首先分析了中国企业成长面临的转型背景，其次提出中国企业成长的理论假设，最后构建了中国企业的复合成长理论模型。第4章是中国企业成长模式的实证研究，描述了采用的实证模型、数据收集情况及样本数据的特征,并对样本数据进行了实证研究,证实了中国企业复合成长模式的理论假设。第 5 章是世界级制造企业服务化成长路径的多案例研究,选择了 IBM、GE、上汽、宝钢和上海电气共 5 家企业进行多案例对比研究,发现了世界级制造企业服务化成长的路径。第 6 章是中国企业成长的案例研究,以上汽集团为案例,提出其向世界级汽车制造企业成长过程中软实力体系的培育和提升。第 7 章是中国企业成长的相关政策建议,建议中国 500 强企业以提升竞争力推动国际化成长,建议政府推进国资国企管理体制改革,激发国有企业成长活力,建议政府转变职能,构筑良好的营商环境。第 8 章为结论和展望。

研究方法主要有文献研究、实证研究和单案例研究。文献研究方面:主要针对“企业”“企业成长”“成长模式”等几个方面的理论和文献进行梳理和归纳,总结前人经验成果。实证研究方面:以 2018 年中国 500 强企业为样本,以 2009～2018 年 10 年的样本数据作为面板数据,以分位回归模型为主,同时辅以最小二乘回归作参照,进行了中国企业成长模式的实证研究。案例研究方面:使用多案例研究方法,甄选 5 家世界级制造企业作为案例,对案例企业的制造服务化过程和路径进行系统深入的剖析。另外,使用单案例研究方法,以上汽集团作为研究对象,通过二手资料收集、问卷调研、深度访谈、现场观察和专题研讨会等方式,针对上汽集团在成长为世界级企业中软实力的培育和提升问题进行深入研究。

本研究的创新点主要体现在三个方面。理论上,首次构建了中国情境下的企业成长模式——复合成长模式。中国 500 强企业将外部资源与内部资源相结合,以“大众市场定位”和提供高性价比产品来赢得市场,成功的市场表现又为企业未来成长带来了获取外部资源的更大可能性,也激励企业内部通过学习曲线,进一步降低成本,提升产品品质,循环往复,形成了独特的复合成长模式。中国企业复合成长理论是本研究在理论上的探索成果,是对传统企业成长理论的丰富和推进。

实证上，首次使用中国500强企业10年面板数据，对复合成长模式进行验证。结果证实了中国企业的复合成长模式。外生因素和内生因素对中国企业成长影响的假设均得到证明。其中中国企业的银行贷款融资是对其成长影响最大的外部因素，技术创新和国际化开拓是对其成长影响最大的内部因素。分位数面板回归的结果显示：成长缓慢的“尾部企业”和“腹部企业”多数处于战略转型期，创新驱动、高质量发展的成长模式尚未显现；成长较快的“肩部企业”呈现出内外因素共同驱动的复合成长模式；成长最快的“头部企业”已经显现了世界级企业创新驱动和国际化发展的内生性成长模式。

实践上，通过多案例研究，总结了世界级制造企业服务化成长的路径；通过单案例研究，提出构建中国企业(以上汽集团为案例)成长的软实力体系，培养和提升其国际竞争软实力。提出了上汽集团在成长为世界级汽车企业进程中软实力培育和提升的路径：以自主文化为基因，以新能源技术研发为突破，以自主创新和自主品牌为支撑，以全球化运作为目标的“软实力体系”。

目录

第1章 绪 论

1.1 研究背景和意义

1.1.1 研究背景

企业通过技术创新及在全球范围内进行技术商品化，持续不断地创造着财富。500强企业是技术进步的领导者、行业的引领者、价值链的主导者和市场秩序的维护者。或许企业带给人类社会的已经不仅仅是这些了，在当今社会，企业编织的经济网络遍布世界的各个角落，企业已经演变成为一种组织、制度和文化。

社会大众比较关注企业为国民经济和社会生活带来的变化，而企业家和学者可能更加关心企业是如何实现“由小变大”和“由弱变强”的。企业成长是一种复杂的演化过程，一直都是经济学和管理学所关注的热点问题。东西方学者研究发现，在不同环境下，企业成长模式也不尽相同。

1978年以来，为了经济效益和效率，中国政府进行了一系列的市场化改革，成果之一是将脱胎于政府机构的国有企业组建成企业集团(business group)(Keister，1998，2000；Lu，Bruton & Lan，2002)。企业集团是建立在主导企业或核心企业基础上的基于法律或社会的多种形式联合(Granovetter，1995)。Williamson(1975)认为企业和市场是两种既相互独立，又相互联系的经济组织形式，企业集团则是介于企业与市场之间的一种中间组织(Chung，2001)。这种中间组织在西方成熟市场经济国家由来已久，比如被大家熟知的“卡特尔”“辛迪加”“托拉斯”等，其中最具有包容性的概念应该就是“战略联盟”(strategic alliance),但当时还没有“企业集团”的叫法。20 世纪 70 年代末的日本和韩国,首次将这种企业之间的联合称为“企业集团”(Keister,2000)。

中国 500 强企业中 60%以上是大型和超大型的企业集团。影响企业的环境因素很多,不同环境下的不同因素会促成不同的企业集团(Masahiko Aoki,2001;Avner Greif,2006)。同时,企业集团也会对外部环境,尤其是产业环境和竞争环境产生一定影响。Tarun Khanna 和 Yishay Yafeh(2007)认为企业集团对社会产生的作用是不清晰的:有时集团在发展经济体中可能起到积极的作用,但会因为寻租行为或垄断造成社会财富的损失。所以集团在不同的阶段、在不同的国家,对不同的组织可能是一种“典范”(paragons),也可能是一种“寄生虫”(parasites)。不同的环境下会产生不同的企业或企业集团,因此,对企业的研究应该限定在一定条件下。本研究将以“转型”为背景,总结和剖析中国 500 强企业的成长模式。

目前,经济学和金融学对企业的研究成果比较丰富(Andrei Shleifer, Robert W. Vishnys,1997;Rafael La Porta et al.,1997,1998):经济学上以分工理论、规模经济、范围经济、交易费用、产业组织等为代表;金融学上以产权结构、集团管控等为代表(Randall Morck et al.,2005)。但从“成长模式”的角度对企业的研究并不多见。Khanna 和 Yafeh (2005)曾从多元化的角度对巴西、智利、印度、印度尼西亚、韩国、墨西哥等国家的企业进行了实证研究;国内学者王玉和王丹(2010)实证分析了世界 100 强企业的最近 10 年间(1997～2006 年)的业务组合情况,发现一体化成长和相关多元化成长是企业的主要成长模式。这是对企业成长模式少有的探索。

管理学认为企业是异质的,不同企业对土地、劳动力、资本的获取能力不同;即使两家企业拥有同样的资源,由于资源利用能力不同,企业成长表现也不同。Penrose(1956)认为企业成长的驱动力来源于企业内部,Barney(1997)构建了“资源—能力—成长”的内生成长研究框架,自此掀起了研究企业成长的热潮，先后有国内外多位知名学者参与其中（Ansoff，1965；Chandler，1977；Gil，1985；Prahalad & Hamel，1990；杨杜，1996；邬爱其、贾生华，2003；张维迎，2006；等），他们的研究成果极大丰富和发展了企业成长理论。

企业成长模式是其在成长过程中所表现出的比较稳定的、具有一定普遍特征的方式和路径。企业成长是千差万别的，但在所有企业成长的过程中，总会有些带有普遍意义的东西。本书通过研究转型背景下中国企业的成长模式，试图探寻蕴含在其中的普遍特征。

2008年美国次贷危机之后，国际国内的经济环境都发生了很大改变。国际上，在危机后的10年间，世界经济持续低迷，呈现“L”形走势，并且这一态势还将继续下去；美国退出《跨太平洋伙伴关系协定》（Trans-Pacific Partnership Agreement，TPP），中国增加国际经济和贸易话语权，也为中国推动“一带一路”倡议提供了新机遇。中国经济进入新常态，驱动经济增长的要素由资源向技术转变。中国经济发展需要深化制度创新，构筑良好市场环境；需要通过供给侧改革来促进产业转型升级；需要通过提质增效来提升中国企业国际化竞争能力。未来中国企业需要主动适应国际、政治、经济和技术的新环境，以及中国经济发展的新常态，以技术创新为驱动，推进供给侧结构性改革；以开放合作为理念，助力国际化大发展。

1.1.2 研究意义

改革开放40多年来，中国企业的成长极大地丰富了人们的物质生活，改变了人们的生存方式和生活方式。站在转型的十字路口，“在转型中成长，在成长中转型”是中国企业面临的唯一选择。

理论上，构建符合中国情境的企业成长理论。不同时代和国家的企业拥有不同的特征和成长模式，来自西方市场经济国家及亚洲的日本和韩国“舶来品”不一定符合中国情境，需要将其理论进行“中国化”，构建更符合当前中国转型背景的企业成长模式理论。一方面，符合中国情境的企业成长理论更能有效指导中国企业的实践;另一方面,中国企业成长的理论也是对国际上企业成长理论的推进,是对以"企业"为主体的成长理论的新突破。

实践上,通过系统梳理近十年来中国企业的成长模式,总结其在成长过程中积累的宝贵经验,发现其中的突出问题和瓶颈因素,并提出针对性的意见和建议。从企业层面,提出了中国企业构建国际竞争软实力,及世界级制造企业服务化路径的建议;从企业成长环境层面,提出政府转变职能构筑良好成长环境的建议;鉴于国有企业在中国的地位和特殊性,提出深化国资国企改革管理体制改革,激发国有企业成长活力的建议。

1.2 主要内容和思路框架

1.2.1 主要内容

本书的主要内容包括五个部分:企业成长的理论和文献研究、转型背景下中国企业成长模式的理论、中国企业成长模式的实证研究、中国企业成长为世界级企业的案例研究和中国企业成长的建议和政策。

首先是企业成长的理论和文献研究。主要研究"企业成长"的概念及其演变,包括制度理论、交易费用理论、资源基础理论等在内的企业理论和企业成长的相关文献综述。

其次是转型背景下中国企业成长的理论研究。主要研究中国企业转型背景,提出中国企业成长模式的理论假设,构建转型背景下中国企业成长模式的理论模型。

再次是中国企业成长模式的实证研究。以 2018 年中国 500 强企业为样本,采集了 2009～2018 年共 10 年的样本数据,采用四分位数回归模型进行实证研究,求证中国企业成长模式的理论假设。

从次是中国企业成长模式的案例研究。单案例将针对上汽集团在成长为世界级汽车企业过程中软实力的培育与提升展开研究。多案例将选择 IBM、GE、宝钢、上汽和上海电气 5 家企业，重点研究世界级制造企业服务化的成长路径。

最后是中国企业成长模式的建议和政策。从企业、国资国企改革和政府构筑中国企业成长环境三个方面提出相关建议。

1.2.2　思路框架

本书首先从分析传统的企业和企业成长的文献入手，发现企业成长的内生和外生两种理论不能单独解释中国企业在最近十年来逆势成长的现象。其次，根据中国企业的成长特点，构建和验证了符合中国情境的"复合成长模式"理论模型。再次，以多案例研究和单案例研究，发现中国500 强企业与世界级企业的差距并提出建议。最后，从企业、政府和国资国企体制机制三方面提出有助于中国企业成长的建议和政策，研究的基本思路如图 1.1 所示。

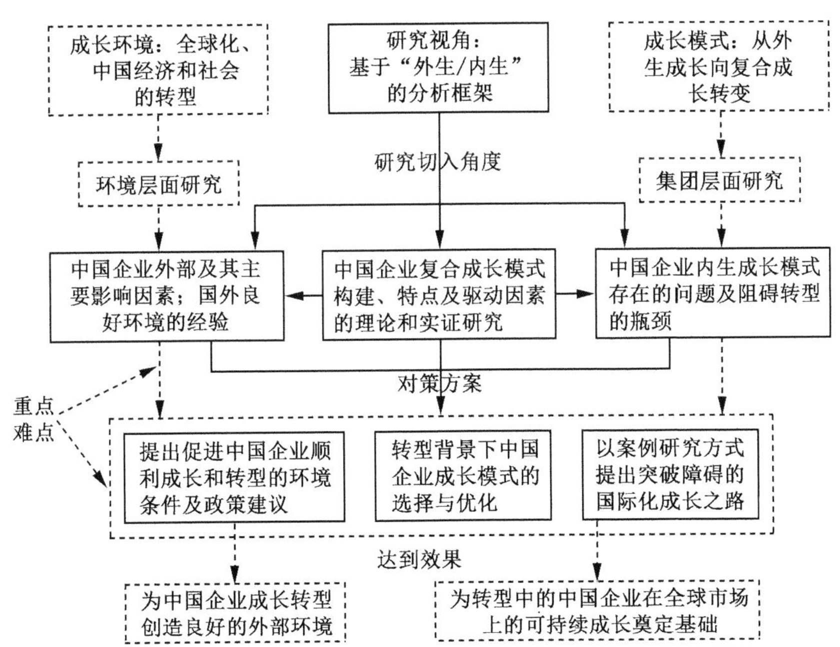

图 1.1　研究内容及逻辑

1.3 研究方法和创新

1.3.1 研究方法

本书主要使用了文献研究法、实证研究法和案例研究法。

文献研究方面:主要针对“企业集团”“企业成长”“成长模式”等几个方面的理论和文献进行梳理和归纳,总结前人经验成果。

实证研究方面:以 2018 年中国 500 强企业为样本,以 2009～2018 年 10 年的样本数据作为面板数据,以分位回归模型为主,同时辅以最小二乘回归作参照,进行中国企业成长模式的实证研究。

案例研究方面:使用多案例研究方法,甄选出 5 家世界级制造企业,对其制造服务化过程和路径进行系统和深入的剖析;另外,使用单案例研究方法,以上汽集团作为研究对象,通过二手资料收集、问卷调研、深度访谈、现场观察和专题研讨会等方式,深入研究上汽集团在成长为世界级企业过程中软实力的培育和提升问题。

1.3.2 研究重点难点

1. 中国企业成长模式理论构建

中国经济正处于转轨时期,政府和市场“两只手”都会对中国企业成长产生直接或间接的影响。通过文献梳理发现,现有的成长理论无法直接解释中国企业逆势成长的现象,需要根据中国的情境构建新的理论,这是本书的重点和难点。该模型将是对转型背景下中国企业成长模式的重要理论探索。而且影响中国企业成长的因素众多,分类方式不统一,各个学派的观点既有不同也有交叉,需要阅读大量的文献,进行深入思考,提出更加合理的分类方式,并找出各个观点之间的异同之处。因此,文献研究任务非常艰巨。

2. 中国企业成长模式的实证研究

中国企业成长模式的实证研究是在理论假设基础上进行的。这是本研究的又一个重点和难点内容。重点体现在这是对理论构想的验证，如果得到证实，则可较为完整和系统地总结出中国企业的成长模式，得出可信的结论。难点体现在指标选取、样本选择和实证软件操作上。由于已有文献对企业成长指标及其影响因素的衡量指标的选取并不统一，为了实证的全面性，需要对使用比较多的指标进行全面收集和分别验证。样本选择是个难题，既要有足够的样本量，能够真正代表中国企业的总体水平，又需要一段相对长时期的面板数据，能够体现中国转型的背景。

3. 转型背景下中国企业成长的案例和政策研究

虽然本研究能够攻克上述两个重点和难点，但要增强研究的现实意义，还需要结合具体的企业。其实中国企业成长模式是多种多样的，很难判断哪个模式的优劣。不但模式本身并无优劣之分，由于模式是在企业成长中演化出来的，具有路径依赖，因此，直接建议中国企业采用哪种成长模式更好是不现实的，也可能是错误的。比较行之有效的方式是具体到一些企业，根据其现在的成长模式状况，提出有针对性的建议。因此，研究选取了上汽集团、宝钢、上海电气和美国的 IBM、GE 为案例企业进行深入剖析，并提出向世界级企业成长的建议。另外，在给出政策建议方面，同样存在难点。转型过程中，外部因素与内部因素都影响企业的成长，需要从企业和政府两个角度分别提出建议和政策。但是国有企业仍然在中国占据主导地位，其本身又有着独特性，因此还需要针对本轮国资国企管理体制改革给出针对性建议，以便激发国有企业成长的活力。

1.3.3 基本观点

在不同成长环境中的企业表现出不同的成长模式，随着成长环境的变化，企业的成长模式也在不断调整和优化。

“复合成长模式”是转型背景下中国 500 强企业的成长模式。学术界对于企业成长模式上始终存在两种争论，即外生性成长模式和内生性成长模式。在资源的获取上，复合成长模式强调外生性与内生性结合，通过自己的方式将外生资源转化为内生能力;在技术创新和管理能力上,强调"实用主义",通过"模仿创新",发挥"后发优势";在市场定位上,更加契合市场规模庞大的"大众群体",选择最大市场规模的"大众定位";竞争策略上,企业能够为大众市场提供"性价比更高"的产品或服务;在国际化方式上,企业采用海外并购资源与自主开拓国际市场并行的道路;从竞争优势来源上看,复合成长模式之所以能够快速增长,获取竞争优势的来源有外部资源获取的便利、后发优势、"大众市场"定位、规模经济和范围经济等。

站在转型的十字路口,"在转型中成长,在成长中转型"是中国企业面临的唯一选择。未来中国 500 企业成长应该更加注重培养和提升国际竞争力,原因在于以下两个方面:一是中国处于体制转轨,政府干预越来越少,市场的作用越来越大,即越来越向市场经济体制转变,中国企业从外部获取资源的机会在减少;二是中国企业"走出去"的步伐在加快,在本土市场上积累的模仿创新技术优势不一定适用于国际市场。因此,建议中国企业未来更加注重国际竞争力的培育和提升。

1.3.4 创新点

理论上,首次构建了中国情境下的企业成长模式——复合成长模式。中国企业将外部资源与内部资源相结合,以"大众定位"和提供高性价比的产品赢得市场,成功的市场表现又为企业未来成长带来了获取外部资源的更大可能性,也激励企业内部通过学习曲线,进一步降低成本,提升产品品质,循环往复,形成了中国企业独特的复合成长模式。中国企业复合成长理论是本研究在理论上的探索成果,是对传统企业成长理论的丰富和推进。

实证上,首次使用中国 500 强企业 10 年面板数据,对复合成长模式进行验证。结果证实了中国企业的复合成长模式。外生因素和内生因素对中国企业成长影响的假设均得到证明。其中中国企业的银行贷款融资是对其成长影响最大的外部因素,技术创新和国际化开拓是对其成长影响最大的内部因素。分位数面板回归的结果显示:成长缓慢的"尾部企业”和“腹部企业”多数处于战略转型期，创新驱动、高质量发展的成长模式尚未显现；成长较快的“肩部企业”呈现出内外因素共同驱动的复合成长模式；成长最快的“头部企业”已经显现了世界级企业的创新驱动和国际化发展的内生性成长模式。

实践上，通过多案例研究，总结了世界级制造企业服务化成长的路径；通过单案例研究，提出构建中国企业（以上汽集团为案例）成长的软实力体系，培养和提升其国际竞争软实力。提出了上汽集团在成长为世界级汽车企业进程中软实力培育和提升的路径：以自主文化为基因，以新能源技术研发为突破，以自主创新和自主品牌为支撑，以全球化运作为目标的“软实力体系”。

第2章　相关理论与文献综述

不管是世界500强，还是中国500强，都以企业的“营业收入”作为唯一评价指标，“营业收入”是衡量企业规模的重要指标，在该指标下排名的500强企业首先是“大企业”，而大企业大多数是企业集团，因此本章将先从“企业集团”的概念和演变说起。

2.1　企业集团的概念及其演变

为了更加准确地把握中国500强企业成长模式的研究，首先有必要深入理解“企业集团”的概念和本质，进一步明确本项研究的主体及其特征。

企业集团作为一种介于市场与企业之间的经济组织形式由来已久，第二次世界大战之前在欧美一些国家已经建立和发展，20世纪50年代后在日本和韩国盛行，改革开放之后在中国蓬勃发展。100多年来，虽然来自不同国家的多位学者曾先后对企业集团进行了比较深入和系统的研究，但是在不同时代背景和经济环境下，企业集团被赋予了不同的概念和内涵。截至目前，尚没有一个广为接受的“企业集团”概念，随着时代环境变迁，企业集团的概念也将不断演化。本研究是在中国经济转型背景下展开的，结合国内外代表性的定义回顾和梳理，对“中国企业集团”的概念进行界定。

2.1.1　企业集团的概念和国际演变

1. 企业集团在欧美的产生和演化

Strachan(1976)较早地认识和肯定了企业集团的存在价值,他将企业集团定义为“由同一个法人所有并经营的各类企业的长期联合体”。他认为企业集团区别于其他企业组织形式,具备三个方面的特征:经营业务的多元化、成员企业的多元化和良好的信用环境。Granovetter(1994)认为本质而言企业集团是成员企业之间的联合体,成员企业处于一个占优企业的控制之下,他们通过不同形式的法律或社会联系,在多个市场上同时运作。Leff(1978)的定义为,企业集团是在同一个财务或行政控制下,各种不同类型的市场主体联合组成的企业群。Encarbatuibm(1989)研究了印度的“企业集团”,认为企业集团拥有强大的家族、种族、地区和等级制度等社会纽带,这些社会纽带强化了成员企业之间的财务和组织联系。Khanna 和 Rivkin(2001)认为企业集团本质上是一个企业群,位于群中的成员企业是独立的企业法人,他们往往通过正式和非正式纽带关系彼此相互连接,通过相互协调来采取一致行动。

还有很多学者从不同的角度对企业集团的概念进行了界定,但目前尚无一个被广泛接受的定义。但从上述定义中可以判断,企业集团是一种企业成员之间的联结,可以是股权控制联结,也可以是非股权形式的联结;处于主导地位的企业在集团中行使控制权;企业集团本身可能是一个独立的企业法人,也可能不具备法人资格,只是经济上的联合体;企业集团多数以获得更多的资源,形成更强的市场竞争力为目标;企业集团在不同国家和经济环境背景下的表现形式不尽相同,其组织形式也随着环境的变化在不断演化。

在欧美市场经济国家,伴随着社会化大生产需求和规模经济诱导,运用集中方式组织和利用生产要素资源越来越普遍。在 18 世纪,西方国家的资本主义进入自由竞争时期,“卡特尔”和“辛迪加”等垄断组织形态首先在德国出现,成员企业以契约或协定的方式联结在一起,形成垄断势力(程丽霞,2006)。随后,在 19 世纪 20 年代,德国又出现了“康采恩”组织形态,成员企业通过参股或控股形式,以资本为纽带,相互联结成经济联合体。1882 年,美国诞生了一种新的垄断经济联合体——“托拉斯”,这是世界上第一个单一法人实体形态的企业集团。

欧美国家的企业集团成长经历了五个阶段:第一阶段是以“卡特尔”和“辛迪加”为主的企业横向并购阶段,第二阶段是以“托拉斯”为主的企业纵向并购阶段,第三阶段是以“康采恩”为主的企业混合并购阶段,第四阶段是企业集团之间的强强联合阶段,第五阶段是大型跨国企业集团阶段。以美国矿业和制造业为例,在19世纪末和20世纪60年代的半个多世纪中,先后出现三次横向并购浪潮,该时期的企业横向并购以“卡特尔”和“辛迪加”为主。20世纪七八十年代,企业之间的横向并购数量在减少,而纵向并购和混合并购的数量在上升,该时期企业间的纵向并购和混合并购以“托拉斯”和“康采恩”为主。为了充分利用规模经济、实现优势互补,20世纪90年代,欧美国家的企业集团开始了相互之间的强强联合,互联网、飞机制造、医药、电信、石油和银行等产业内的集团并购规模空前。以美国医药行业为例,2013年沃尔格林、美源勃艮和联合博姿三大医药企业宣布联合,并达成长达10年的医药分销协议。20世纪末21世纪初,随着经济一体化推进和区域范围内的竞争加剧,大量欧美企业集团为了开拓新市场,充分利用全球资源,降低生产成本,开启了全球战略布局的时代。这些企业集团以本国母公司为集团总部,纷纷设立海外分支机构或子公司,以直接投资、跨国并购、合作经营、技术转让、品牌授权、组建联盟等多种形式开展跨国经营,形成大型的跨国企业集团,有些企业甚至已经发展成为全球企业集团。

2. 企业集团在日本的产生和演化

在日本,先后有多位学者尝试定义“企业集团”。奥村宏(1981)认为,企业集团的本质是企业之间在资本上的联合,成员企业开始在集团内相互环形持股,建立在相互支持基础上的社长才会出现,企业集团代表成员企业共同投资,大城市银行成为企业集团的核心,综合商社是企业集团的另一个纽带,以银行和综合商社为核心的企业集团构建了包罗万象的产业体系。今井贤一和小宫隆太郎(1995)认为企业集团是通过主管兼职或股票持有来确保企业之间的关联集合。山田一郎(1971)将企业集团定义为，鉴于相互补充成员企业在技术或其他机能上不足的需要，在保持各自自主权的前提下，以平等互利为原则所联结成的持久的经营联合体或经营协作体制。虽然日本诸多学者尝试从学术的角度界定“企业集团”，但日本尚无“企业集团”的法律定义。一般认为，日本的“企业集团”是基于经济、技术等方面的联系，成员企业通过交叉持股等多种方式自愿结合的比较持久的经济联合体。

日本的企业集团早在第二次世界大战之前已经出现，当时被称为“财阀”(zaibatsu)，大致出现在19世纪末和20世纪初的明治时期。面对西方入侵，日本政府决定动员全国的资源来加快经济发展(Fruin，1994；McMillan，1996)。为了达到该目标，日本政府给予那些成功的、富有政治名望的企业家(武士阶级)一系列支持措施：满足他们的资本需求，给予他们优惠的税收待遇，更便利的外汇获取方式，国内市场保护以抵御国外竞争者等。在支持和鼓励之下，日本的企业家开始迅速扩张，为了充分利用机遇，他们利用创新业务的方式向各个产业快速渗透。之后这种高度多元化的企业被称为“财阀”(例如，三井集团、三菱集团和住友集团等)。后来，这些财阀又从第二次世界大战前准备和第二次世界大战之中获益。第二次世界大战后，美国占领军勒令解散日本财阀，财阀被迫放弃其在关联企业和附属企业中的所有者权益。在盟军最高司令部(Allied Forces Supreme Command，AFSC)撤离日本后，原有的财阀开始重新组建，新建之后被称为“企业集团”(keiretsu)。有别于“财阀”的“所有者控股”形式(ownership-based)，新设的“企业集团”采用的是“联合所有制”形式。第二次世界大战之后，日本的“企业集团”从政府对目标产业的支持中获益，获取经济实力。

第二次世界大战之后经济高速发展时期，以旧财阀和银行为中心的企业集团(代表性的有三菱、三井、住友、第一劝银、富士、三和六大集团)和由大型企业和关联公司组成的企业集团(新日铁、住友金属、丰田、日产、松下、东芝、日立等)都存在着，随着经济发展环境的不断变化，企业集团的组织形式也在不断演化。日本企业集团的作用体现在两个层面：微观上,企业集团可以迅速形成规模经济,其联合研发技术,发展多元化业务,信息沟通顺畅,可向成员企业提供信誉度和知名度;宏观上,企业集团在日本经济发展中起到了骨干作用,集团内的专业化分工扶持了中小企业共同发展,通过技术创新升级产业结构,快速形成产业国际竞争力和推动出口。

经济泡沫破灭后,信息技术高速发展,国外银行迅速抢滩日本,日本的银行对企业集团的贷款和融资功能日益弱化,主银行制度受到打击,金融机构和企业之间的持股比例在不断减少,金融机构的重组加速了企业集团分化,原有的六大企业集团已经重组为三大企业集团,即三井住友、瑞穗和三菱UFJ(日联银行)。在新的经济和技术环境下,日本的传统企业集团面临巨大的转型压力,需要向新型的、现代化的企业集团模式转型(罗本德和张皎,2014)。

3. 企业集团在韩国的产生和演化

韩国企业集团的萌芽出生于20世纪40年代,当时被称为"韩国财阀"或"韩国大企业"(chaebol)。20世纪六七十年代,韩国政府正式把促进经济发展作为国家目标,并开始调动全国资源促进大企业发展,真正意义上的大型企业集团得以发展壮大(Kae H. Chung,2004)。韩国政府为了发展工业经济,开始干预资本、劳动力和产品市场,大力支持被选出来的几个企业发展,包括现代、三星、LG、大宇、SK和双龙。至于为什么会选择上述几家企业,可能的猜测是政府考虑到主导的工业产业需要大规模投资,而为数不多的企业便于政府政策制定者操作。结果被选出来的企业可以在各个产业中扩展商业活动,这些企业也随之演变成为高度多元化的企业集团。

与日本相比,韩国的企业集团发展严重依赖政府,韩国政府不但在资源配置上明显向企业集团倾斜,更有甚者,政府直接拥有企业集团的控制权,最终形成了"政府—银行—企业集团"三者之间稳固的"铁三角"关系。为了进一步支持企业集团的发展,韩国政府还为他们提供了诸多管理和财务支持,以提升其规模经济和范围经济。只要这些企业集团扩展的商业活动能创造工作岗位和促进出口，政府便很少约束他们。在韩国企业集团的鼎盛时期，张汉林和蔡春华(2007)统计显示：1996 年韩国前 30 企业集团平均拥有 22 家企业，在 19 个产业中开展经营；前 5 家企业集团平均拥有 40 家企业，大约在 30 个产业中开展经营。

20 世纪 80 年代韩国发生了严重的经济衰退，极端的企业集团扶持政策和第二次石油危机是导致经济衰退的重要原因。为了应对经济危机，韩国政府开始推出“自由化”和“民营化”的政策，以对企业集团的经济垄断进行限制和干预。然而，经过多年的扩张，韩国企业集团通过股权收购等方式控制了很多金融机构，并从中获取发展再融资的便利，还导致政府对金融机构的管控严重削弱。韩国企业集团高度多元化和跨国并购的高速扩张，致使其资产负债率激增，寻租、腐败和代理人问题频发，最终成为亚洲金融危机中的多米诺骨牌，纷纷倒闭。

亚洲金融危机之后，韩国政府先后推出了降低财阀的资产负债率、促进公平贸易的管制、会计标准的管制以及规范金融市场的银行贷款管制等多项措施，这些措施统称为“新财阀政策”，用以推动韩国企业集团改革和治理(罗本德和张皎，2014)。近几任的韩国总统都在推行众多限制财阀的政策，以改善企业集团的公司治理，提高透明度，降低韩国经济对财阀的依赖。2008 年金融危机之后，韩国企业集团自身也开始逐渐剥离经济效益差、与主业不相关的关联企业，以便提高自身的抗风险能力和缩小产业范围；努力调整财务结构，以降低资产负债率；通过引入职业经理人和改变人才管理体制来改善家族式管理模式。但从实施效果看，不管是政府从宏观角度的限制，还是韩国企业集团从微观角度的努力，似乎尚未触及韩国企业集团体质的核心，也未能改变家族式管理模式。因此，韩国企业集团的改革和治理仍然处于探索中。

2.1.2　企业集团在中国的产生和演变

企业集团从日本和西方国家引入我国，因此对中国来说，企业集团也是一个舶来品。在计划经济体制下，中国企业发展受到严格的条块分割影响,分散在各个行政区域,这种状况不利于工业经济时代的社会化大生产,严重影响了社会生产力的提高。在改革开放初期,中国开始推行市场经济体制,以打破行政区之间的条块分割和垄断。由于计划经济体制下中国的企业都属于国有企业性质,主要包括"央企""地方国有企业"和"集体所有制企业"三类,因此,政府开始直接推动国有企业之间组建跨部门、跨区域的联合体。基于此,"企业集团"的概念从国外引入我国。1986年"企业集团"的表述第一次出现在官方文件之中,即国务院颁布的《关于进一步推进横向经济联合的若干问题的决定》。随后,中国一些学者和机构纷纷展开对"企业集团"的研究,并尝试着界定"企业集团"在中国情境下的概念(详见表2.1)。

表2.1　"企业集团"在中国的概念梳理

来　源	概念表述
厉以宁,《企业集团与垄断·竞争》,1986年	企业集团是指企业之间的横向经济联合,是若干个企业的经济联合体。这是中国学者对企业集团概念的最初界定。
原国家体改委和原国家经委,《关于组建和发展企业集团的几点意见》,1987年	企业集团是为了适应社会化大生产客观需求而出现的一种经济组织,它具有多层组织结构,核心层是具有法人资格的经济实体。这是中国官方首次对企业集团概念和特征的陈述。
黄伟雄,《企业集团的含义、模式和状况》,1987年	企业集团由一些经济法人为特定目的而联合组成,是经济法人谋求一体化协调的多层次、多元化经营共同体。
游德馨,《企业集团组建的若干问题探讨》,1987年	企业集团是以公有制为基础,以大型骨干企业为主体,由多个有内在经济联系的单位和企业在更高级的层次上联合而成的经济实体。
彭坚,《企业集团的制式及其规范性》,1989年	企业集团拥有紧密核心层的多层级企业联合组织,它与企业横向联合体有主要区别,它有一个核心层组织,核心层实行人财物、产供销的统一管理、资产经营一体化。
蒋一苇,《企业集团概论》,1991年	企业集团是多个法人企业组成的、多层次的大型经济联合体,他们通过一定纽带组成,允许跨行业、跨部门、跨地区、跨所有制。
杜飞进,《企业集团论》,1994年	企业集团是以实力雄厚的企业为核心,通过一定的组织形式及经济权责将多个企业联结在一起,具有多层次的法人联合体。

续表

来　源	概念表述
李朴民,《现代中国企业集团形成、运行与管理协调》,1994 年	中国企业集团是建立在社会主义公有制基础上,为适应社会化大生产,以产权作为主要联结纽带,以现代公司制度作为主要体制特征,由两个或以上的法人组建的联合组织。
国家工商行政管理总局,《企业集团登记管理暂行规定》,1998 年	企业集团是指以资本为主要联结纽带的母子公司为主体,以集团章程为共同行为规范的母公司、子公司、参股公司及其他成员企业或机构共同组成的具有一定规模的企业法人联合体。
张德勋:《企业集团与股份经济实务》,1998 年	企业集团一般以实力雄厚的大企业为核心,以产权联结作为主要的纽带,由多个企业、事业单位联结在一起,是一个具有多层次结构、以母子公司为主体、多法人之间的经济联合体。
国家统计局,《2001 年中国大企业集团》,2002 年	企业集团是以母子公司作为主体,通过投资并以长期的经营协作等多种方式,与多个企事业单位共同联合组成的经济联合体。
王秦平,《企业集团论》,2003 年	企业集团是一种重要的现代企业组织形式,由母公司和多个子公司及控股公司、参股公司组建,它们之间通常以产权为纽带。

从概念梳理可以看出,目前学术界和实业界对“企业集团”概念的理解和表述不尽相同,甚至存在分歧(蓝海林,2007)。最没有分歧的部分是大家都不约而同地把“企业集团”作为一个经济联合体。实际上,由于不同国家发展企业集团的环境不同,随着环境的变化,企业集团也在随之演化,百家争鸣的情况是比较容易理解的,很难对企业集团做出一个能够适用于任何国家和任何时代的定义。总结前人的研究成果,本研究可以梳理出企业集团在中国经济转型背景下的基本特征。

第一,从组织构成看,企业集团是一个多法人(或可能还包含非法人单位和个人)组建的企业联合体,母公司通常称为“集团公司”,多个法人是子公司或权属公司,子公司相对独立,自主经营、自负盈亏。

第二,企业集团对成员企业的控制包括财务控制、战略控制和运营控制三种类型,一般对核心企业采用的是运营控制,涉及具体业务的经营管理;对相关业务采用的是战略控制,只要求成员企业与集团保持战略一致性和协同性,集团不干涉成员企业的具体经营;对于非相关类业务采用的是财务控制,只对成员企业从财务回报的角度进行管控,不进行战略指导,更不会干涉成员企业的经营活动。

第三,成员公司与母公司之间以产权或股权为纽带,同时也可能包含着政治关联、业务关联或其他关联。

第四,企业集团大多选用多元化战略,包括相关多元化和非相关多元化,同时在多个产业领域或部门从事经营。

第五,企业集团大多规模巨大,实力雄厚,在行业内处于领先地位。

相比日本和韩国,中国企业集团出现较晚。受特定历史条件和政治经济环境的影响,直到改革开放之后的20世纪80年代,中国企业集团作为一种新兴的组织形式才正式出现。但是中国企业集团发展非常迅速,可以分为三个阶段(罗本德和张皎,2014):第一阶段是以政府为主导的企业横向联合、并购和重组,第二阶段是以构建大型企业集团为目标的国有企业重组,第三阶段是以市场为导向的企业并购与重组。

第一阶段始于20世纪80年代,为了进行社会化大生产和促进工业化发展,国家需要打破计划经济体制下的条块分割和地区垄断,国务院和其他相关部委先后出台了《关于推动经济联合的暂行规定》等一系列文件,掀起了中国组建企业集团的第一次高潮,政府直接推动了国有企业之间的横向和纵向联合,通过行政手段组建中国企业集团。截至1998年年底,共有1 630家企业集团批准注册,全国跨区域的不同类型经济联合体有100多个(盛毅,2010)。

第二阶段始于20世纪90年代。随着改革开放和市场竞争日渐激烈,为了增强企业集团的竞争能力,政府开始建立和扶持大型企业集团。1991年之后,国务院再次出台多项政策,包括《关于选择一批大型企业集团进行试点的请示》《试点企业集团审批办法》等(蓝海林,2007)。与第一阶段的横向经济联合不同,在第二阶段中政府要求企业建立以产权为纽带的跨区域、跨行业的企业集团。此阶段的重点任务是“做大”企业集团,鼓励甚至是直接参与大型企业集团的组建。从企业集团运行看,已经开始向现代企业制度转变。截止到1993年,“企业集团”的登记注册数量已经达到 7 500 家。在国家的参与和倡导下，企业集团如雨后春笋般急速生长，也产生了很多问题，比如委托代理问题、收益下降问题、资本结构恶化、企业间“三角债”增加、银行不良贷款比重骤增等。为了解决上述问题，从 1993 年开始，国家开始了新一轮国有企业经济体制改革。以《关于建立社会主义市场经济体制的若干问题的决定》为代表的文件，为发展社会主义市场经济，进行国有企业集团的产权改革，培育和发展具有国际竞争力的大型企业集团奠定了基础。1994 年中国企业开始建立现代企业制度，政府对国有企业进行了现代公司制改革，这些措施为中国企业集团的市场化、制度化和科学化发展奠定了微观基础。

第三阶段始于 21 世纪中国加入 WTO 之后。中国企业集团面临的主要问题是如何提高国际竞争力、参与国际市场竞争。如何“做强”中国企业集团成为新阶段的主要任务。随着市场经济在中国发展的日益深入，人们对“市场”与“政府”关系的理解日益深刻，政府也开始转变以前直接参与企业集团组建和发展的方法，更多地让“市场”在中国企业集团发展中起到资源配置的作用。另外，中国的资本市场日益发展，已经能够为企业间并购的交易活动提供资金支持。该阶段中国企业集团的发展主要是通过市场竞争的优胜劣汰规则进行的，当然也有一些基于特定目的而开展的大型国有企业之间的合并与重组。不管是市场自发行为还是政府主导行为，该阶段的企业集团并购都是通过市场交易进行的。虽然进入 21 世纪以来，提高国际竞争力一直是当下企业集团发展的主旋律，但从实践效果来看，作为行业“排头兵”的中国企业集团与世界级企业集团仍然存在明显差距，“大而不强”往往成为诸多学者对中国企业集团贴上的标签。

在新的环境下，中国经济正在由制造向服务转型，中国企业集团需要通过供给侧改革实现产业结构优化和升级，提升我国产业的国际竞争力，通过“一带一路”倡议的实践，把中国企业集团优质的资源和能力输出去，让世界其他国家共享中国企业集团的发展成果，让中国企业集团真正“走出去”，在国际市场环境中提升国际竞争力。这是中国企业集团未来面临的新环境,充满了机遇,更富有挑战。

2.2 企业成长的理论基础

“企业集团为什么产生?”“企业集团能够创造价值吗?”“与非集团化运作的企业相比,集团能够创造出更大的价值吗?”“企业集团能够产生‘1+1>2’的效果吗?”诸如此类的问题经常被问及,在该类问题的导向下,一些理论逐渐产生,从不同的角度来回答上述问题。其中,被广为接受和引用的理论主要有制度理论(institutional theory)、交易费用理论(transaction cost theory)、资源基础理论(resource-based theory)和代理理论等(Kae H. Chung,2004)。下文将梳理支撑和解释企业集团的代表性理论和观点。

2.2.1 制度理论

制度理论认为制度环境会对企业行为造成影响(Scott,1995)。制度理论已经在经济、政治和社会等领域推广和应用。制度经济学家认为:在新兴经济体国家,高度多元化的企业集团能够创造价值,以弥补新兴经济体中资本、劳动力及产品市场的无效性或低效性(Clague,1997;Coase,1998)。与成熟的市场经济国家相比,新兴经济体的资本、劳动力和产品市场相对低效,为此,需要组建一个介于企业和市场之间的经济组织,以便应对低效或无效的制度环境,企业集团为此组建和盛行(Leff,1978;Khanna & Palepu,1997,2000)。在经济发展的早期阶段,发展中国家往往缺乏有效的资本、劳动力和产品市场支撑其工业化建设项目,为了弥补市场经济制度上的缺陷,政府通常会鼓励和帮助企业组建大型企业集团构建企业之间的内部市场,以应对外部市场的无效性。这些大型企业集团,在新兴经济体主要有两种类型:一是政府鼓励和帮助成功的企业家构建一个内部市场,从而发展成为以股权控制为核心的大型企业集团(ownership-based business groups,OBBGs),这种类型的企业集团在日本和韩国比较普遍;二是政府直接组织或主导国有企业之间的联合或合并,组建以政府控制为核心的大型企业集团(control-based business groups,CBBGs),这种类型的企业集团在中国改革开放早期比较常见。这些企业集团可以通过外部市场内部化充分调动资本和其他资源,开展新的投资,获取市场势力。集团化的成员企业之间比较容易获取生产、销售、市场等相关信息,更有利于提高管理效率。在日本和韩国,以OBBGs模式为特点的企业集团比其他非集团企业拥有更多的优势,即使在政府支持停止以后,其仍然能够加速积累资源、提高能力,从而具备了可持续的竞争优势。因此,企业集团往往比独立的企业做得更好,尤其是当政府将资本、劳动力和产品市场向企业集团倾斜时,更是如此。

随着企业集团的发展和盛行,质疑和批评的声音也日渐增多。根据制度经济学的观点,企业集团发展的前提条件是新兴经济体的市场无效性,但随着市场的发展与成熟,是否意味着企业集团成立的前提条件已经没有了?随着外部资本、劳动力和产品市场有效性的逐渐提升,企业通过外部市场安排经济活动可能比通过集团化的内部市场更加有效(Eisenhart,1989)。随着企业集团规模和组织越来越庞大,其官僚作风和代理问题日益严重,通过集团内部市场的经济活动成本日益升高,导致企业集团比外部市场的效率更低(Collis & Montgomery,2005;Jensen & Meckling,1976)。由于日渐成熟的外部市场更加平等自由、富有弹性、专业化程度更高、创新能力更强,因此比等级森严的企业集团内部市场更加有效。

目前,一些制度经济学家似乎依然坚持他们的观点,即亚洲经济体中仍然存在外部资本、劳动力和产品市场的无效性。例如,Khanna和Palepu(1999)认为韩国的企业集团通过三种途径仍然创造着价值:第一,企业集团可以通过筹集成员企业的资金和调用优秀的管理者开展新投资、新业务;第二,韩国缺乏商学院,大企业集团可以通过内部培养高级管理人才;第三,集团的企业成员之间可以共享一个知名的品牌。但是对于上述观点的反驳也存在着:第一,集团若要高效投资,必须保持一定的盈利性,但很多大型企业集团前期的财务投资尚无产生盈利,之后再投资很难进行,该模式不具备可持续性(20世纪90年代后,韩国企业集团的ROA不足4%);第二,韩国现在拥有很多商学院,比如首尔大学、延世大学等,这些大学商学院的教授大多有美国教育背景;第三,企业集团的品牌通常是建立在核心产品或业务上的,因此,市场对非核心业务的品牌认可度并不高。总之,目前韩国的大企业集团拥有自己的学院、大学、医院、经纪行等,企业集团会因为对非核心业务的支持而分散其专注核心业务的精力和资源。此外,在全球经济一体化的时代,如果一种特殊的资源无法从国内市场获取,可能较容易从国外市场上获取到,企业集团需要具备全球资源整合的能力。

类似的争论在日本也有。日本企业集团有自己的银行和保险公司,企业集团内银行和成员企业之间高度关联,这样的组织安排可能会鼓励企业过度贷款,从而引发日本系统性的金融悲剧(Hiraki et al.,2003)。1999年日本的不良贷款率为6%,而同期美国的不良贷款率只有1%(Fukao,2001)。上述数据是官方数据,而实际数据可能会更高。2001年日本最大的四个企业集团银行的总资产合计为3.7万亿美元,约占日本GDP的74%(Fulford,2002)。

政治经济学强调政府干预对国民经济发展的作用,尤其是新兴经济体国家更需要政府干预经济发展(Fruin,1994;Kim,1997;Woo-Cumings,1999)。当资本集成或是管理集成缺乏时,政府经常会扭曲市场机制,来帮助一些企业(集团)迅速获取资源,做大做强,这种方式已经成为新兴经济体国家政府驱动经济发展的重要引擎,这种方式也构成了政府和企业集团之间相互的利益关系(DiMaggio & Powell,1983)。政治家可以通过这种利益关系达到执政期间促动经济发展的目标,还可能会致使寻租行为的发生。企业集团可以通过这种利益关系获取迅速积累财富、管理资本和经济势力的机会。结果,企业集团中的成员企业能获取多种资源,非成员企业却无法获取。

社会制度学强调“社会资本”(social capital)在促进企业集团发展中

的价值。他们认为企业集团内成员企业之间的社会网络是一种社会资本,有助于价值创造(Alder & Kwon,2002;Baker,1990;Bhappu,2000;Das & Teng,2002)。社会资本是一种人与人之间的结构性社会网络,该社会网络能使参与其中的成员从中受益。社会资本的关系建立在相互信任和互利互惠的基础上。由于任何成员违背相互信任、互利互惠原则的行为都可能会损害其该在社会网络中的关系,因此他们会尽力遵循社会网络的规则。成员企业从企业集团受益的社会资本包括成员之间高质量的信息、相互支持和帮助、相互团结和资源共享等(Tsai & Ghoshal,1998)。一旦获取该福利,集团的成员企业便可以通过降低交易费用和控制成本提升其经济绩效。

社会资本也有缺点,质疑的声音不绝于耳。过于嵌入集团网络有可能产生狭隘主义、排外、孤立主义和惰性,这些将不利于企业提升绩效和国际化发展。Foley和Edwards(1999)认为,当中小股东和大股东发生利益冲突时,社会资本的"抱团效应"(solidarity effects)会损害中小股东的利益。Itoh(2000)认为,经济全球化之前社会资本能够创造价值,但全球化之后,社会资本会变得越来越无效。全球化意味着企业作为全球公民要积极参与全球市场竞争,雇用来自全球的劳动力,利用全球投资者的投资。如果成员企业深陷集团社会资本网络,则会只顾内部成员利益,而损害包括外国投资者在内的中小股东的利益。更有甚者,这些根深蒂固的社会网络可能会因为一些惯用行为而导致经济效率不断降低(Uzzi,1997)。比如,集团公司需要支持深陷财务危机的成员企业,以寻租为代表的不道德行为,成员企业之间的密谋等(Brass et al.,1998;Smart,1993)。

综上所述,制度理论认为企业集团是一种外部市场内部化的制度安排,在经济发展的早期阶段,新兴经济体由于缺乏有效的资本、劳动力和产品外部市场,需要通过企业集团组建内部市场,加快经济发展。但随着经济发展和市场成熟,成员企业对集团内部市场的依赖程度随之降低。以日本和韩国为例,企业集团化发展成为促进国民经济发展的重要引擎,但随着市场经济成熟和全球经济一体化时代的来临，企业集团的固有模式也带来了一些令人担忧的问题，比如金字塔式的股权结构、交叉持股、相互贷款担保、内部交易等。交叉持股结构缔造了“韩国财阀”和“日本企业集团”，相互贷款担保致使集团成员企业背上了沉重的债务负担，集团内部交易致使委托代理问题时有发生。

2.2.2 交易费用理论

交易费用理论认为企业与外部市场交易（通过市场）的费用高于通过内部市场交易（通过集团）的费用（Chang & Hong，2000；Choi et al.，1999；Coase，1937；Hill，1995；Hoskissor et al.，1993；Khanna & Palepu，1997；Williamson，1975）。交易费用有两种，一种是基本费用，包括规划费用、谈判费用、合约履行费用；另一种是解决争端的费用。在理想的市场经济中，企业主要依靠市场提供产品和服务，理由如下：市场中信息对称、资源配置有效、价格形成机制有效、专业化运营、市场富有弹性、企业家充满激励（Collis & Montgomery，2005）。然而，现实情况是即使在发达的市场经济国家，市场也不是完美的，市场可能因为各种原因失灵，比如供应商的机会主义行为、资产专用性、市场的不确定性、高频率的市场交易等（Collis & Montgomery，2005）。在发展中国家，市场失灵的问题更加突出和复杂，进一步增加了市场交易的费用。效率低下的外部市场，一方面致使企业很难发现和获取自身所需资源，另一方面致使企业花费更多的交易费用在日常交易的处理上。在这种情况下，企业更倾向于采用集团化的体制结构，以便降低与外部市场相关的交易费用。此外，一些学者认为，集团化的内部市场不仅可以降低外部市场的交易费用，集团成员企业还可以通过共享战略资源，达到战略协同效应，获得更高的财务回报（Markides & Williamson，1996；Collis & Montgomery，2005）。

理论往往在辩驳中不断进步，对于交易费用理论的批评经常发生。比如，交易费用理论认为企业集团通过构建内部市场从而降低外部市场的交易费用，这意味着企业集团首先能够构建起一个有效的内部市场。

如前文所述，企业集团分为股权型(OBBGs)和控制型(CBBGs)两种类型。OBBGs是法人实体，其通过股权配置能够构建一个相对稳定的内部市场，但非股权的控制型(CBBGs)却未必能够实现。大部分CBBGs是基于政治或家族控制，CBBGs的成员企业是独立的法人企业，而CBBGs往往不是一个法人实体，而是基于特定目的的联合，不具备法人实体的CBBGs构建的内部市场具有不确定性和不稳定性，导致成员企业通过内部市场交易的费用可能高于外部市场。此外，由于CBBGs不是一个法人企业，很容易面临严重的委托代理和公司治理问题。在中国，最初的企业联合集团主要是基于政治控制的联合体，也不是一个独立的法人实体，但由于管理该类集团过程中也存在突出的委托代理和公司治理问题，后经多次改革，现在的国有大型企业集团基本上都已经成为股权型的OBBGs的法人实体。

2.2.3 资源基础理论

资源基础理论认为企业拥有不同的资源和组织能力，企业因此具有不同的竞争优势(Barney,1997)，那些具有价值的、稀缺的和不容易被模仿的资源和组织能力可以为企业带来可持续的竞争优势。在新兴经济体国家中，企业能够通过集团化运作或政府帮助获取这些资源，从而具备竞争优势(Oliver,1997)。在日本、韩国和中国，企业能够通过政府获取额外的资源和行政扶持，从而能够比较便利地进入多元化的产业，发展多元化业务。在政府的帮助下，企业能够获取和部署一系列产业进入技能(industry entry skills)、项目可行性支持、政府授权或许可、财务资源、专业的技术和管理技能、设立分支和工厂、雇用和培训高质量员工等(Amsden,1989;Amsden & Hikino,1994)。由于这一系列的产业进入技能本质上是通用的，除非这些资源和能力能够被重复使用，否则将是资源浪费(Guillen,2000)。这就鼓励企业反复、多次使用这些资源进入不同行业，而非专注于一个行业(Chandler,1990)。同时，企业的产业进入技能也为政府所利用，政府的目标是通过企业培育一个国家的多个产业的产业基础(Haggard,1990)。

如果上述理论成立,则毫无疑问,与其他企业相比,企业集团拥有显著的资源优势。这种资源优势能够帮助企业集团有更多的机会加速积累有价值的资源,比如产业进入技能、高素质的员工、管理技能、出口相关的技能等。即使新兴经济体的市场已经成熟,企业因为资源累积效应,资源优势仍能保持较长时间。这也是到目前为止仍有很多学者支持高度多元化企业的原因(Amsden & Hikino,1994;Chang & Hong,2000;Guillen,2000;Khanna & Palepu,1997,1999,2000)。

虽然累积的资源能对多元化的企业带来竞争优势,但未必对专业化的企业带来竞争优势。因为企业的资源有通用资源(generic resources)和专用资源(specific resources)两种类型,资源累积效应对两种不同类型资源的影响也不同。资源基础理论学者认为,当专用资源(比如,独特的技术和管理技能)在业务高度关联的几个企业之间共享时,可以对企业绩效产生协同效应或乘数效应(Collis & Montgomery,2005;Markides & William,1994,1996)。然而,当通用资源(如资金和一般建筑)可以在大量的非关联业务之间相互使用,而不用考虑业务之间的相关性时,此时通用资源对企业的绩效影响更像是附加的,而不是乘数的。然后,从企业的实践来看,通用资源和专用资源之间好像界限并不明显,二者之间可以相互转化和助长。通用资源可以为企业转化更多的专用资源。例如,GE和3M都能充分开发和利用高附加值的通用资源,比如通过优秀的管理技能、企业文化和精英教育获取可持续的竞争优势,并将这些优异的通用资源运用到非相关的业务单元管理之中。

即便如此,也不意味着企业的专用资源可以运用到非相关业务。虽然企业具备产业进入技能,有助于其多元化发展,但这些全新创建的业务并没有任何资源优势,除非新业务能够与企业的核心竞争力或产业专用资源结合起来(Collis & Montgomery,2005;Prahalad & Hamel,1990)。比如日本的三菱集团以重工和化学而闻名,住友集团以机械和金属见长;韩国三星集团以电子和消费产品知名,现代集团以汽车和造船为主。如果企业将其资源分散在与核心竞争力无关的多元化产业领域，或补贴绩效较差的关联企业，其自身的绩效可能因此而遭受影响。在日本和韩国，即使被认为最成功的企业（如日本的三菱、三井、三和和住友，韩国的现代、三星和 LG）也无法利用自有资源拯救与其核心业务无关的境况不佳的成员企业。例如，三菱汽车（日本）、大发汽车（日本）、大宇汽车（韩国）、三星汽车（韩国）都是企业集团的成员企业，但其始终与专注于汽车业务的日本丰田、日本本田、德国大众相差甚远！

在竞争激烈的全球化市场中，不管是在国内市场还是在国际市场，那些能够将资源集中在少数相关业务或核心业务的企业会比相关多元化企业拥有更大的生存概率。因为在业务相关多元化的企业中，相关的业务单元之间可以通过联合开发、互补和共享战略资源来获取协同效应。这些战略资源应该同时具备专业性和可扩展性，通过专业资源来获取市场上的竞争优势，但这些资源还要有足够的可扩展性，用于相关业务之间的协同和使用（Forjoun，1994；Chung，2002；Claessens et al. ，2003）。

2.2.4　规模经济和范围经济理论

在微观经济学领域，规模经济（economies of scale）是指企业能够通过扩大规模、产出或运营，获取成本优势。因为随着企业产量的增加，平均单位成本会随之下降，从而降低企业长期可变成本。为了获取规模经济优势，企业具有扩大规模的冲动，大型企业能够通过规模经济优势和成本领先优势（Porter，1980），具备很强的市场竞争力。关于规模经济的原因，通常认为有以下几种：一是专业化，可以追溯到亚当・史密斯（Adam Smith）的专业分工理论，企业可以通过工人的专业化分工获得更大规模的产品产出（O'Sullivan et al. ，2003）；二是学习曲线（learning curve），即随着企业产品的不断增加，工人的熟练程度也在提升，从而可以提高效率、减少次品率和浪费，即达到提升产品质量和降低成本的效用；三是产业特性，一些产业需要大规模的固定资产投资，如果产出规模不够大，则无法弥补其固定成本支出。比如，医药行业的研发成本较高，一个一类新药的研发周期可以长达10年,研发资金投入可以高达10亿美元,如果医药企业没有足够大的产量和市场规模,则无法分摊其研发成本。钱德勒(Chandler,1997)在《大企业和国民财富》曾言,大企业正是通过将相关技术进行大规模生产才创造了国民财富,即规模经济是驱动企业大规模生产的要素,同时大企业的大规模生产也造就了一个国家的国民财富。

范围经济(economies of scope)理论是20世纪80年代初以John C. Panzar和Robert D. Willig(1997)、Teece(1980)等为代表的美国学者提出的一个经济学领域的新范畴。与规模经济依靠"大规模"获得经济性不同,范围经济是依靠"多样性"(或"多元化")获取经济性(Joel D. Goldhar & Mariann Jelinek,1983)。例如,很多公司希望通过多元化经营来获取范围经济(John C. Panzar & Robert D. Willing,1981)。规模经济的经济性来源于扩大产量而降低长期平均成本,范围经济的经济性来源于生产更多种类的产品来降低平均成本。当一个公司能基于共同的、可重复使用的知识或经验,或基于不可分割的实物资产生产多种类型的产品时,则将产生范围经济(Teece,1980)。以美国企业产业为例,最初福特汽车以低成本优势(流水线作业,生产同样的车型)一直处于产业第一的位置,但随着收入水平的提升,美国人有了更加差异化的需求,通用汽车通过柔性生产线(一个生产线可以生产不同的车型)生产出更多类型以满足消费者的多样化需求;正是因为范围经济,通用汽车才后来居上,超越了福特汽车,领先世界汽车企业数十年。范围经济能为企业带来多种竞争优势:产品设计和产品组合比较灵活;能快速应对市场需求的变化;过程可重复,具有更大的控制性,更精准;通过减少浪费、降低培训和转换成本等来降低成本;更高的可预测性;快速生产;降低风险;等等。

2.2.5 理论述评

自从企业产生以来,先后有很多理论尝试解释企业的存在和发展。比如马克思主义经济学的分工与协作、西方经济学的垄断组织理论、规模经济理论、范围经济理论、交易费用理论、产业组织理论、制度经济理论、委托代理理论等。中国企业的组建和发展是在一个发展中国家的转轨经济环境之中，因此，本研究重点选择了与研究背景有紧密关系的制度理论、交易费用理论、资源基础理论、规模经济和范围经济理论，结合日本和韩国的例子，尝试为中国企业的研究提供理论解释和研究支撑。

制度经济理论认为高度多元化的企业能够弥补新兴经济体国家的资本、劳动力和产品市场失灵（Coase，1937，1998；Clague，1997；Harriss et al.，1995；Leff，1978；North，1990）。市场失灵理论和制度理论一致认为外部市场失灵会造成无效的市场机制、法律障碍和信任缺失（Collis & Montgomery，2005；Klein et al.，1978）。社会资本理论认为企业为成员企业构筑了企业间的网络，这些网络资源即为社会资本，社会资本能够促进企业创造价值（Alder & Kwon，2002；Baker，1990；Das & Teng，2002；Portes，1998；Tsai & Ghonshal，1998）。交易费用理论认为组织内部交易费用低于外部，理由是内部交易可以减免契约、谈判和合同履行的费用（Chang & Hong，2000；Choi et al.，1999；Hill 1995；Khanna & Palepu，1997，2000）。资源基础理论认为集团内的成员企业拥有更多的机会获取和积累有价值的资源，比如产业进入技能、高素质的员工、管理技能、出口技能及其他（Amsden，1989）。这些资源的获取使集团企业与一般企业相比更具竞争优势（Amsden & Hikino，1994；Guillen，2000）。规模经济理论认为企业可以通过扩大规模来降低成本，获取市场势力和经济利益（O'Sullivan et al.，2003）。范围经济理论则认为企业的业务“多样化”能够降低成本，提高灵活性，降低市场风险（John C. Panzar & Robert D. Willing，1981；Joel D. Goldhar & Mariann Jelinek，1983；Teece，1980）。

上述理论分别从不同的层面和视角解释了企业为什么会产生、能否创造价值、能否实现协同效应等关于企业研究的基本问题。当然，在理论研究中也存在明显的分歧，但总体来看，上述理论认为在市场经济早期，企业集团作为一种介于市场和企业的中间组织，通过构建内部市场可以在一定程度上规避外部市场的无效性，这也是新兴国家政府加速经济发展和构建产业基础的有效手段。但是，随着全球化市场的到来和新兴国家市场经济的逐渐成熟,企业是否还能像市场经济早期阶段所起的作用一样,一直存在争论。

2.3 企业成长的文献综述

从已有的研究成果看,对企业和企业成长的研究成果十分丰富,俯拾即是,但对企业集团成长的研究成果却凤毛麟角。原因可能是企业集团属于企业的联合体,并且大部分企业已经演变为“集团公司”,可以视为一个企业实体,所以从成长的角度看,没有必要严格区分企业和企业集团。因此,本研究也主要是依据企业成长的角度来梳理和综述已有的研究成果。

企业成长一直都是管理学中一个重要的研究领域,其理论研究和商业实践备受关注,其中有来自战略管理领域、组织行为学领域、创业理论领域和组织理论领域的研究。为了更加聚集研究问题,结合本研究团队的学科背景,将主要从战略管理领域来研究企业成长问题。Rumelt(1994)总结了战略管理研究关注四个问题:企业是否存在差异?企业如何采取行动?企业范围的决定因素是什么?企业在全球竞争成败的决定因素是什么?在此基础上,可以延伸出战略管理研究中关注企业成长的核心问题:企业成长是否有异质性?决定性因素是什么?企业成长的边界是什么?决定企业国际化成长成败的因素是什么?下文将尝试对上述问题进行综述。

2.3.1 企业成长的理论研究及其进展

关于企业成长的驱动因素,始终存在外生性和内生性两条研究主线(龚丽敏和江诗松,2014)。其中,外生决定论的代表是产业组织学派,内生决定论的代表是彭罗斯(Penrose,1959,1960,1968)的企业成长理论和资源基础观。

1. 外生性成长

外生性成长的观点强调外部环境，尤其是“市场结构”对企业绩效的决定性影响，并会影响企业的成长。起初，产业组织理论（industial organzaition theory）中的“结构主义学派”强调了市场结构特征对企业绩效和企业成长的影响，以 Brain(1956,1959)的研究和“结构—行为—绩效”（即 SCP 范式）为代表。波特（Porter，1980）深受产业组织理论中结构主义学派的影响，他在考察企业竞争战略与所处环境之间的关系时，提出了“行业结构决定了企业竞争范围，进而决定了企业的潜在绩效”的论点，强调了“外部环境”对企业竞争和成长的重要性。后来，有更多的学者认同产业定位对企业的重要性，并纷纷加入了研究之列，战略管理理论中的“定位学派”（positioning-school）因此诞生。

在企业成长的路径上，外生性成长研究强调外生性成长机会的获取（R. Larsson et al.，2003），比如并购、联盟等，外生性成长方式更快、更富有弹性、更便宜。企业选择外部性的成长方式，应该结合企业内部环境（D. Tan，2009）和外部环境（J. W. Lu&D. Xu，2006）的综合状况决策。企业成长意味着对原有边界的破除，外生性成长重构了企业的边界。例如，企业可以通过并购方式，直接将被并购对象的市场、渠道和资源等纳入自己的经营版图；联盟则可以通过合作方式构建虚拟的边界，共享知识、技术或市场，以降低成本和分担风险。因此，企业的外部网络对其成长具有重要意义（N. Singh & S. Kundu，2002）。

2. 内生性成长

关于内生性成长的观点强调企业具备不同的资源和能力，正是因为企业内部的差异，才造成了企业不同的绩效；企业的核心竞争力是驱动企业成长的核心要素。

(1)彭罗斯的企业成长理论及其发展

彭罗斯（1959，1960，1968）是公认的企业成长理论奠基人，她的《企业成长理论》强调了企业存在的“管理约束”（administrative restraints）决定了企业成长速度。根据彭罗斯的理论，企业的成长有赖于两种资源。第一，企业过剩的资源可以再次投入生产使用，但是由于资源具有不可分割性,总是存在未被充分利用的资源,为了提高资源的使用效率,企业管理者会不断寻找开发和利用过剩资源的机会。因此,“未被充分利用的和过量资源”是企业扩张的诱因和手段。第二,原本用于单一目的的资源还可以通过重新部署拥有新的和更有效的用途。彭罗斯(1959,1960,1968)写道:“企业不但会通过扩张运营消除未被利用的资源,而且会尽量利用这些资源产生最有价值的专业服务。”管理者一般会了解企业自身所拥有的资源,一旦有新的资源引入,他们会想尽办法把这些资源转化为新的服务。彭罗斯区分了这些资源,一些资源只能提供有限的用途,只能转化为很小范围的服务;而另一些资源则能有更多的用途,转化为更广范围的服务。彭罗斯将有多种用途的资源称为“多用途资源”,并认为“已经比较清楚的是,企业拥有资源的弹性和多功能性对其扩张的可能性是非常重要的,只要在市场中存在机会,企业便会利用多用途资源的优势扩张”。

多用途资源运行需企业管理者采用更宽泛的战略行动组合(Kim & Bettis,2014),且多用途资源在组织和使用中的转换成本低,杠杆效用高(Sirmon,Hitt & Ireland,2007),这将有助于企业能够长期地调整和改变成长战略。此外,快速资源转换的能力是指企业能快速适应外部环境的变化(Kraatz & Zajac,2001),敏锐地捕捉新兴的市场机遇(Sapienza,Autio,George & Zahra,2006)。相反,非多用途的资产或者可以称为专用性资产,只能用于企业特定的领域,并将锁定企业的战略方向(Ghemewat,1991)。随着时间的推移,专用性资产可能会逐渐失去价值,因为它们不容易被重新配置或转换新用途(Mauri & Michaels,1998)。

彭罗斯对不同资源的多用途性并没有过多的阐述,资源可替代性和可转换性的研究文献能为多用途性资源提供一些引导和借鉴。那些专用性较低、在企业之间买卖的资产可以认为具有转换性,因为其转换成本更低(Russo,1991)。可转换性的资产通常有现金(Kim & Bettis,2014)、未被吸收的冗余(Mishina,Pollock & Porac,2004)、大宗商品(Nelson & Barley,1997)、一般性的人力资源,均较易在企业之间交换和利用。如果把能在企业之间进行转换的资产特征称为“外部可转换性”(external fungibility)，一些学者认为(Nason & Wiklund，2015)还存在一些资产可以在企业内部转换，即具有“内部可转换性”(internal fungibility)。具有“内部可转换性”的资源通常包括那些被独特开发的、有资产黏性的，但可在企业内较大范围使用的资源，比如品牌(Anand & Delios，2002)、技术(Danneels，2007；Parkhe，1992)、经验学习(Kumar，2009)等。“内部可转换性”资源为企业多元化(Teece，1982)、国际化(Kumar，2009)和开发新的业务提供了资源基础(Anand & Singh，1997)。

纵观彭罗斯的企业成长理论以及后续发展，可以比较清晰地发现她的核心观点，即可转换性资源具有较低的转换成本，具有广泛的用途和更多重新配置的可能性，这些多用途资源能为企业成长提供更多战略机遇和战略行动，是企业成长的核心驱动因素。对可转换性资源进行“外部可转换性”和“内部可转换性”分类很有必要，因为这是彭罗斯企业成长观与资源基础观的主要区别。彭罗斯企业成长观认为，与专用性的资源相比，多用途的资源(包括“外部可转换性”资源和“内部可转换性”资源)将对企业成长产生更大的影响(Nason & Wiklund，2015)。

(2)资源基础观及其发展

根据资源基础观的分析框架，企业的竞争优势无法建立在那些通过外部市场交易的资源上。资源基础观更加强调那些独特的、具有路径依赖的、专用性的资源，它们是企业核心竞争力的来源，进而成为驱动企业成长的核心因素。具有“VRIN”特征的资源将有助于企业保持竞争优势和获取更大的绩效(Barney，1991；Wernerfelt，1984)，VRIN分别是value、rarity、inimitability、nonsubstitutability四个单词的首字母缩写，分别代表了有价值、稀缺、不可模仿性和不可替代性。有价值和稀缺的资源可以使企业创造新的经济价值，不可模仿性和不可替代性为企业保持竞争优势提供隔离机制(Barney & Peteraf，1993；Rumelt，1984)。最近对资源基础观的研究更多地支持其在企业绩效预测能力方面的表现。Crook等(2008)使用“元分析”(meta-analysis)方法发现VRIN资源和企业绩效之间存在显著的相关性。

相对于VRIN资源与企业绩效之间关系的热度,VRIN资源与企业成长之间关系的研究显得比较冷清。但是资源基础观的研究学者普遍认为VRIN资源与企业成长是密切相关的。例如,专业的知识和技能可以使企业开发新的产品或进入新的市场(Prahalad & Hamel,1990)。那些缺乏有价值的和容易被模仿资源的企业,很难在市场竞争中实施与拥有VRIN资源企业相类似的增长战略(Barney,1991)。Alvarez和Busenitz(2001)认为企业家的认知能力是难以模仿的资源,将有助于企业辨识和利用市场机遇。具备VRIN资源的企业不但拥有更多的"先行者"(first-mover)可能性,而且会因可持续的竞争优势,有助于企业保持可持续性的增长(Lieberman & Montgomery,1988)。

VIRN资源不但有助于企业成为新业务和新市场的先行者,还有助于企业在现有产品和服务领域不断成长。与竞争对手相比,拥有VRIN资源的企业能为客户创造更多的价值(Peteraf & Barney,2003),紧随而来的是更多的客户需求,从而促进企业不断成长。因为VRIN资源具有稀缺性和不可模仿性,所以拥有这些资源的少数企业将比其他企业有更大的成长机会。另外,VRIN资源还有助于企业实施高效策略(Barney,1991),通过更低的价格和更优质的产品来驱动市场扩张。

在资源基础观研究中,企业成长和竞争优势似乎是伴生的关系,增长直接反映了一个企业创造的价值(Crook et al.,2008)。因此,可以认为企业成长是资源基础观主张由竞争优势产生显著绩效的重要表现。基于此,可以总结资源基础观中企业成长的核心观点,即VRIN资源将对企业成长有更强的影响。

2.3.2 企业成长的实证研究及其进展

相对于企业成长理论研究成果的可圈可点,实证研究显得乏善可陈。虽然实证研究数量不少,但限于衡量成长标准不同、样本来源不同、研究方法不同,实证结果可谓五花八门。本研究从《管理学期刊》(*Academy of Management Journal*)、《管理科学季刊》(*Administrative Science*

Quarterly)、《企业家理论和实践》(*Entrepreneurship Theory and Practice*)、《商业投资期刊》(*Journal of Business Venturing*)、《管理期刊》(*Journal of Management*)、《管理学研究期刊》(*Journal of Management Studies*)、《管理科学》(*Management Science*)和《战略管理期刊》(*Strategic Management Journal*)等国际性期刊，以及《经济研究》《管理世界》《中国工业经济》《经济管理》等国内期刊中共选出与"企业成长"高度相关的 96 篇实证研究文献。下面，将对近年来企业成长的研究文献进行梳理和综述。

1. 企业成长的衡量和样本

综观关于企业成长的实证研究成果，发现研究者对如何衡量企业成长的问题上存在分歧，在测度指标选择上也不尽相同，其中"销售收入""利润""综合指数""员工数量""价值""资产""能力""市场份额"等的绝对指标和增长率指标都是常用的测度企业成长的指标(详见表 2.2)。从 96 篇文章的统计结果上看，"销售收入"作为测度企业的指标，使用最为广泛，占 56%；其次是"员工数量"，占比 10.3%；再次是"利润"，占比 7.9%，接下来是"股东权益/资产"和"成长指数"，占比分别为 5.7%和 5.3%，"市场占有率"等其他测度指标合计占 14.8%。有趣的是，其中 31 篇文献使用了两个及以上的成长测度指标，占总量的 32.3%，并且这种多测度指标的并行使用越来越广泛。从计算企业成长指标的数值看，相对值占比 43%，绝对值占比 39%，其他类型的使用很少。另外，从时间跨度看，变化也是比较大的，但大多数研究选择了 1～5 年的时间跨度。

对成长指标的选取是非常关键的(Dean Shepherd & Johan Wiklund, 2009)，因为不同测度指标将测度成长结构的不同方面。例如，以耐克、苹果等为代表的知名企业一直采用制造外包策略，成长对于这类公司来说更多地表现在销售收入的增加上，为了规避风险，企业更有可能选择保持销售增长前提下的最小化雇员增长和资产增长。另外，在自动化和智能化加速推进下，还有可能出现企业销售收入在快速增长，而雇员和资产却在负增长的情况。虽然研究者可以选择不同测度指标来研究企业成长，但需要注意选择的依据和条件，以便能够提高研究结果的准确性。

表 2.2　　　　　　　　“企业成长”实证研究文献的归纳

作　者	年份	样本量	国家(区域)	成长测度
Alsos, Isaksen & Ljunggren	2006	310	挪威	销售收入
Ang	2008	1 004	新加坡	销售收入
Baron, Tang & Hmieleski	2011	157	美国	销售收入
Batjargal	2010	159	中国、俄罗斯	利润
Baum & Wally	2003	318	美国	指数
Begley & Boyd	1987	417	美国	利润、销售收入
Belderbos & Jianglei	2007	1 041	日本	员工数量
Boeker & Karichalil	2002	78	美国	员工数量、销售收入
Bradley, Wiklund & Shepherd	2011	1 076	瑞典	销售收入
Brinckmann & Hoegl	2011	212	德国	员工数量、销售收入
Bruton & Rubanik	2002	44	俄罗斯	员工数量
Capelleras, Greene, Kantis & Rabetino	2010	647	南美	员工数量
Castrogiovanni & Justis	2002	246	全球	能力
Chung, Lee, Beamish & Isobe	2010	1 519	日本	员工数量、销售收入
Clarysse, Wright & Van deVelde	2011	205	比利时	指数
Danis, Chiaburu & Lyles	2010	175 182	匈牙利	指数
Filatotchev & Piesse	2009	1 110	欧洲	销售收入
Franko	1989	15	美国、欧洲、日本	销售收入
Geringer, Tallman & Olsen	2000	108	日本	资产、销售收入
Hmieleski & Baron	2008	159 207	美国	指数
Hopkins & Hopkins	1997	112	美国	能力
Kale, Dyer & Singh	2002	78	美国	价值
Lee, Lee & Pennings	2001	137	韩国	销售收入
Lee & Tsang	2001	168	新加坡	指数
Lu & Xu	2006	291	中国	销售收入
Luo	1999	96	中国	销售收入
Majumdar	2004	1 000	印度	销售收入

续表

作　者	年份	样本量	国家(区域)	成长测度
McGuire, Schneeweis & Branch	1990	131	美国	资产、营运收入、销售收入
Meuleman, Amess, Wright & Scholes	2009	238	英国	员工数量、利润、销售收入
Wolff & Pett	2006	182	美国	指数
Wright, Liu, Buck & Filatotchev	2008	349	中国	员工数量
Zahra & Hayton	2008	217	全球	销售收入

从样本量看，大多数研究的样本量都能到达到100个以上，且大多在100～500个。另外，从样本来源看，相当一部分来源于美国，占统计样本量的36%；发达经济体还有来自德国、英国等的样本。值得注意的是，新兴经济体的企业成长与发达经济体一样受到研究关注，对中国、日本、韩国、印度等国的研究占比33%。

2. 企业成长的模型和结果

关于企业规模与成长之间的关系研究可以追溯到吉布拉特(Gibrat, 1931)。吉布拉特通过分析企业数据，提出了被称为"吉布拉特法则"的结论，即企业规模独立于企业成长，二者的关系是随机的。后续一些学者开始从不同国家的样本验证吉布拉特法则，结果被证实和被证伪各占半壁江山。在企业成长的实证研究中，绝大多数提出了企业成长的线性假设，成长是因变量，影响因素作为自变量，采用最小二乘法回归模型(OLS)进行验证。

有人使用"层次线性模型"(hierarchical linear modeling, HLM)对纵向数据进行组织分析，而Holcomb等(2010)则认为HLM如果同时强调跨层次和不同时间点，有可能导致信息失真，从而建议导入随机系数模型(random coefficient model)，以便更好地处理纵向数据。张维迎等(2005)认为传统的企业成长实证研究存在两个不足：一是以最小二乘法(OLS)进行估计，其结果只能反映各种解释变量对企业成长影响的条件分布的均值的影响;二是当企业规模出现剧烈波动时,OLS无法处理这些“异常值”。因此,他分别使用了“分位回归模型”和OLS对比研究了影响高新技术企业成长的相关要素。

P. A. Geroski(2005)通过对近50年来企业成长率的实证研究文献进行研究,结果发现企业成长率是非常随机的,不管这些实证研究是否有企业管理理论的基础支撑,但是彭罗斯的企业成长理论和资源基础理论的实证结果除外。彭罗斯的企业成长理论和资源基础理论对企业成长率影响的实证结果随机性不强。因此,半个世纪以来企业成长率的实证研究文献提示我们,未来的企业成长实证研究应该花费更多时间思考彭罗斯的企业成长理论和资源基础理论的本质和重要性。另外,彭罗斯的企业成长理论距今已经有半个多世纪,而以巴尼(Barney)为代表的资源基础理论也有近30年的时间,是时候对这些基础理论进行更新和发展了。

2.3.3 企业成长相关文献的述评

本节对企业成长的相关文献进行了综述,包括对企业成长理论和企业成长实证研究文献的综述。

企业成长理论从始至今存在着两种观点:一是外部环境对企业成长起决定性的作用,即“外生性成长观”,以产业组织理论的“结构主义学派”和战略管理理论的“定位学派”为代表;二是企业内部的资源和能力对企业成长具有更大的影响,即“内生性成长观”,以彭罗斯企业成长理论中强调的“可转换性资源”和巴尼为代表的资源基础理论中强调的“VRIN资源”为代表。

从实证研究的结果看,不管是“外生性成长观”还是“内生性成长观”,都可以在以往的研究中找到强有力的支撑,因此,很难从以往的研究文献中去评判孰优孰劣。在“内生性成长观”中,到底是彭罗斯主张的“可转换性资源”是企业成长的源泉,还是巴尼强调的“VRIN资源”是企业成长的源泉?双方各执一词。Nason和Wiklund(2015)使用元分析方法对以往文献进行了实证研究,结果发现“可转换性资源”与企业高水平成长具有关系，而“VIRN 资源”与企业成长之间的关系没有得到证明，即实证结果支持以彭罗斯为代表的企业成长理论。

企业成长一直是学者感兴趣的一个话题(Shepherd & Wiklund，2009)，通过对企业成长原因的研究，研究者还获取了提高企业绩效的关键驱动因素(Wennekers & Thurik，1999)，进而也得知了促进经济发展的驱动因素(Birch，1977)。虽然研究者在毋庸置疑地努力了解企业成长，但形形色色的实证结论却给文献综述蒙上了一层阴影(Davidsson & Wiklund，2000)。对企业成长实证研究文献的综述结果显示，企业成长率是非常随机的(P. A. Geroski，2005)。Weinzimmer 等(1998)认为，研究方法的不同可能是导致结果混淆的部分原因。另外，企业成长测度标准不同、行业领域不同，也可能导致不同结果。如同 Shepherd &Wiklund(2009)所称的那样：“我们是拿苹果跟苹果比，还是拿苹果跟橘子比?”因此，未来研究者需要更多的努力去探索企业成长的测度和实证方法，以使实证结果更具有效性和可比性，并为企业成长理论的推动提供支持。

企业成长是管理学研究的一个基础领域，被广泛地定义为一个企业从一个时点到另外一个时点之间的增长(Chandler，1962；Penrose，1959，1995)。成长无论对于经济发展还是增加就业来说都是至关重要的(Birch，1981；Moran & Ghoshal，1999)，成长对于企业来说也是确保生存的必要条件(Stinchcombe，1965)。总体来说，企业成长的实践在不断发展和变化着，而企业成长理论的更新则显得迟缓，未来需要更多的研究者投入企业成长的研究领域，以不断深化和丰富企业成长的研究成果。

第3章　转型背景下中国企业成长模式的理论构建

2008年美国次贷危机之后，国际政治、经济和技术环境都发生了较大变化。从经济上看，在危机后的10多年间，世界经济持续低迷，呈现"L"形走势，并且这一态势还将继续下去。从政治上看，特朗普当选美国总统为国际政治形势增添了更多的不确定性。美国退出《跨太平洋伙伴关系协定》(TPP)，为中国增加国际经济和贸易话语权，推动"一带一路"倡议提供了新机遇。以人工智能、3D打印、神经传感等为代表的新一轮技术革命已经开启，全球将会面临技术性失业、贫富分化等大挑战。

中国是被国际公认的"转轨经济国家"和新兴经济体。改革开放之后，中国经历了30多年的超高速增长，以"中国制造"和"中国速度"震惊世界。但近年来，中国经济增长势头已经开始下降(Eichengreen et al., 2012)。中国经济进入新常态，驱动经济增长的要素由资源向技术转变。中国经济发展需要深化制度创新，构筑良好市场环境；需要通过供给侧改革，促进产业转型升级；需要通过提质增效，提升中国企业国际化竞争能力。未来中国企业需要主动适应国际政治经济和技术的新环境及中国经济发展的新常态，以技术创新为驱动，推进供给侧结构性改革；以开放合作为理念，助力国际化大发展。

3.1 转型背景

3.1.1 宏观环境

从改革开放至今,中国经济发展历经了 30 多年的超高速增长。但在 2008 年的美国次贷危机之后,中国经济增长的速度有所下降,从“超高速”转向“中高速”发展。并且从各种特征来看,增长速度的“中高速”将成为一种持续的态势,被称为中国经济增长的“新常态”。经济增长的重要性,就如同经济学家 Paul Krugman(2013)在《现在结束萧条!》一书中所说的那样:“生产率不是一切,但从长远看,它几乎是一切。”对于一个国家而言,国民生活水平的长期改善和提升几乎全部依赖于生产率的提升,即每小时能够增加的产量或服务(黄亚生等,2016)。

制度环境上,符合转轨经济特征。从计划经济向市场经济转变,政府在促进企业的成长过程中仍然扮演着重要角色,但同时市场在促进企业成长的角色中变得越来越重要。自 1978 年改革开放以来,中国的企业成长环境发生了天翻地覆的变化(Milana & Wang,2013),总的方向是减少政府对企业发展的干预,增加市场对资源配置的作用。自从中国加入 WTO 之后,中国企业今天在全球市场竞争中显示出了快速提升的生产效率和创新能力(Brandt et al. ,2012),这些企业在国际舞台的出色表现一定程度上显示了中国经济体制改革的成效。但是不同所有制发展仍然面临不同的发展环境。比如,与国有企业相比,民营企业和外资企业成长面临更多的资本约束(Matthias Duschl & Shi-shu Peng,2015)。王小鲁和樊纲等(2016)同样认为,中国在政府和市场之间的关系及产品市场发育方面,仍然需要扭转市场化停滞或下滑的趋势,需要确定市场在资源配置中的决定性作用。此外,以《双边投资协定》(BIT)、《跨大西洋贸易与投资伙伴关系协定》(TTIP)等为代表的国际高标准贸易规则体系,对中国政府在“竞争中立”“透明度”“准入前国民待遇”“企业全寿命周期管理”

“劳工保护”“环境保护”“廉洁政府”“法治化市场环境”等方面都提出了更高的要求。未来为适应国际高标准的投资和贸易新规则,中国政府将通过设立“中国自由贸易试验区”进一步深化改革、扩大开放,推动制度创新。上述方面的制度创新将是中国继续从国际竞争中获益,并成为国际共治主要参与者的制度保障。

增长驱动要素上,资源驱动型向技术驱动型转变。改革开放后,中国大力实施“赶超战略”,通过不断引进资本、技术和管理来构建工业化的产业体系,大力发展制造业,尤其是重工业。经过40多年的发展,中国已经深度嵌入全球分工的制造环节,重构了全球产业分工格局,经济总量已经位居世界第二,甚至还可能在不远的未来超越美国,成为世界第一。但是以智能制造、3D打印、神经传感、基因重组等技术为代表的新技术革命已经呼啸而至,美欧国家和地区以技术储备和人才优势,正在力求颠覆“集中生产、全球销售”的模式,重新夺回制造中心的位置。因此,相对落后的技术和管理水平,以及不太完善的制度环境,都将使中国再次面临严峻挑战。创新已经改变了全球资源配置的原有法则,基于研究报告,中国仅有大约30%的经济增长是基于全要素生产率(Alwyn Young,2003),即技术进步对经济增长的贡献只占30%,而60%的增长来源于从农村转移到城市的农民工的“转移效应”(Hai Fang,Karen N. Eggleston et al.,2012),而同时期美国经济增长的技术进步贡献率为100%。随着中国农村劳动力人口转移数量的逐渐减少,老龄化人口的增多和资本投入(占GDP的50%)边际回报率的递减,中国经济高速增长的态势将很难持续,除非技术进步在未来的增长中做出更大贡献(黄亚生等,2015)。所以,技术创新和技术进步是驱动未来中国经济增长和保持可持续增长的必要条件。如果说前三次工业革命中国都输在了起跑线上,那么,经过几十年的奋起直追,中国正以极其高昂的代价在迎头赶上。现在第四次工业革命的序幕已经悄然拉开,中国已经基本上与发达国家站在了同一起跑线上。如果继续选择以“模仿”或“买技术”的方式获取未来的发展,中国在第四次工业革命中仍然会处于“追随者”的从属地位。所以,“自主创新”是中国赢得 21 世纪的唯一选择和必要手段。

3.1.2　产业环境

以供给侧改革推动产业转型升级将是中国经济新常态背景下的重要任务。根据产业发展规律，目前我国正处于从制造经济向服务经济转变的过程中。2012 年中国服务业以 0.5%的优势占比首次超过第二产业，成为我国经济增长的首要驱动力。2015 年我国实现服务业增加值总计 341 567 亿元，GDP 占比为 50.5%，首次超过 50%，已经连续 4 年居于我国 GDP 贡献之首。2018 年，第三产业增加值比重超出第二产业 11.5 个百分点。因此，可以判断，我国经济正在从"制造经济"向"服务经济"转型。

另外，按照三次产业分类，一个国家的产业结构发展将会经历"一、二、三""二、三、一"和"三、二、一"三个阶段，即第一产业主导阶段、第二产业主导阶段和第三产业主导阶段。在此过程中，一个显著的变化是制造业比重的持续下降和服务业比重的日益上升。但从中国 500 强企业的行业分布看，传统行业，尤其是传统制造业，长期以来都是中国大型企业（集团）的主导产业。随着经济增长的放缓，传统产业面临着更大的"去产能、去库存、去杠杆、降成本、补短板"，即"三去一降一补"的"供给侧结构性改革"。"供给侧结构性改革"是党中央、国务院在国内外经济形势和环境下做出的重大决策，也是解决我国经济结构性矛盾的治本之策（中国企业联合会和中国企业家协会，2016）。

根据上海财经大学 500 强企业发展研究中心发布的《2016 年上财中国 500 强企业竞争力指数报告》，2016 年国有企业出现了大面积亏损，亏损主要集中在"黑粗重"产业领域（21 世纪经济报道，2016），包括"黑色冶金及压延加工业""煤炭采掘及采选业"和"一般有色冶金及压延加工业"。2017 年是我国钢铁产业去产能的攻坚之年，全年共化解粗钢产能 5 000

万吨以上,1.4亿吨“地条钢”[①]产能基本出清。在去产能的同时,钢铁行业加速了企业之间的重组,其中作为行业“领头羊”的宝钢和武钢合并,成立中国宝武集团,行业集中度提升。在煤炭行业,去产能、调结构也在有力推进,2017年完成了煤炭行业去除1.5亿吨产能的任务。煤炭企业之间的重组也在推进:神华集团与国电集团合并重组,中煤能源兼并重组国投、保利和中铁等企业的煤炭板块。经过几年努力,煤炭和钢铁行业去产能的成效显现。但从2019年中国制造企业500强的行业分布看,重化工行业仍然占据主导地位,营收规模最大的5个行业均为重化工行业,重化工行业的营业收入比重占全部制造业的51.55%。[②]

多种统计指标表明,我国的钢铁、石油石化、化工、煤炭、建材、船舶制造等重化工行业的企业都存在产能严重过剩、营业收入和利润大幅下降,甚至出现全行业亏损的不良境况。因此,一是传统产业,包括传统制造业和传统服务业(比如批发、零售,受“互联网+”的冲击和影响)都存在严峻的“去产能”和“去库存”任务。二是非金融企业还面临高资产负债率、高财务杠杆的财务风险,需要“去杠杆”,降低系统性金融风险,防止“多米诺骨牌”效应。三是国有大型企业的“降成本”问题突出,国有企业与民营企业相比,一直都存在成本高、效率低的问题,造成该问题的原因是多方面的,其中比较突出的是企业机构臃肿、冗员过多、包袱沉重、僵尸企业难以清理,这些问题的存在,致使国有企业一直负重前行,耗费高额成本。四是大型企业发展要注重“补短板”,通过查漏补缺提升自身竞争力,通过培育新产业实现可持续发展。

3.1.3 微观环境

中国企业需要实现从“做大”到“做强”,提升国际化竞争的软实力,成就“世界级”企业。中国企业的快速成长是驱动中国经济快速增长的微观

① 以废钢铁为原料、经过感应炉熔化、在生产中不能有效地进行成分和质量控制的钢及以其为原料轧制的钢材称之为“地条钢”。

② 数据来源:历年中国企业500强发展报告。

因素。自 2006 年以来,中国企业上榜《财富》500 强企业的数量连续十年快速增加,2019 年中国上榜企业已经达到 129 家,首次超过美国企业上榜数量(121 家上榜),成为全球上榜数量最多的国家。中美两国合计 250 家,占世界 500 强企业数量一半。这样的统计数据令人为之振奋,但当深入分析中国大企业的成长之路时,难免令人担忧。

综观中国企业的成长,可以简单地归结为两个驱动因素:一是中国国内提供的广阔市场,造就了大型企业,比如中国的石油石化、金融、汽车等行业内企业国际化程度都不高,但本国广阔的市场空间内足以成长出特大规模的企业;二是国有企业之间的"联合、重组和并购",从历次国有企业改革的历程看,虽然每次主题和内容不尽相同,但有一点一直持续至今,即"做大做强",且手段都十分相似,即"合并同类项",通过政府的行政手段,将业务相同或相近的国有企业整合在一起。经过 10 多年间的合并重组,隶属国务院国资委的中央企业数量已经从之前的 200 多家,减少到现在的 110 多家,上榜 500 强的中央企业几乎都经历了同行业间的合并重组,地方国有企业也经历了同样的历程。政府的"合并同类项"措施在"做大"企业的效果上十分明显,但在"做强"企业的效果上不尽如人意。

"做大容易、做强难",虽然我国越来越多的企业入围世界 500 强,但却很难被公认为是"世界级"企业(殷群,2014),"世界级"企业除了其销售收入要进入世界 500 强之外,其产品或服务应该面向全球的市场,具有世界范围内的"品牌"知晓度,并且具有自主知识产权为核心的自主创新能力。伴随着生态环境的持续恶化、要素资源的日益紧缺和劳动力成本的快速提升,中国企业成长面临着巨大的转型升级压力。吴晓波(2012)认为"创新不够、创新的组织程度不够、创新的能力不够"是当前中国企业转型升级的瓶颈。但对于高速成长的中国企业来说,自主创新能力、自主品牌培育和推广、国际化市场的开拓等已经成为制约中国企业"做强"的软肋。"打铁还需自身硬",未来中国企业在成为世界级企业的成长道路上,需要不断提升软实力(王丹和王玉,2012)。

3.2 中国企业成长模式的理论假设

通过本研究的文献综述部分可知,学术界对于企业成长模式始终存在两种争论,即外生性成长模式和内生性成长模式。但从中国企业成长的驱动因素看:企业的管理效率、研发强度和国际化程度归入内生性成长模式的驱动因素,企业的所有制性质、资本约束、企业规模、产业特征和多元化程度归入外生性成长模式的驱动因素。下文中将解释其中的缘由。

3.2.1 驱动企业成长的内生性要素

1. 企业技术创新能力与成长

根据Nelson和Winter(1982)的研究,企业成长与其创新能力相关,他们认为企业当前的技术优势会对未来的技术优势产生显著影响,即技术的路径依赖。张维迎等(2005)充分肯定了研发投入和技术效率对于企业成长的重要性。Belenzon和Berkovitz(2010)通过实证研究发现,与一般企业相比,大企业更有利于成员企业创新。反过来,大企业还可以实现成员企业之间创新成果的协同共享,从而发挥更大作用,促进企业成长。不管是学术研究,还是政策制定,在企业组织形式与创新关系上均存在很大争议,争议的焦点是大企业(包括企业)是否能有效促进创新。

本研究认为,大企业能有效促进创新,进而创新又促进企业的成长,原因主要有以下几个。首先,大企业财力雄厚,能够为创新提供强有力的资金支持(Cohen & Levin,1989;Cohen & Klepper,1996)。在特殊情况下,多元化的企业还能抵御研发过程中不确定性所带来的风险(Khanna & Yafeh,2007)。其次,大企业的内部资本使得创新更容易获得资助,由于信息不对称,企业从外部获取资本的成本较高,从内部获取资本研发成本较低(Stein,1997)。再次,大企业有助于成员企业之间知识和技能的传播,知识的传播能够显著促进创新(Scherer,1982),企业内部的劳动力和技术市场在促进知识传播过程中起到重要作用。内部成员的知识共享和知识传播能加快创新速度，从而最终加快企业及其成员企业的成长。最后，Lee，CY(2010)的研究也证实了知识生产和技术研发具有增强效应，将对企业成长产生显著影响。

假设1：企业的技术创新能力与其成长有正相关关系。

2. 企业国际化能力与成长

Markusen(1984)和Caves(1996)都认为，与一般企业相比，大企业的成员能够从其国际化的网络中获取更多竞争优势，国际化网络的一家成员企业的扩张和成长，会使其他成员企业跟着受益，最终促进企业的进一步成长。除了多元化特征之外，国际化是世界上大型企业的另一显著特征。2006年通过对世界前100强企业的国际化情况的研究发现，采用国际化竞争战略的比例高达80.66%。通过进一步研究发现，采用国际化经营战略的企业对其成长具有显著影响，其营业收入增长率明显高于非国际化经营的企业，这也是绝大多数世界100强企业纷纷推行国际化战略的原因。因此，在全球经济一体化的背景下，企业的国际化能力已经成为决定企业成败的关键能力。

国际化是中国企业应对全球化竞争的重大挑战(陈岩等，2014)。加入WTO之后，中国企业加快了"走出去"的步伐，除出口以外，FDI形式的海外投资和运营越来越普遍。自2002年中国有FDI统计数据以来，中国企业的FDI金额年均增长率高达42.13%。自2014年起，中国(企业)的FDI首次超过了外商在中国的FDI，证明中国已经从一个净资本输入国转变为一个净资本输出国，这是一个里程碑事件，标志着中国企业国际化步入了新的时代。2017年中国境内投资者共对全球174个国家和地区的6 236家境外企业新增非金融类直接投资，累计实现投资1 201亿美元，同比下降29.4%。对外投资的下降主要是因为外汇储备的下降以及发达东道国的投资准入环境严重恶化。同时，"一带一路"沿线国家成为投资热点。2017年我国企业共对"一带一路"沿线的59个国家非金融类直接投资143.6亿美元，占同期总额的12%，较上年提升了3.5%。2017年我国企业共实施完成海外并购项目341起，分布在全球49个国家和地区,海外并购投资总额 1 448 亿美元,同比下降 32%。但在汽车与运输、电力和公用事业、石油和天然气、生命科学四个行业,并购行业依然逆势增长。

国际化以其分散区域风险、开拓新市场和获取新资源对中国企业具有巨大的吸引力,同时国际化能力也将有助于中国企业的国际化成长。

假设 2:企业的国际化能力与其成长有正相关关系。

3.2.2 驱动企业成长的外生性要素

资本作为驱动企业成长的核心要素之一,已经无人质疑。但在转轨经济体制中,企业却因不发达的资本市场、金融服务业和严格规避风险的商业银行(Pintio,2005),很难获得成长所需资金(杜传忠和郭树龙,2012)。因此,企业融资难、融资贵、融资手段单一等融资约束问题,严重阻碍了企业的成长。Matthias Duschl 和 Shi-Shu Peng(2015)通过对中国样本的分析发现,资本约束已成为高成长企业的重要障碍。

制度理论认为,新兴经济体国家的资本市场是无效的,政府往往通过提供资金支持和融资便利,从而有力促进了企业的快速成长。另外,还有一些学者研究了企业内部的财务市场,证明了企业的内部财务市场能够促进集团内成员企业的成长和集团的成长。Halit Gonenc 等(2007)的研究结果证实了上述观点,即企业的内部资本市场在新兴经济体中对企业成长具有显著影响,企业可以通过集中资金和重新配置的方式,获得更快和更多的成长机遇(Khanna & Palepu,2000a)。大企业基本上都有银行或财务公司来为其内部资本市场的有效运营和资金融通发挥重要作用。

金融产业在中国企业成长中扮演着非常重要的角色,从侧面也说明了中国企业的成长有赖于资本。以银行为代表的中国金融集团一直在我国经济发展和促进中国企业成长中扮演着重要的角色。2018 年入围中国 500 强企业的金融企业数量为 33 家,虽然上榜数量少,但在营业收入、资产、净利润等 7 项指标上高居行业之首。其中,从资产和海外资产两项指标看，33家上榜企业占500家企业的60%以上，净利润占比为50.7%。可以说，500强企业合计资产的一大半、利润的一半是金融企业的。

总体上，中国500强企业的资产负债率仍然处于高位，2018年中国500强企业的资产总额为274.26万亿元，负债总额为232.61万亿元，资产负率高达84.81%。从长期变动趋势来看，2000年以来，历年中国企业500强的总体资产负债率都在80%以上，而且总体呈现波动上升的趋势，近几年来，基本在80%～85%波动。这说明中国企业的发展已经严重依赖于资本扩张，且居高不下的资产负债率将使其未来发展面临很高的财务风险。

假设3：中国企业的成长与其财务约束有相关关系。

3.2.3 影响企业成长的其他要素

1. 企业规模与成长

早期的研究发现企业规模与其成长率之间的关系是随机的，二者之间没有显著的关系，即不管企业规模多大，都不会影响其成长率（T. Reichstein & M. S. Dahl，2004）。这种观点也通常被称为"吉布拉特法则"（Jovanovic，1982）。后来曾有多项研究来验证"吉布拉特法则"，多数实证结果无法证实该法则。有研究认为，"吉布拉特法则"仅适用于大企业，而不适用于小企业（Evans，1987a）。一些学者的研究得到了相似的结论（Hall，1987）。Hall（1987）通过对1980～1985年的样本企业研究，得出小企业比大企业的年均复合增长率高4个百分点的结论。

Dunne & Hughes（1994）以英国企业作为样本，对其20多年的成长进行研究发现：在20世纪60年代，大企业成长更快；而在20世纪80年代，小企业的年均复合增长率更快。貌似模棱两可的结论，可能蕴含着深刻的含义，预示着企业规模与成长之间的关系会受到时代背景的影响。比如，在20世纪60年代，包括美国在内的西方国家正在经历制造业产业集中化的历程，以及大企业间的并购、重组。并购后，企业的资产、收入和员工数等都会有大幅增加，即大企业表现出更快的成长率。相反，在20

世纪 80 年代,西方国家传统制造业的产业集中度趋于稳定,增长率比较缓慢,而以信息技术为代表的新兴制造企业开始快速成长,从小企业成长为大企业,因此该时期小企业的成长率会高于大企业。

本研究所选取样本来自中国的大企业,以 2018 年中国 500 强企业为样本企业,时间段是 2009～2018 年的 10 年。中国经济在这 10 年具有明显的转型背景特征,传统制造业的集中度日益提高,受到 2008 年美国次贷危机的影响,更加剧了大企业之间的并购与重组(见图 3.1)。其中,2011～2013 年间 500 强企业之间的并购重组达到高峰,每年超过 1 000 次,到 2017 年又创造了一个新的并购高峰,500 强企业年度并购次数合计为 1 497 次。与中小企业不同,企业间的并购重组是企业迅速成长的重要路径。

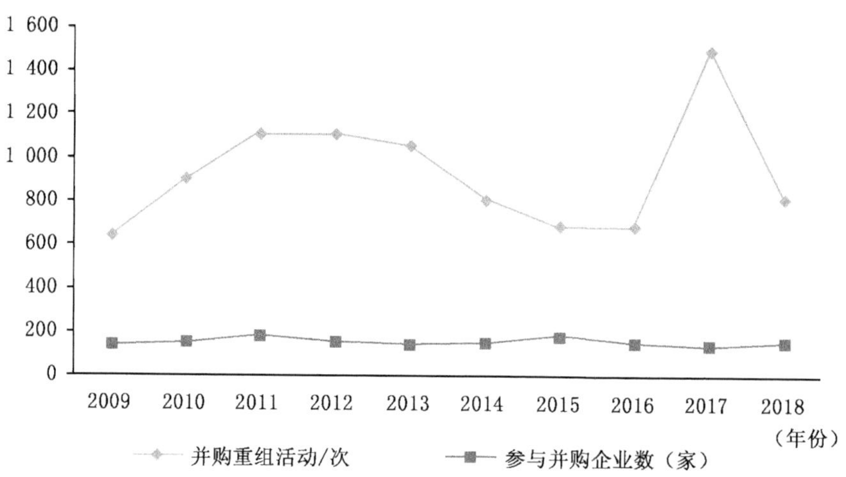

图 3.1　2009～2018 年中国 500 强企业的并购重组情况

2. 企业所有制性质与成长

Das 和 Srinivasan(1987)以 1983～1988 年的印度企业为样本,分析了多元化和公有制对企业成长的影响,结果显示公有制与企业成长之间没有显著关系。但 Majumdar(2004)研究显示,“企业出身”对企业成长有显著的影响。Saibal Ghosh(2009)同样认为,企业的公有制性质对于企业成长很重要，因为公有制企业在新兴经济体中能够获得更多的支持，包括低成本的资源和更多的投资机会。Matthias Duschl 和 Shi-Shu Peng (2015)针对来自中国企业的样本进行了实证研究，得出了企业的所有制类型是影响其成长的主要因素。还有一些学者对"国有企业"(state-owned enterprises，SOEs)与成长之间的关系展开研究，研究结论类似，即"国有企业"有助于企业成长(Boycko et al.，1997；Frydman et al.，1999)。

从上述文献仍然无法看出企业所有制与其成长之间的关系，但本研究更加倾向于制度理论的观点，即在新兴经济体国家，被选择的企业(比如，中国的"国有企业")能够获得更多的政府支持(如资源、市场和人才)，从而拥有更多的投资可能和更快的成长速度。在中国，国有企业在国民经济中一直占据主导地位。国有企业包括中央企业和地方国有企业两种类型。以 500 强为例，2016 年有 84 家中央企业荣登中国 500 强，虽然其上榜数量占比仅为 16.8%，但单其营业收入、资产、利润、税收等指标就合计在 500 强企业中的占比超过了一半，其中资产占比高达 69.86%。另外，最近 10 年来，中国一直在推行国有企业改革，其中通过政府行政指导兼并重组的频率一直较高，同时在进行的还有地方国有企业的兼并与重组。据统计，国有企业在中国 500 强企业中的数量由 2005 年的 357 家下降至 2018 年的 263 家，但从国有企业所占比重看，仍然处于绝对主力地位。2018 年中国 500 强企业中国有企业占全部上榜企业的 87.39%，营业收入占 71.52%，净利润占 70.23%，纳税额占 80.91%。[①]

3. 行业属性

产业组织理论的"结构主义学派"和战略管理理论的"定位学派"都强调了不同行业对企业成长和绩效的不同影响，即产业环境会对企业成长产生影响。同样，产业生命周期理论也有类似的观点。产业是有生命周期的，一般分为导入期、成长期、成熟期和衰退期，处于不同生命周期阶段

① 数据来源：中国企业联合会、中国企业家协会编：《2018 中国 500 强企业发展报告》。

的企业,其成长速度是不同的。其中处于导入期的企业成长速度具有不确定性,处于产业成长期的企业会有快速增长,处于产业成熟期的企业成长速度趋于平缓,而处于产业衰退期的企业可能会有负增长。

另外,战略管理学还将产业进行了分类,分为“全球产业”和“多国产业”。“全球产业”是指那些可以在全球生产和销售同样产品的产业,比如石油、石化、轮胎、汽车等。“多国产业”是指那些需要根据东道国不同需求偏好进行本土化的产业,如大部分服务业、服装制造业等。“全球产业”的企业可以充分发挥“规模经济”优势,开拓全球市场。而“多国产业”因其需要本土化,成长速度和最终规模可能均会受到影响。以世界500强为例,排名比较靠前的企业大多是能源和汽车制造业,具有显著的“全球产业特征”。

中国企业正在经历着产业结构升级和转型,传统制造业的成长空间越来越小,但智能制造、“互联网+”、信息产品制造等产业已经进入高速成长期,处于该行业的代表性企业均在经历高速成长阶段。

4. 地区特征

通常,理论上认为企业的所在区域与其成长有较强的关系(T. Reichstein & M. S. Dahl,2004)。其中,多数人的观点是由于一些地区的低生产成本,致使企业有扩大投资的激励,从而有助于企业成长。那些拥有最低生产成本、最大产品市场和最低交易费用的地区是企业的最佳选择。很明显,很难有地区同时符合上述三个特征,其中人口众多的地区,尤其是大城市,因其较大的潜在市场和充足的劳动力,成为吸引企业的主要地区(Krugman,1991b)。

另外,“产业集群效应”是企业成长与所在地区具有相关性的另一个支撑。“产业集群效应”认为,相同或相近产业的企业在一个区域集聚,拥有多方面的优势。一是地理上更加接近其供应商和潜在客户,二是同行业企业集聚一起可以相互学习和促进,三是集聚效应会吸引更多的客户前往,从而创造出更大的市场。克鲁格曼(Krugman,1998)还认为,“产业集群”具有自我强化效应,通过吸引越来越多的产业企业入驻,创造出越来越有影响力的市场。这一理论被很多特色产业区域来佐证。比如，中国的义乌小商品城和美国的底特律汽车城是经常被谈到的例子。

虽然上述观点有着广泛的接受度，但波特(1990)却提出了不同的观点。他认为，低成本、获取市场和集聚生产已经不再是企业选址考虑的核心要素。首先，自身能力和当地政务环境会对企业成长有较强的影响。原因是企业需要获取很多"隐性知识"(tacit knowledge)，这些知识是无法从市场中获取的。企业为了获取这些知识，必须加入互动的学习过程(Maskell et al.,1998)。基于这个原因，企业会根据各个地区能力和政府机构完善程度进行选择，而不仅仅考虑低成本和市场规模。但是，波特(1990)并没有明确指出地区能力具体包括哪些方面。

中国经济发展具有显著的地域特征，东部沿海、中部地区和西部地区有很大的差异。以中国 500 强企业总部所在地为例，2018 年东部地区有 372 家，东北地区有 11 家，中部地区 55 家，西部地区 62 家。其中，东部地区包括了环渤海(北京、天津、河北和山东)、泛珠三角(广东和海南)、长三角(上海、江苏和浙江)、海西经济区(福建)。值得注意的是，北京有 100 家中国 500 强企业，其中超过 80 家为中央企业。显然，中国企业成长与地区之间存在相关关系。

3.3　中国企业复合成长模式的理论模型

从上述理论假设部分可以看出，中国企业的成长既符合转轨经济体的外生性成长特征，同时也具备基于资源和能力的内生性成长特征。中国企业最近 10 年的成长很难用上述两种理论单独解释，不管从第 2 章的理论基础，还是从第 3 章的理论假设部分，都无法做出"二择其一"的取舍。因此，本研究认为转型背景下中国企业的成长兼具外生性成长和内生性成长两种模式的特征，需要构建中国情境下的企业成长理论。

3.3.1 现有企业增长理论的解释局限

对比中国 500 强企业、世界 500 强企业和美国 500 强企业,中国 500 强企业具有快速增长的特征(详见图 3.2)。三个 500 强企业营业收入总额的增长速度都呈现了明显下滑趋势,但中国 500 强企业营业收入总额的增速始终高于世界 500 强和美国 500 强企业。

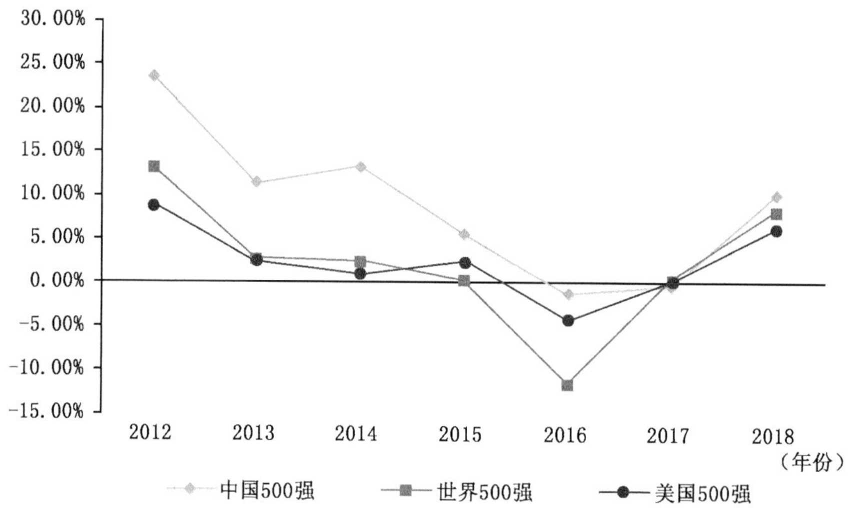

图 3.2　2012～2018 年 500 强企业营业收入增长速度

得益于高速增长,中国 500 强企业相对于世界 500 强企业和美国 500 强企业,主要指标的占比都有显著提升。其中,中国 500 强企业的营业收入总额与世界 500 强相比,从 2012 年的 23.55%上升至 2018 年的 35.11%,同样体现规模指标的资产和净资产占比都有明显提升。类似地,中国 500 强企业的整体规模越来越大,其中资产占比已经非常接近美国 500 强,达到 96.37%。

表 3.1　　2012～2016 年中国 500 强企业主要指标占比情况

项目对比	年份	营业收入占比	资产占比	净资产占比	雇员占比
中国 500 强/世界 500 强	2012	23.55%	17.59%	19.55%	47.49%
	2013	26.19%	19.77%	20.80%	47.31%
	2014	29.44%	22.88%	22.26%	48.34%
	2015	31.06%	26.23%	26.28%	47.87%
	2016	34.70%	30.41%	29.90%	47.85%
	2017	34.49%	31.44%	29.81%	49.89%
	2018	35.11%	30.60%	26.36%	47.15%
中国 500 强/美国 500 强	2012	59.10%	59.64%	46.37%	118.25%
	2013	65.81%	66.61%	49.35%	116.76%
	2014	74.87%	76.22%	52. 98%	118.99%
	2015	77.42%	84.67%	60.94%	117.30%
	2016	79.93%	93.43%	69.58%	113.43%
	2017	79.28%	95.14%	67.40%	118.59%
	2018	82.19%	96.37%	68.64%	113.04%

通过上述对比发现，近年来中国企业(集团)的成长速度高于世界和美国平均水平，在国际经济环境收紧的情况下，中国企业仍然保持了较高的增长态势，实现了逆势成长。实际上，中国企业的表现不光停留在速度上，效率和效益也有明显改进(详见表 3.2)，中国 500 强企业的整体盈利指标已经与世界 500 强企业比较接近。

表 3.2　　2018 年 500 强企业的效率和效益指标对比

项　目	营收利润率	资产利润率	净资产利润率	人均利润(万美元)
中国 500 强	4.50%	1.17%	9.54%	1.3
世界 500 强	6.27%	1.42%	9.98%	2.78
美国 500 强	7.84%	2.39%	13.89%	3.56

如果说中国企业的快速增长得益于中国经济的快速增长，即可以用新兴经济体的外部成长理论来解释，但又如何解释中国企业效率和效益的提升呢？根据资源基础理论，世界知名的跨国公司，包括美国的跨国公司拥有很强的竞争能力，例如高水平管理能力、智能化的管理系统、世界知名的品牌、成千上万的专利技术、庞大的市场规模、国际化的高级人才。

缺乏这些通常被称为核心竞争力的资源,仍然无法阻挡中国企业在本土和国际市场上的逆势生长。有趣的现象是在世界经济低迷的环境下,拥有核心资源和能力的西方跨国公司却显得不堪一击、陷入困境(陆亚东和孙金云,2013)。可见传统的企业成长模式理论无法诠释这一现象,无法对中国企业成长的现象提供解释,需要构建符合中国情境的企业成长理论。

3.3.2 中国企业复合成长理论构建

得益于转轨经济体制,中国企业在政府的支持和帮助下获得了快速成长,并以其完善的制造能力、高性价比的产品和快速的市场响应能力在国际国内市场上表现出了独具特色的竞争优势。这些竞争优势来自何处?陆亚东和孙金云(2013)认为,通常新兴经济体国家中的企业被认为缺乏核心竞争力,这些竞争优势不一定来自企业内部的核心竞争力,更有可能是来自企业从外部获取的资源,企业通过整合方式进行创新和利用,从而创造出有别于西方企业的独特优势和不同成长模式——“复合基础观”。

唐清泉和张芹秀(2008)对中国知名制造企业的成长模式进行了实证研究,结果发现内部成长模式和外部成长模式对中国企业的绩效和优势都有影响;但两种成长模式的中国企业在学习和适应能力方面并无显著差异,不管是哪种成长模式下,中国企业都很注重学习和市场适应能力;外部成长模式能为企业获得更多营业收入,内部成长模式有助于企业培育核心竞争力,中国企业应该注重内部成长模式,但仍然不建议中国企业放弃外部成长模式。

曾萍和蓝海林(2013)通过对珠三角样本企业的实证研究发现,无论是“红”(政治关联)或是“专”(创新能力),都对企业绩效有显著正向影响;并且两种资源之间还可以交互作用,能对企业绩效产生更加显著的影响;“又红又专”是我国当前情境下企业成长的最优选择。类似地,杨其静(2011)通过研究表明,我国的(国有)企业会积极应对市场环境和竞争环境的变化，努力降低企业生产成本和不断改进产品质量，他们在注重企业自身能力建设的同时，还会积极寻求政府的支持和帮助，以便提升竞争优势。需要说明的是，企业内部能力建设和获取政治关联都需要耗费资源，企业往往会在两者之间权衡。

复合成长模式是指在以中国为代表的新兴经济体国家中，企业能够将拥有或购买的外部资源，包括资金、人才、技术、土地及其他生产资料，通过灵活多变的方式进行内部整合与创新，创造出独特的竞争优势，主要表现为更高性价比的产品、更快的市场反应速度和更广阔的市场范围，创造出独特、快速的成长模式。“复合”体现的是“外部成长”与“内部成长”的有机结合，企业既有获取外部资源和机遇的便捷性，又可发挥后发优势，利用规模经济和范围经济的优越性，将二者结合、互动，为企业的快速成长提供“复合”动力。

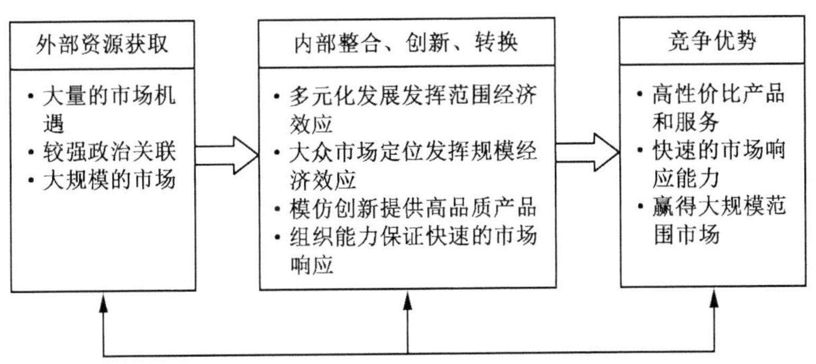

图 3.3　中国企业的复合成长模式

复合成长模式下，中国企业将外部资源与内部资源相结合，以“大众定位”，提供高性价比的产品赢得市场，成功的市场表现又为企业未来成长带来了获取外部资源的更大可能性，也激励着企业内部通过学习曲线进一步降低成本，提升产品品质，循环往复，形成了独特的中国企业复合成长模式。需要说明的是，复合成长模式是在特定的历史条件下产生的，该模式并不是要否定资源基础观的内生成长模式，也不是要否定外生成长模式，而是强调在中国现阶段的转型背景下，符合中国情境的企业成长模式。未来随着市场经济体制日渐成熟和新技术、新模式的出现，复合成长模式可能被新的模式所取代。任何成长模式都是在特定环境下产生的，随着环境的改变，成长模式也会随之发生改变。

3.3.3 中国企业复合成长模式的特征

不同于转轨经济体制中传统的外生成长模式和西方经济中强调的内生成长模式，复合成长模式在资源获取、技术创新、市场定位、竞争策略、国际化和竞争优势来源等方面都表现出了鲜明的特征。

在资源的获取上，复合成长模式强调外生性与内生性结合，通过自己的方式将外生资源转化为内生能力。随着新兴经济体的快速发展，大量市场机遇出现，缺乏资源和能力的企业需要充分利用政治关联、社会网络等外部关系，以获取抓住机遇所必需的资本、许可、技能等资源，用这些外部资源来弥补内部的不足。在转轨经济体制国家中，由于市场不充分，政府与企业之间的信息也是不对称的，大型国有企业及大胆的、具有较强政治关联的民营企业获取了更多的外部资源。

表3.3　三种成长模式的特征对比

	复合成长模式	外生成长模式	内生成长模式
资源获取	外部多用途资源通过内部整合、创新，进行复合使用	外部获取多种用途的资源	内部资源和能力，尤其是难以模仿和无法替代的核心竞争力
技术创新和管理能力	模仿创新＋反向创新＋技术购买	技术购买	高强度的研发 自主产权
市场定位	大众市场	无差异性市场	高端市场
竞争策略	高性价比竞争策略	低成本竞争策略	差异化竞争策略
国际化发展	海外并购获取资源（技术、品牌、市场等资源）＋国际化市场开拓	出口、生产外包	国际化市场开拓
竞争优势来源	规模经济、范围经济、后发优势、贴近市场、迅速响应	规模经济	核心竞争力

在技术创新和管理能力上，复合成长模式强调“实用主义”，通过“模仿创新”或“反向创新”的方式，充分发挥“后发优势”，在很短时间内迅速

学习、模仿和本土化改造，培育了快速模仿和创新的能力。改革开放之后，大量外资企业入驻中国，催生出大批中外合资企业，外资企业在与中国企业合资合作的过程中，技术和管理知识外溢为中国企业培育和提升内部技术创新能力和管理能力提供了宝贵的经验借鉴和学习标杆。

在市场定位上，复合成长模式更加贴切市场规模庞大的"大众群体"，选择最大市场规模的"大众定位"，这与资源基础观的"高大上"市场定位有明显区别。一方面，"大众定位"能使中国企业更大程度地发挥规模经济效应，降低成本；另一方面，"大众定位"还有助于建立在模仿创新基础上的产品能够基本满足大众需求。

竞争策略上，复合成长模式下的企业能够为大众市场提供"性价比更高"的产品或服务。这与单纯的低成本竞争、差异化竞争以及集中竞争都有不同。复合成长模式下中国企业根据"大众群体"需求偏好，利用更加贴近本土市场，更加了解消费者需求的优势，对市场需求的变化做出快速反应，进而快速覆盖广阔的市场范围。以智能手机市场为例，苹果手机以技术领先优势，采用了高价格的差异化竞争策略，而华为手机、小米手机等则是采用了"高性价比"的竞争策略。

在国际化方式上，复合成长模式的企业采用海外并购资源与自主开拓国际市场并行的道路。与资源基础观的国际化市场开拓的传统路径不同，在复合成长模式中，企业除了进行开拓国际化市场之外，更多的是通过海外并购的方式直接获取资源，包括能源、技术、品牌、市场和资产等。以联想并购 IBM 的 PC 业务和吉利并购沃尔沃为例，两家中国企业都从海外并购中获取了品牌、技术、市场等，从而实现了快速的国际化成长。

从竞争优势来源上看，复合成长模式之所以能快速增长，获取竞争优势的来源，主要在于以下几个方面：一是在新兴经济体发展带来的大量机遇。在机遇的窗口期，企业过于专注一个业务领域，可能会失去很多的发展机会，在此背景下，利用发展机遇多元化地发展业务是占优选择。这与资源基础观强调的专业化发展有明显不同。二是外部资源获取的便捷性，中国企业的快速成长得益于此，这些企业获取资源的速度和成本比成熟市场经济的企业更有优势。三是中国国内庞大的市场规模和“大众市场”定位能使中国企业充分发挥规模优势，降低生产成本。四是中国企业的多元化业务带来的范围经济和快速市场反应能力，能够以较低的成本提供高性价比的产品和服务。五是中国企业善于学习和利用后发优势，中国企业善于找准标杆，快速学习技术和管理知识，不断进行本土化改进，为提供高性价比产品和服务奠定了坚实的技术和管理基础。

第 4 章　中国企业集团成长模式的实证研究

4.1　模型与数据

企业成长是经济学和管理学界不断探讨的主题，学者们对企业成长因素和成长策略的理论研究层出不穷。其中，在企业成长与规模之间关系的研究成果中，较为著名的是吉布拉特法则。吉布拉特法则是吉布拉特(1931)提出的比例效应法则(也称均衡增长法则)，是对企业成长与规模分布关系的研究，该法则认为企业的发展速度与自身规模无关，企业成长是一个随机过程，进而导致企业的规模分布收敛于对数正态分布。吉布拉特法则意指，虽然企业的规模大小有所不同，但是它们在市场竞争中却各有优势，规模不同的企业都有其生存和发展的内在规律。

吉布拉特法则引发了多个国家的学者对企业成长与规模分布之间关系的研究。例如，Jovanovic(1982)建立了用来描述企业进入市场后的模型，企业如何根据自身业绩水平和发展水平，对自身规模进行相应调整，即根据其规模大小来做出是否退出市场的决策。随后，Evans(1987)、Dunne(1989)、Hall (1987)、Audretsch(1999)和 Audretsch(1995)等通过相关研究，得出了与吉布拉特法则相反的结论，他们的实证研究结果表明，随着企业规模的增大，其增长率在降低，即企业规模越大，成长速度越慢，从而否定了吉布拉特法则。

20 世纪 80 年代以来对企业成长的经验研究多数也不支持吉布拉特法则。Geroski(1998)指出：吉布拉特法则表明了企业规模的变动可能是由于未曾预料到的冲击所导致，即企业规模的变化是随机游走的过程。

研究中如果只考察企业的规模,而不考虑企业的效率和负债信息,很有可能得到企业规模随机游走的结果;但是如果能够获取企业的效率、负债等信息,则研究者可以对企业的规模变化给出相应的解释和预测。因此,如果能获取企业的各类数据,企业成长的回归模型是可以建立的。

此外,目前对企业成长的研究还存在指标选取和模型选择两个问题。

一是指标选取上,在衡量"企业成长"方面,指标比较多样化,其中多以"企业员工数量变化率"作为衡量指标(李洪亚,2014,2016),该指标在劳动密集型的制造时代,对企业成长具有代表性意义,但在技术和知识密集的智能化、数字化时代,企业员工数量已经无法很好地诠释企业成长性。以互联网企业为例,拥有同样数量员工的互联网公司可能其成长性远远高于传统加工制造企业。因此,本研究将使用更具一般意义的"营业收入增长率"作为衡量"企业成长"的指标,该指标在最近的企业成长研究中也有被使用的前例(王永进等,2017)。另外,在促进企业成长的内生性指标选择上,"研发投入"是其中一项重要的考察指标,已有的研究多数使用当期的研发投入指标,但根据现实情况判断,企业当期的研发投入很难带来企业成长,也就是说,学术研究需要更加贴合现实,研发投入对企业成长的影响需要在未来两到三年,甚至更长时间才能显现。因此,本研究选择了"研发投入"的滞后项(滞后两期)作为影响企业成长的核心指标。

二是模型选取上,前期研究通常以传统的最小二乘法(OLS)进行估计,在传统的回归方法中,被解释变量的均值通常被关注,即采用因变量的条件均值函数来反映自变量在每一个特定值下的因变量的均值,以此来描述自变量和因变量之间的关系,其结果反映了各种解释变量对于企业成长的条件均值的影响,而不能显示影响企业成长的条件分布的不同分位点(quantiles)处的解释变量的作用大小,也就是说,企业的成长有快有慢,综合实力有强弱之分,而企业在不同的成长状态时,影响其变动的因素可能也是不同的。所以,需要研究各种因素,全面分析其对企业成长的相关影响。

在回归统计分析中,分位数回归可以较全面地反映解释变量对因变量条件分布的不同分位数点的影响，面板模型是在截面数据的基础上添加时间维度。其中，分位数回归估计可以精确描述解释变量对因变量的变化范围以及条件分布形状的影响，可以更全面分析和描述因变量条件分布的整体状况，而不仅仅是分析因变量的条件期望。分位数回归模型在不同分位数下的回归系数结果往往是不同的，也就是说解释变量对不同水平下的因变量的影响不同，即影响企业集团成长的各种因素对不同水平的企业成长的影响不同。另外，分位数回归模型有单调同变性和对离群值的不敏感性，其中单调同变性是指如果利用单调函数转换随机变量，则分位数可以利用与分位数函数相同的单调函数转换得到，即如果对影响企业成长的因素进行对数化处理，那么企业成长函数的分位数可以通过对企业成长函数对数化处理得到；对离群值的不敏感性指的是，分位数回归模型的回归结果对自变量选取时的异常值不敏感，对于一些偏离中位数的增减幅度大的数值，可以使用位于中位数相同侧的数值代替，这样的修改对中位数没有影响，因此对于影响企业成长指数的各种因素，增减幅度较大的变量在使用分位数回归时不需要事先剔除异常值，这样可以使得结果更好，更真实地反映自变量与因变量函数之间的关系。

本书选择面板分位数回归模型对企业成长进行分位数回归分析，并且与 OLS(最小二乘回归)和 GMM(广义矩阵估计)结果进行对比。虽然目前在我国面板数据分位数回归模型尚未得到广泛应用，但考虑到我国企业成长分布的非均衡性，故更加适用面板数据分位数回归模型，以便更加精确地发现不同成长水平企业的不同成长特征。面板分位数回归模型的长处在于它具有分位数模型和面板模型的优点：首先，可以控制个体异质性，具有信息更多、变异更大，变量间有更弱的共线性；其次，还可以识别、测量单独使用截面数据或时间序列数据所无法估计的影响；最后，它对于异常值出现时或是非正态分布的估计耐抗性较强，可以提供的信息更完整，更清晰地阐释因变量的整体分布情况，也能处理数据的异质性问题。基于上述分析，本书选用面板分位数回归模型对企业成长的影响因素进行统计分析，得出各类解释变量在企业成长不同水平下可能存在的不同影响。

4.1.1 模型介绍

本书使用面板分位数回归模型研究企业成长模式，探寻不同分位数水平下影响企业成长的因素差异。面板分位数回归模型能有机结合面板模型和分位数模型的优点，提取数据中的异质性，得到更为可靠的结论。

1. 面板模型

面板数据最早由 Mundlak(1961)、Nerlove 和 Balestra(1966)引入计量分析，在相关数据的统计分析过程中，由截面数据和时间序列数据组合而成的面板数据能在时间维度上增加个体的异质性，在截面维度上增加时间的异质性，有效减弱多重共线性，明确分析变量间的联系，另外，更适合研究动态调整过程是面板模型的另一个优点，面板模型还可以识别、测量单纯使用横截面或时间序列数据可能无法估计的影响。下面是面板模型的基本形式，即模型(1)：

$$y_{it}=\beta x_{it}+\alpha_i+\varepsilon_{it} \tag{1}$$

其中，$i=1,2,...,N;t=1,2,...,T$

其中，y_{it} 为被解释变量，x_{it} 为解释变量，β 为回归系数，α_i 为表示第 i 个个体与其他个体的差异，ε_{it} 为残差。

在进行面板数据分析的过程中，需要检验误差项和解释变量的相关性，如果误差和解释变量是相关的，即回归系数是固定的，那么使用固定效应模型；如果误差项和解释变量是不相关的，即回归系数是随机的，则采用随机效应模型；如果回归系数一部分是固定的，一部分是随机的，则采用混合模型。

2. 分位数模型

在一般的经济研究中，应用最为普遍的是经典的最小二乘回归分析。然而在实际问题中，应用最小二乘法进行回归的过程中，由于存在多重共线性、异方差、自相关等问题，回归结果能提供的信息有限。

Koenker 和 Bassett(1978)提出了分位数回归的概念。与经典的线性回归模型类似，分位数回归模型通常假设因变量和解释变量在各个分位数点上满足线性相关关系，对于随机变量 Y，假设其观测值为 y_1，y_2，...，y_n，随机变量 Y 的分布函数为：

$$F(y)=Pr(Y\leqslant y)$$

任意给定实数 τ，其中，变量 Y 的 τ 分位函数定义为：

$$Q_y(\tau)=inf\{y:F(y)\geqslant\tau\}$$

其中，$0<\tau<1$，inf 指的是下确界，$Q_y(\tau)$是指被解释变量条件分布函数的反函数。

对于一组样本随机变量 Y，将观测值 y_1，y_2，...，y_n 分为两个部分，其中 $Q_y(\tau)$是比例小于 τ 的部分，$Q_y(\tau)$为比例大于$(1-\tau)$的部分。

回归分析的思想是使得样本值与拟合值之间的距离最短，对于样本分位数回归来说，样本值与拟合值之间的最短距离是指使得加权的误差绝对值之和最小，可以表示为如下模型：

$$\min_{\xi\subset R}\left\{\sum_{i:Y_i\geqslant\xi}\tau\mid Y_i-\xi\mid+\sum_{i:Y_i<\xi}(1-\tau)\mid Y_i-\xi\mid\right\}$$

即：

$$\min_{\xi\subset R}\sum_{i=1}^{n}\rho_\tau(Y_i-\xi)$$

对于任意 $0<\tau<1$，令：

$$\rho_\tau(\mu)=\mu(\tau-I_{\mu<0})=\begin{cases}\tau\mu\mu\geqslant 0\\(\tau-1)\mu\mu<0\end{cases}$$

其中 $I_{\mu<0}$ 为示性函数，$\rho_\tau(\mu)$定义为 τ 分位数回归的检验函数。

一般的分位数回归的检验函数不是对称的，其由从原点出发的斜率之比为 τ:$(\tau-1)$的两条射线组成，这两条射线分别位于第一象限和第二象限。

当因变量 Y 是多个解释变量的函数时，本研究使用矩阵 X 线性作为解释变量，对于条件均值函数：

$$E(Y|X=x)=x'_i\beta$$

其参数估计值是通过求解下式得到的：

$$\hat{\beta}=arg\min_{\beta\subset R^k}\{\sum_{i=1}^{n}(Y_i-x'_i\beta)^2\}$$

而分位数回归的参数估计值是条件均值函数参数估计值(即上式)的扩展:

$$\hat{\beta}_\tau=arg\min_{\beta\subset R^k}\{\sum_{i=1}^{n}\rho_\tau(Y_i-x'_i\beta)\}$$

通过求解上式,得到分位数回归的参数估计值 β。

当给定 x 时 y 的条件分位数回归线性模型为:

$$Q_y(\tau|x)=\beta_1(\tau)x_1+\beta_2(\tau)x_2+...+\beta_n(\tau)x_n \tag{2}$$

其中,$\beta_i(\tau)(i=1,2,...,n)$为 τ 分位数对应的参数值。

3. 面板分位数模型

面板分位数模型考虑不同分位点的差异,从而增强对数据拟合的能力,并且可以用于提取个体信息,有助于分析现实问题中的异质性。

Koenker(2004)首次在面板模型(1)式的基础上,结合分位数回归模型(2)式,使用分位数回归法对面板数据模型进行参数估计,提出了仅包括纯位置偏移效应的条件分位数模型:

$$Q_{y_{it}}(\tau|x_{it})=\alpha_i+x'_{it}\beta(\tau) \tag{3}$$

其中,$i=1,2,...,N;t=1,2,...,T$

接下来,使用下式求解参数估计值:

$$\min_{(\alpha,\beta)}\sum_{j=1}^{q}\sum_{t=1}^{T}\sum_{i=1}^{N}\omega_j\rho_{\tau_j}(y_{it}-\alpha_i-x'_{it}\beta(\tau_j))$$

其中,$\rho_\tau(\mu)=\mu(\tau-I_{\mu<0})$,权重 ω_j 控制 q 分位数$\{\tau_1,...,\tau_q\}$对参数 α_i 的估计值的相关影响。

而后,Koenker 又进一步提出了使用惩罚最小二乘法求解(3)式,其解为:

$$\{[\hat{\beta}(\tau_j,\lambda)]_{j=1}^{J},[\hat{\alpha}_i(\lambda)]_{i=1}^{N}\}$$

$$=arg\min_{(\alpha,\beta)}\sum_{j=1}^{q}\sum_{t=1}^{T}\sum_{i=1}^{N}\omega_j\rho_{\tau_j}(y_{it}-\alpha_i-x'_{it}\beta(\tau_j))+\lambda\sum_{i=1}^{N}|\alpha_i|$$

惩罚最小二乘法求解在计算机上可以用迭代程序实现。

综上所述，本研究将使用 Koenker(2004)的方法建立面板分位数回归模型。

4.1.2　数据与变量选取

本书研究中国企业成长与各因素之间的关系，各个变量的数据采用中国企业联合会和中国企业家协会组织发布的历年《中国 500 强企业发展报告》，该数据具有一定的权威性、全面性和连续性，所以本书选择该数据作为统计分析的基础数据。本研究将通过面板分位数回归模型分析企业成长的影响因素，因为考虑到企业成长是一个长期的过程，可能 10 年的时间可以比较全面、完整地反映企业一个时间阶段的成长历程，所以本书使用连续近 10 年的数据，即从 2009～2018 年的“中国 500 强企业”数据作为面板分位数回归的统计分析数据来源。

自 2002 年以来，中国企业联合会和中国企业家协会每年组织发布“中国 500 强企业”，中国 500 强企业是一个动态变动的群体，每年有 15％～20％的变动比率，亦即每年大约有 100 家企业登入 500 强企业的榜单，同时也意味着会有 100 家左右企业退出榜单。中国企业联合会和中国企业家协会对中国 500 强企业排名指标沿用了美国《财富》杂志对世界 500 强企业和美国 500 强企业的排名指标，即以企业当年“营业收入”单一指标作为排序标准。“营业收入”是衡量企业规模的指标，可以说明企业的大小，很难说明企业的强弱。企业营业收入在美国进行 500 强企业排名过程中，指标选取不太会受到质疑，因为这些上榜的企业是经历了市场的竞争，由小变大、由弱变强的，在成熟的市场经济国家企业的“大”一定程度上代表了企业的“强”。但是由于我国属于从计划经济向市场经济转轨的新兴经济体，之前由国家部委改制成立的大型、超大型国有企业集团是天然的庞然大物，这些企业的“大”不一定意味着“强”。因此在每年中国 500 强企业榜单发布时，都会有一些“批评”的声音，主要是指向中国 500 强企业的“大而不强”。但是随着中国市场化改革的不断推进，国有企业改革不断深化和民营企业的崛起，中国 500 强企业中的部分企业已经显现了强大的竞争实力,在国内和海外市场上竞争优势明显。因此,本研究将以2018年中国500强企业作为样本,将这500家企业的数据追溯至2009年。

实际上,受2008年美国次贷危机的影响,中国企业在之后的10年间也发生了巨大变化。在经济增长速度放缓、市场竞争更加激烈、劳动力成本快速提升、生产能力严重过剩和债务杠杆高居不下等多重因素影响下,中国企业历经了大浪淘沙,即使是曾经的500强企业也很难经受严峻的考验,很多企业被兼并或重组,甚至部分企业走向了破产。这些变动导致本研究获取10年样本数据的完整性很难保证。

另外,考虑到最近10年来,中国企业加大研发投入力度,并且加快了"走出去"的步伐,这两个因素可能是中国企业高质量发展和提升竞争力的核心要素,因此本研究将选取"研发投入"和"海外营业收入"两个指标来衡量驱动中国企业内生性成长的核心要素。但最近10年的《中国500强企业发展报告》中只公布中国500强企业中的"研发投入100强"和"海外营业收入100强",而且"研发投入100强"不一定恰好也是"海外营业收入100强",并且每年这些榜单都是变化的。经过查证发现,各项指标数据齐全,并且10年间一直在中国500强企业榜单的企业不足50家!样本量过少则无法代表中国500强企业群体的成长状况,因此,本研究进行了样本数据库的扩充和整合。

为了获取2018年中国500强企业样本的更多数据,除了2009~2018年均在500强企业榜单,并且"研发投入"和"海外营业收入"等指标健全的样本外,本研究采用人工筛查的方式,查找2018年500强企业整体上市或是旗下主业上市公司的数据,最终获取了数据比较健全的193个样本(其中一些样本个别年份数据缺失),连续10年共计1 227个样本数据,作为本研究的样本数据进行实证研究。其中,中国500强企业上市公司的数据均来自国泰君安CS-MAR数据库。

在研究企业成长与其影响因素之间关系的统计分析中,首先需要确定衡量企业成长的指标,即面板分位数回归模型中的被解释变量(因变量);其次需要确定影响企业成长的影响因素,即面板分位数回归模型中的解释变量(自变量),影响企业成长的因素可以分为内部因素和外部因素,内部因素指的是企业在经营、投入和管理方面对自身成长产生影响的因素,外部因素指的是企业所处的行业、地区和所有制形式,以及国家政策和法律方面产生的外生于企业内部经营管理,但是会对企业成长产生主要影响的因素。

1. 因变量

如前所述,本研究将采用营业收入增长率指标来衡量企业成长情况,将该指标作为因变量通过面板分位数回归统计分析其与解释变量之间的关系,通过实证结果阐释企业成长作为因变量的合理性与科学性。

企业的营业收入增长率(increase rate of main business revenue)是指本年度营业收入增长额(企业集团本年度的营业收入额与上年度同期营业收入额的差值)同上年度同期营业收入额的比率。营业收入增长率属于评价企业成长的重要指标,能够衡量企业经营规模状况和市场竞争力。

2. 解释变量

根据第 3 章的理论假设,本研究将 500 强企业集团的资产、员工数量、资产负债率、海外营业收入、研发费用、地区、所有制形式和行业共 8 个指标作为解释变量。其中,核心解释变量为“资产负债率”“研发费用”和“海外营业收入”;控制变量有“资产”“员工数量”“所在地区”“所有制形式”和“所属行业”。

“资产负债率”“研发费用”和“海外营业收入”作为核心解释变量,重点研究和验证驱动中国企业成长的核心要素是哪些。其中,“资产负债率”作为“融资约束”的反向指标,代表了中国 500 强企业在成长过程中获取外部资金的情况。与西方成熟市场经济国家相比,银行贷款是我国企业获取外部融资的主要渠道。据统计,中国企业 70%以上的融资是通过银行贷款获得的,与此相反,美国企业近 80%的融资是通过资本市场的直接融资渠道获取的。因此,“融资约束”仍是影响中国企业成长的主要外部环境因素。

驱动企业成长的内生因素比较多,业界也存在不同的观点,但从最近10年中国企业成长特征以及以往研究文献总结看,较为一致地认为"科技创新"和"国际化发展"是驱动中国500强企业由大变强的核心内部要素。因此,本研究将选取"研发投入"和"海外营业收入"两个指标分别代表上述两个核心内部解释变量,衡量中国500强企业成长的内生要素。

企业成长是一个非常复杂的过程,除了核心的外生变量和内生变量影响之外,现阶段我国企业的成长可能还同时受到规模(资产)、劳动力投入(员工数量)、所有制性质(是否为国有企业)、所在行业、所在地区方面的影响,这些影响因素将在本研究的实证模型中作为控制变量考虑。其中,地区、所有制形式和行业三个指标均采用虚拟变量。

(1)技术创新与企业成长

研发费用(research and development expenses)是企业研究与开发某项技术所支付的费用,研发费用的投入有助于提高企业的生产效率,提升产品或服务的市场竞争力,处于转型阶段的中国企业已不再单纯依靠获取外部低成本资源实现发展,科技创新的日新月异和飞速发展迫使企业不断加大研发费用投入力度,以保证企业在产品市场上处于技术领先的竞争优势地位。西方学者的研究多数证实了研发费用对企业成长的重要影响,但关于转轨经济体制下研发费用对企业成长的影响是否显著,则研究结果各异。本研究将重点考察研发费用是否成为当前阶段我国企业成长的核心驱动要素。鉴于已有文献普遍认为"研发费用"作为企业的科技投入,转化为产出需要一定时间,根据企业实际经验和已有文献的做法,本研究对"研发费用"作为核心因变量做滞后两年处理(刘晔等,2019;何舜辉等,2017)。

(2)国际化发展与企业成长

海外营业收入(overseas income)是反映企业国际化发展程度的重要指标,既能说明企业国际化经营能力,也表明企业产品在海外的认可度。海外市场的不断拓展可以给企业带来更多的发展机会,是企业成长重要的影响因素。

(3)融资约束与企业成长

资产负债率(debt asset ratio)是指企业本年度负债总额占企业资产总额的百分比。该指标反映了在企业的全部资产中债权人的资产所占比重的大小,亦可衡量债权人向企业提供信贷资金的风险程度,是企业举债经营能力的反映。对于债权人来说,希望企业的资产负债率越低越好;但对于企业的经营者来说,过低的资产负债率表明企业并没有非常充分地利用借入资金。因此,在充分利用借入资金给企业带来机遇的同时尽可能地降低财务风险,才能最大限度地促使企业成长。

(4)规模与企业成长

资产(assets)是企业拥有的、预期未来会给企业带来经济利益的资源。资产作为企业从事生产经营管理的物质基础,反映了企业的生产规模,对于企业成长具有重要影响。

(5)员工数量与企业成长

在以往的研究文献中,经常用员工数量(numbers of employee)的增减来衡量企业的扩张与收缩,但是随着人工智能的不断发展,机器取代人工在多个领域加速进行,员工数量对未来企业成长的影响力可能会逐步减弱。尽管如此,在现阶段劳动密集型的企业仍然占据重要地位,员工数量仍然是影响企业成长的重要指标之一。

(6)所有制形式与企业成长

企业所有制形式(ownership)不同,在政策方面受到的鼓励方式也会不同。在政策规范与鼓励方面比较突出的区别是国有制形式与非国有制形式的区别,所以将所有制形式作为影响企业成长的因素。所有制形式的指标使用历年《中国 500 强企业发展报告》中的所有制形式数据,设立 1 个虚拟变量:用 0 代表国有制企业,用 1 代表非国有制企业。

(7)总部所在地区与企业成长

企业注册地(region)对企业成长具有一定的影响,不同地区资源、政策以及人文环境有所不同,相应的对企业成长的影响也有所不同。按照党中央、国务院制定的全国经济区域划分标准，本研究将企业的地区划分为东部和中西部两个地区：用 0 代表东部地区，用 1 代表中西部地区。

(8)所在行业与企业成长

企业所处行业(industry)对企业成长有重要的影响：行业发展周期、行业发展水平及其在国民经济中的地位等行业属性对行业内企业集团的成长都有较大的影响。行业的成熟度会刺激行业内的企业集团，因此行业也是影响企业集团成长的重要因素。本研究按照行业的特征将行业分为 2 个大类：用 0 代表制造业，用 1 代表非制造业。

本研究将营业收入增长率作为因变量，以资产负债率、研发费用、海外业务收入、资产作为主要解释变量，以员工数量、所有制性质等作为控制变量。

表 4.1　　变量说明

变量	变量名称	变量解释
因变量		
IROMBR	营业收入增长率	=(营业收入总额－上年营业收入总额)/上年营业收入总额×100%
解释变量		
assets	资产	企业总资产
numbers	员工数量	企业中各用工形式的人员数
owner	所有制性质	中央国有、地方国有、民营、外资
DAR	资产负债率	=总负债/总资产×100%
region	地区	东部、中西部
industry	行业	8 个行业
rd	研发投入	企业研发支出
oversea	海外业务收入	企业海外业务收入
rd_rate	研发强度	=研发投入/营业收入总额×100%
oversea_rate	海外收入占比	=海外收入/营业收入总额×100%

4.2　样本统计描述

本研究采用 2009～2018 年中国 500 强企业发展报告、官方网站、财务报表等的数据，对数据进行面板分位数回归和 OLS 回归，描述解释变量的特征，具体结果见表 4.2。

表 4.2　　　　样本统计

指标名称	单位	最大值	最小值	中位数	均值	标准差
营业收入增长率	%	8 748.37	−100	9.965	18.68	192.88
资产	万元	186 184 029.8	12 709	1 235 651	5 150 790	127 195 180.7
员工数量	个	302 827	11	6 321.5	18 716.67	38 144.03
资产负债率	%	142.55	4.17	58.47	55.71	23.42
研发支出	万元	1 592 194	0	6 713.45	54 427.89	151 688.4
海外业务收入	万元	9 537 490	0	53 765.64	412 105.4	1 022 302
研发强度	%	18.06	0	1.06	1.89	2.23
海外业务占比	%	99.66	0.10	7.03	14.63	19.27

4.2.1　中国 500 强企业的营收

2018 年 500 强企业的收入总额为 71.17 万亿元，相比 2017 年企业的收入总额(64 万亿元)，增长了 11.20%。2009～2018 年企业收入总额和总体营业收入增速情况见图 4.1。

4.2.2　中国 500 强企业的资产

2018 年 500 强企业资产总额为 274.26 万亿元，相比 2017 年企业资产总额的 256.13 万亿元，增长了 7.08%，2009～2018 年企业资产总额及其增速变化见图 4.2。

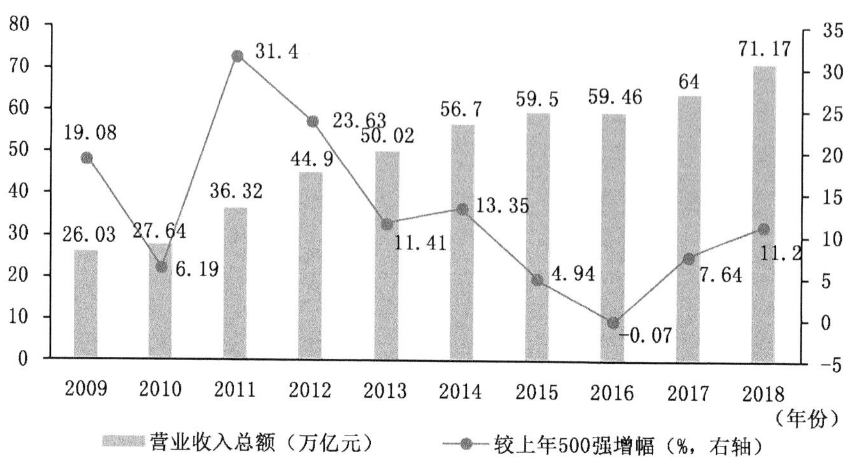

图 4.1　中国 500 强企业收入变化

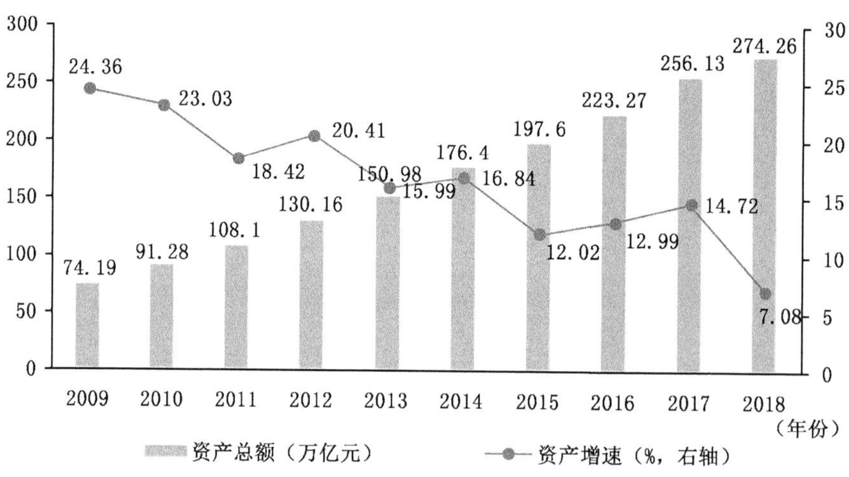

图 4.2　中国 500 强企业资产变化

4.2.3　中国 500 强企业的员工数量

2018 年 500 强企业的总员工数量为 3 191.34 万人，2017 年企业的总员工数量为 3 341.65 万人，2018 年的员工数量有所增加，2009～2018

年企业的总员工数量变化见图 4.3。

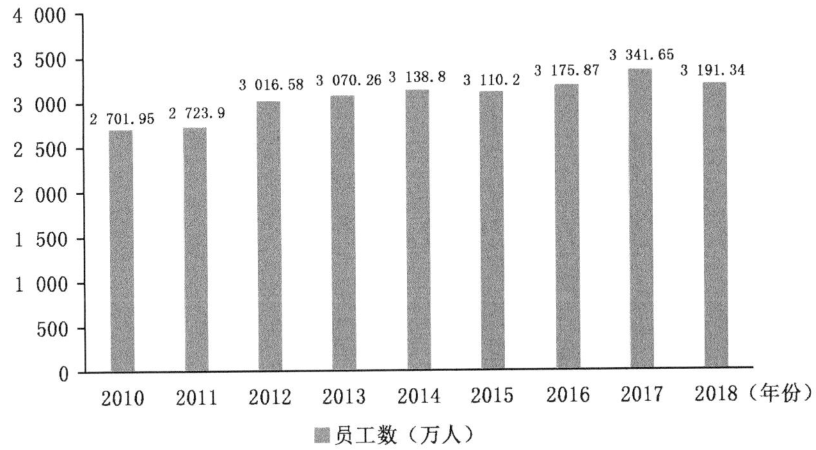

图 4.3　中国 500 强企业员工数量变化

4.2.4　中国 500 强企业的资产负债率

2018 年中国 500 强企业的总体资产负债率为 84.81%，2017 年的资产负债率为 84.90%，基本持平。500 强企业的资产负债率呈现波动上升的趋势，具体变化见图 4.4。

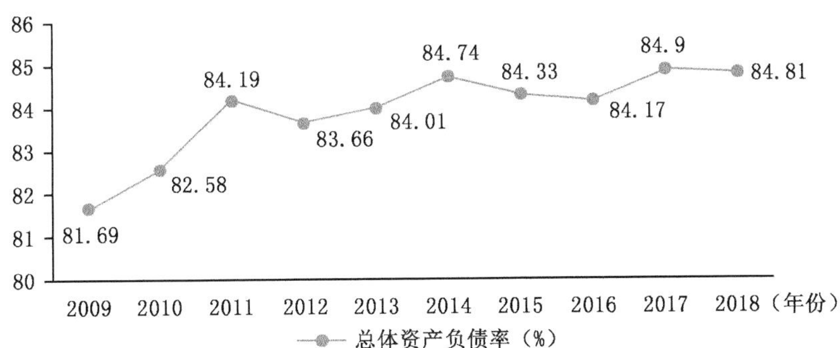

图 4.4　中国 500 强企业资产负债率的变化

4.2.5 中国 500 强企业的海外收入

2018 年中国企业 500 强上榜企业的国际化经营稳步推进，2018 年跨国指数为 10.93%，较 2017 年上升了 1.65%。2018 年中国企业 500 强中有 241 家企业提供了海外收入、海外资产和海外人员数据。2018 年海外资产占比 12.16%，海外收入占比 15.12%，海外人员占比 5.31%，相较于 2017 年的海外资产、海外收入、海外人员占比数据 9.23%、14.12%、4.47%均有所提高，其中海外资产占比提升最为明显。中国大企业的国际化经营在稳步推进、持续深化。

4.2.6 中国 500 强企业的研发强度

2018 年中国 500 强企业中有 426 家提供了研发数据，研发的占比平均值为 1.56%，研发费用为 8 950.89 亿元，相比 2017 年企业集团研发的占比平均值 1.45%，研发费用为 7 359.30 亿元，2018 年研发的占比有所增加，2010～2018 年研发费用总额与研发的占比变化见图 4.5。

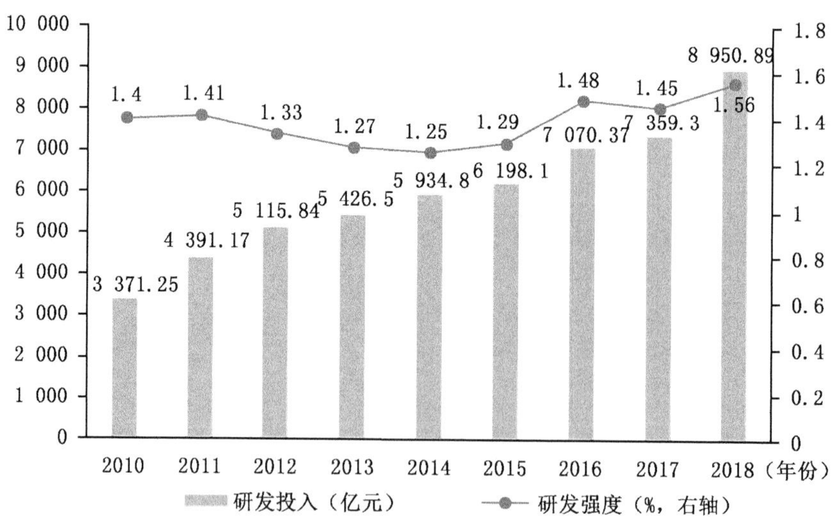

图 4.5 中国 500 强企业研发费用的变化

4.2.7　中国 500 强企业的地区分布

2018 年中国 500 强企业总部分布的地区不平衡程度进一步上升，东部地区企业连续增加，长三角成为 500 强企业的聚集地，有 129 家企业入围，而中西部地区大企业越来越难迈过中国企业 500 强的入围门槛，尤其是东北地区，上榜数量连续减少。北京地区入围的中国 500 强企业数量最多，为 100 家。江苏、山东、广东入围企业在 50 家以上。多个省市入围企业数量有不同程度的变化，江苏、山东、浙江入围企业数量增加最多，增加了 5 家，而天津减少数量最多，减少了 7 家。2018 年中国企业 500 强的地区分布情况见表 4.3。

表 4.3　　2018 年中国企业 500 强地区分布

<table>
<tr><th>四大板块</th><th>七大区域</th><th>所包括的省、市(家数)</th></tr>
<tr><td rowspan="4">东部
(372)</td><td>环渤海(182)</td><td>北京(100)、天津(7)、河北(24)、山东(51)</td></tr>
<tr><td>泛珠三角(51)</td><td>广东(51)</td></tr>
<tr><td>长三角(129)</td><td>上海(29)、江苏(52)、浙江(48)</td></tr>
<tr><td>海西经济区(10)</td><td>福建(10)</td></tr>
<tr><td>东北
(11)</td><td>东北(11)</td><td>辽宁(7)、吉林(2)、黑龙江(2)</td></tr>
<tr><td>中部
(55)</td><td>中部(55)</td><td>山西(9)、安徽(12)、江西(7)、河南(10)、湖北(10)、湖南(7)</td></tr>
<tr><td rowspan="2">西部
(62)</td><td>西南(40)</td><td>重庆(13)、广西(6)、四川(13)、贵州(1)、云南(7)</td></tr>
<tr><td>西北(22)</td><td>陕西(7)、甘肃(5)、青海(1)、宁夏(2)、新疆(4)、内蒙古(3)</td></tr>
</table>

4.2.8　中国 500 强企业的所有制形式

2018 年中国 500 强企业中，国有企业为 263 家，民营企业为 237 家，各占半壁江山。2017 年国有企业为 274 家，民营企业数量为 226 家。由于优秀民营企业快速崛起和不断做强做大，国有与民营企业入围数量差距进一步缩小。2010～2018 年国有企业、民营企业的数量变化见图 4.6。

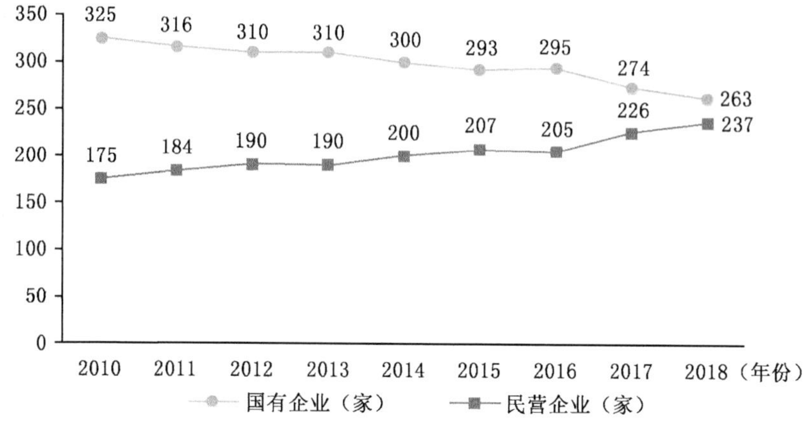

图 4.6 中国 500 强企业所有制结构变化

虽然民营企业在数量上有所提升,但是在资产总额占比上民营企业不升反降;在员工数量上,民营企业的比重也下降了 2.33%;在净资产占比上,民营企业提高了 1.16%;在营业收入指标上,民营企业占比上升了 0.30%;在净利润指标上民营企业占比提高了 1.53%;在纳税额指标上,民营企业占比增长了 4.96%。具体指标变化情况见表 4.4。

表 4.4 2018 年中国 500 强企业主要指标的所有制占比差异及其变化

	所有制占比	营业收入	净利润	资产	净资产	纳税额	员工数	入围数量
2018	国有占比	71.52%	70.23%	87.39%	80.52%	80.91%	77.05%	52.60%
	民营占比	28.48%	29.77%	12.61%	19.48%	19.09%	22.95%	47.40%
2018 年与 2017 年相比	国有占比变化	−1.13%	−2.57%	1.09%	−1.67%	−4.58%	2.49%	−2.20%
	民营占比变化	0.30%	1.53%	−1.20%	1.16%	4.96%	−2.33%	2.20%

4.2.9 中国 500 强企业的行业分布

2018 年中国 500 强企业发展报告中制造业企业集团数量为 253 家,服务业企业集团数量为 170 家。从数量来看,制造业企业长期减少,而服务业长期波动增长。服务业虽然数量较少，但在多个指标上占显著优势。2018年中国企业500强中，170家服务业企业共实现营业收入29.74万亿元，占全部500强营业收入总额的41.79%，超过了253家企业的占比38.99%。服务业的营业收入占比长期稳步提高，地位持续巩固，具体变化见图4.7。

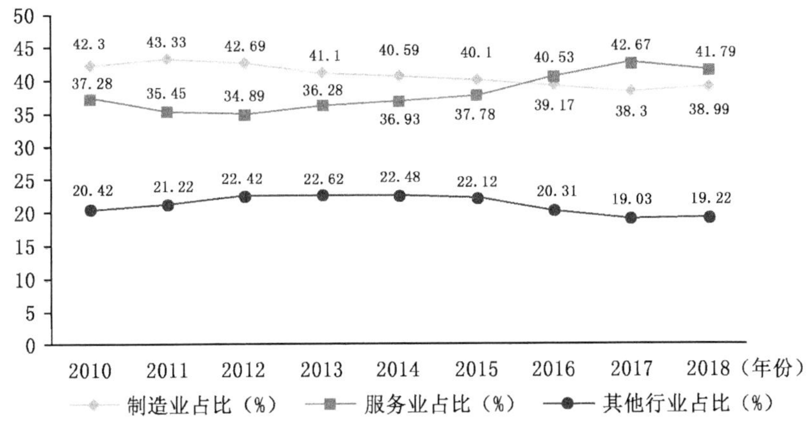

图4.7 中国500强企业三大类行业营业收入占比变化

服务业除了营业收入占比较高之外，在其他指标上也体现了显著的优势。170家服务业占全部500强企业资产总额的80.53%，占500强企业中海外资产总额的68.52%；服务业净利润占500强企业的净利润总额为74.08%，纳税额占39.48%，员工数占40.92%。

在二级细分行业中，金融业优势最为突出。金融业入围数量为33家，但营业收入、净利润、资产等7个指标高居其他行业之首。在资产和海外资产上，金融企业占比超过了全部企业的60%；净利润占全部500强净利润的50.70%。

受益于煤炭、钢铁去产能工作，中国企业500强钢铁、煤炭行业利润指标全面好转，盈利能力显著提升。2018年中国企业500强中黑色冶金行业营收利润率、资产利润率、净资产利润率分别为2.36%、2.22%、6.44%，煤炭采掘及采选业营业利润率、资产利润率、净资产利润率为

0.75%、0.41%、1.44%,低于500强企业平均水平,但是相较去年有所增长。

2018年中国企业500强中汽车行业企业数量保持在18家,但主要利润率指标总体持续下降。营收利润率为2.78%,资产利润率为3.03%,净资产利润率为8.77%,分别比2017年降低0.16%、0.28%、0.06%。2018年汽车行业的营业收入占全部500强企业的5.76%,净利润占据3.48%。

2018年中国企业500强中有66家房地产行业企业入围,比2017年增加5家。对500强企业的营业收入和净利润贡献进一步提升,营业收入占比9.31%,净利润占比9.43%。

4.3 实证结果

4.3.1 面板分位数模型

目前国外对面板分位数回归的应用比国内多,实现面板分位数回归的软件也一直处于发展状态,目前的Stata和R软件都可以进行面板分位数回归的统计操作。本研究利用Stata14.0进行操作。

本研究的样本由2018年中国500强企业的近10年数据构成,为了弱化样本中的时间趋势和量纲差异,对部分数据进行了对数化处理。

在做面板分位数回归模型时,首先需要确定面板模型的形式,需就所选数据适用于混合模型、固定效应模型还是随机效应模型进行判断。

截面F检验的P值为0.003 1,小于0.05,即在95%水平以上拒绝混合模型的假设;Hausman检验的P值为0.939 7,大于0.05,即说明应采用随机效应模型。

本研究根据Koenker的思想,在面板数据模型基础上加入分位数模型的成分,使用最小二乘法估计各个分位数的相关参数。由于受到样本容量的限制,研究中选取具有代表性的20%、40%、60%和80%四分位点建立模型，本研究建立的面板分位数模型为：

$$Q_{Y_{it}}(\tau \mid income_{it}, assets_{it}, numbers_{it}, DAR_{it}, owners_{it}, overseas_{it}, rd_{it}, ownership_{it}, industry_{it})$$

$$= \alpha_i + \beta_1(\tau)\ln rd + \beta_2(\tau)\ln oversea + \beta_3(\tau)\ln assets + \beta_4(\tau)DAR + \beta_5(\tau)\ln numbers + \beta_6(\tau)owner + \beta_7(\tau)region + \beta_8(\tau)industry$$

其中，$i=1,2,...,193$，$t=1,2,...,10$。其中 ln*rd* 和 ln*oversea* 采用滞后两期的数据。

4.3.2　模型回归结果与分析

首先，使用 Stata 软件对样本总体进行 OLS 回归和 GMM 回归，观测样本总体的回归结果；其次，进行面板分位数回归，比较和分析各分位数的回归结果；最后，根据面板分位数回归的结果，按照解释变量逐一解释。

1. 样本总体回归结果

在以往对企业成长的研究中，多数实证研究采用传统的计量方法（即 OLS 模型）来验证驱动企业成长的核心要素。本研究首先采用 OLS 模型对 1 227 个样本点进行总体回归，回归结果显示，模型总体不显著。

表 4.5　　中国 500 强企业成长模式的 OLS/GMM 模型回归结果

variables	(1) OLS	(2) GMM
ln*rd*2	5.582	5.259
	(5.556)	(5.964)
lnoversea2	1.528	1.393
	(4.443)	(4.966)
ln*assets*	3.486	3.784
	(11.14)	(12.40)
DAR	0.551	0.635
	(0.475)	(0.526)
ln*numbers*	−19.19	−20.08
	(11.67)	(13.15)
V*region*	−5.295	−5.952
	(9.631)	(11.51)

续表

variables	(1) OLS	(2) GMM
industry	4.388	4.726
	(3.652)	(4.304)
owner	−3.041	−3.442
	(9.065)	(10.75)
constant	37.65	42.12
	(91.00)	(105.1)
Observations	1 227	1 227
R-squared	0.006	
number of name		193

注:* 表示在 0.1 水平下显著,** 表示在 0.05 水平下显著,*** 表示在 0.01 水平下显著。

由于 OLS 模型无法解决模型的内生性问题,而本研究中科技创新与企业成长、海外营业收入与企业成长等关系本身就带有内生性,因此又选择了 GMM 模型来克服 OLS 模型的内生性问题。

但 GMM 回归结果与 OLS 相似,"研发费用""海外营业收入"和"资产负债率"等核心解释变量对企业成长的影响均不显著。

2. 面板分位数回归

如前所述,中国 500 强企业榜单每年都在发生变化,其中一些企业成长很快,有些企业可能成长较慢,甚至还有一部分企业被竞争淘汰。中国 500 强企业的成长并不符合严格意义上的正态分布,在处理非正态分布和重尾分布数据时,分位数面板回归估计方法更具优势(吴鉴洪等,2014)。面板分位数回归估计的基本思想是:将因变量看作一个函数分布,基于最小化加权的残差绝对值求和,估计自变量在因变量的条件分位数点处的影响。观察中国 500 强企业成长不同分位点处的变动趋势,可以得到样本区间内哪些核心驱动要素对企业成长有显著作用,而且可以观察处于不同分位点企业成长的规律性。

研究中,以 20%、40%、60%和 80%四分位点建立模型进行回归,回归结果如表 4.6 所示。四分位数面板回归结果与 OLS 回归、GMM 回归结果有明显差异，不同分位数下驱动企业成长的因素有显著差异。意味着中国 500 强企业不同成长速度下，驱动因素是不同的。

表 4.6　　面板四分位数模型回归结果

variables	(1) q20	(2) q40	(3) q60	(4) q80
ln*rd*2	−0.200	−0.501	−0.064 0	1.610**
	(0.477)	(0.439)	(0.467)	(0.808)
ln*oversea*2	0.259	0.380	0.908**	1.248*
	(0.405)	(0.329)	(0.449)	(0.749)
ln*assets*	−0.692	−0.618	−1.888**	−4.066**
	(1.114)	(0.951)	(0.908)	(1.609)
DAR	−0.041 0	0.017 6	0.078 0*	0.124
	(0.044 3)	(0.036 4)	(0.045 3)	(0.089 0)
ln*numbers*	1.777	1.052	0.737	0.062 1
	(1.233)	(0.994)	(1.094)	(1.693)
region	−0.959	−0.470	−0.593	−0.324
	(0.868)	(0.839)	(1.013)	(1.456)
industry	−0.850***	−0.462	−0.297	−0.322
	(0.287)	(0.329)	(0.315)	(0.589)
owner	−0.543	−0.482	0.239	2.149*
	(0.949)	(0.759)	(0.911)	(1.286)
Constant	−2.325	7.692	21.78**	45.96***
	(8.523)	(8.104)	(9.024)	(13.39)
Observations	1 227	1 227	1 227	1 227

注：* 表示在 0.1 水平下显著，** 表示在 0.05 水平下显著，*** 表示在 0.01 水平下显著。

在 20%和 40%分位数上的企业，即中国 500 强企业中成长最慢的企业（为了表述方便，以下简称为“尾部企业”）和中国 500 强企业中成长较慢的企业（为了表述方便，以下简称为“腹部企业”），所有自变量对因变量的影响均不显著。回归结果表明，中国 500 强企业的“尾部企业”和“腹部企业”成长模式不清晰，所有的核心解释变量，无论是外生驱动因素（贷款融资）还是内生驱动因素（技术创新、国际化扩展）都不是驱动其成长的显著因素。这种情况可能说明“尾部企业”和“腹部企业”多数处于“战略转型”阶段,靠创新驱动的成长模式尚未形成。另外,控制变量中代表企业规模的“总资产”指标对企业成长没有显著影响,即成长比较慢的中国 500 强企业其“规模”和“成长”的关系是随机的,验证了“吉布拉特法则”。除此之外,行业作为控制变量也对成长产生了显著影响,制造业对“尾部企业”成长具有显著的“负向影响”,表明“尾部企业”多数为制造业企业,这与我国目前制造业发展速度缓慢,重化工产业产能过剩的现实是相符的。

在 60%分位数上,即中国 500 强企业中成长较快的企业(为了表述方便,以下简称为“肩部企业”),核心解释变量中“海外营业收入”和“资产负债率”对企业成长具有显著的“正向影响”。回归结果表明:一方面,国际化扩展能力已经成为驱动“肩部企业”快速成长的内生驱动因素;另一方面,贷款融资作为外生驱动因素同时在有力驱动着“肩部企业”的成长。综上,中国 500 强企业复合成长模式在“肩部企业”中得到证明。另外,控制变量中“总资产”作为规模指标对“肩部企业”成长具有显著的“负向影响”,意味着“肩部企业”的规模越大,越不利于企业成长。“肩部企业”的规模与成长之间不是随机的关系,而是显著的负相关关系,规模越大的“肩部企业”,其成长速度越慢,这样的结果不符合“吉布拉特法则”。

在 80%分位数上,即中国 500 强企业中成长最快的企业(为了表述方便,以下简称为“头部企业”),核心解释变量中“研发费用”“海外营业收入”对企业成长具有显著的“正向影响”。回归结果表明:“头部企业”的快速成长是靠创新能力和国际化拓展能力这两个核心内生因素来驱动的。与“肩部企业”不同,作为企业获取外部资金资源的指标,“资产负债率”已经不是驱动“头部企业”的核心要素。与“肩部企业”复合成长模式不同,中国 500 强企业中的“头部企业”已经显示出由创新驱动和国际化经营的内生动力驱动成长的世界级企业特征。控制变量中,与“肩部企业”类似,“总资产”作为规模指标对“头部企业”成长具有显著的“负向影响”,从回归系数看,“头部企业”规模对成长的负向影响(系数为－4.07)要明显大于“肩部企业”规模对成长的负向影响(系数为－1.89)。因此,快速成长的中国 500 强企业，其规模与成长之间是负相关的，规模越大，企业成长速度越慢，二者不是“吉布拉特法则”中的随机关系。此外，所有制性质的显著性也在“头部企业”中显现，即“头部企业”中多数为民营、外资等非国有制企业，再次证明了非国有制企业的强大活力。

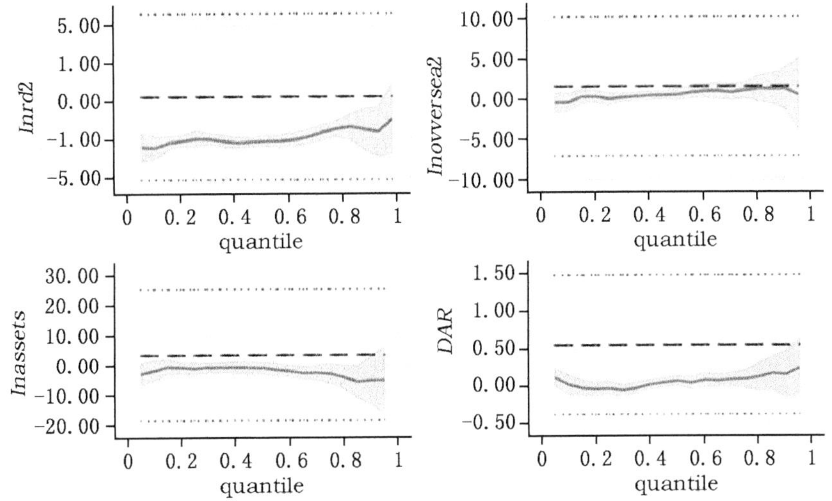

图 4.8　面板四分位数模型回归系数变化图像

从影响中国 500 强企业成长的核心解释变量看，内生性驱动要素（包括创新能力和国际化开拓能力）只有在成长速度快的“肩部企业”或“头部企业”显著；外生性的驱动因素“资产负债率”在“肩部企业”成长中也是显著的。从控制变量看，规模与成长的关系在不同分位数有不同的结果，其中对于成长缓慢的中国 500 强企业而言，规模与成长之间的关系是随机的，符合“吉布拉特法则”；而对于成长快速的中国 500 强企业而言，规模与成长之间关系是“负向”的，规模越大，企业的成长速度越容易受到制约。

4.3.3　模型的检验

1. 稳健性检验

稳健性检验是为了考察评价方法和选用指标解释能力的稳健性，当改变某些参数时，评价方法和指标仍然对评价结果保值比较一致的、稳定的解释，这说明模型是稳健的，反之则反是。稳健性检验的方法一般是根据研究的具体情况而定的，但通常会考虑三种方式进行选择。首先，可以从数据出发，根据不同的标准调整分类，检验结果是否依然稳健；其次，从变量出发，寻找其他的变量替换，来验证结果是否稳健；再次，从计量方法出发，可以用多种回归模型来验证结果是否稳健。本研究根据操作便利性和指标数据的可获取性，将采用第一种方式进行稳健性检验。

从数据出发，调整分位数的标准，检验结果是否稳健。本研究将分位数由之前的20%、40%、60%和80%四分位，调整为25%、50%和75%三个分位数，运用分位数面板回归模型重新进行回归(结果见表4.7)，回归结果与四分位数的结果基本一致，成长较慢的中国500强企业没有显著的驱动因素，成长较快的中国500强企业则显示出了显著的内生性成长因素或外生性成长因素，并且成长最快的“头部企业”的世界级企业特征已经开始显现。

表4.7　　面板三分位回归结果

variables	(1) q25	(2) q50	(3) q75
ln*rd*2	0.072 8	−0.272	1.350*
	(0.568)	(0.440)	(0.702)
ln*oversea*2	−0.055 1	0.486	1.044**
	(0.388)	(0.310)	(0.524)
ln*assets*	−1.007	−0.807	−2.829**
	(1.079)	(0.885)	(1.355)
DAR	−0.031 8	0.066 4*	0.094 8
	(0.046 6)	(0.036 5)	(0.066 1)
ln*numbers*	1.685*	0.229	0.123
	(1.018)	(1.021)	(1.361)
region	−0.677	0.150	−0.588
	(0.863)	(0.978)	(1.155)

续表

variables	(1) q25	(2) q50	(3) q75
industry	−0.621*	−0.370	0.033 8
	(0.338)	(0.294)	(0.451)
owner	−0.628	−0.395	1.244
	(0.917)	(0.733)	(1.034)
constant	4.825	13.83**	30.48***
	(8.265)	(6.558)	(11.08)
observations	1 227	1 227	1 227

注:同表 4.6。

不同的发现主要是在 25%分位数上,控制变量中“员工数量”与企业成长呈现显著“正相关”,其余自变量不显著,说明劳动力仍然是“尾部企业”的核心驱动要素。“尾部企业”多数属于劳动密集型企业,其成长与发展仍然是靠大量劳动力资源投入来实现,成长模式仍然延续了靠低成本劳动力投入来驱动的传统方式。另外,控制变量中“总资产”作为企业规模指标与成长的关系,与四分位数下 60%和 80%的显著性结果是有不同的。总体上,企业的创新能力、国际化拓展能力和贷款融资这三个核心解释变量的显著性均得到了检验。

2. 内生性检验

在构建模型时可能存在变量遗漏,或是解释变量与被解释变量之间相互作用和影响,甚至是互为因果等情况,导致模型的内生性问题。由于技术创新、国际化扩展等驱动要素与企业成长之间可能会相互作用、互为因果,进而导致存在内生性的问题。为了解决该问题,需要选择一个工具变量。工具变量要求与内生解释变量相关,但不能与被解释变量的扰动项相关,通常情况下,研究者将被解释变量的滞后项作为工具变量。因此,本研究选择了被解释变量的滞后一期作为工具变量进行四分位数回归。结果显示,“研发费用”和“海外业务收入”两个指标在成长较快的分位点仍然是显著为正的,再次证明了科技创新和国际化拓展已经成为成长较快的中国 500 强企业的核心驱动要素。

表 4.8　　面板四分位内生性检验结果

variables	(1) q20	(2) q40	(3) q60	(4) q80
irombr1	0.007 11	0.005 93	0.059 4	0.181
	(0.081 4)	(0.120)	(0.145)	(0.150)
ln*rd*2	−0.186	−0.520	−0.266	1.538**
	(0.517)	(0.486)	(0.459)	(0.716)
ln*oversea*2	0.223	0.339	0.732*	1.139*
	(0.386)	(0.364)	(0.435)	(0.596)
ln*assets*	−0.657	−0.706	−1.664	−2.528
	(0.979)	(0.907)	(1.091)	(1.786)
DAR	−0.040 5	0.017 1	0.061 3	0.090 7
	(0.041 8)	(0.036 2)	(0.040 7)	(0.075 7)
ln*numbers*	1.698	1.217	0.898	−0.931
	(1.102)	(1.059)	(1.245)	(1.863)
region	−0.846	−0.519	−0.054 4	−0.386
	(0.760)	(0.808)	(0.896)	(1.506)
industry	−0.841***	−0.492	−0.292	0.043 1
	(0.317)	(0.352)	(0.293)	(0.525)
owner	−0.642	−0.446	0.234	1.393
	(1.016)	(0.721)	(0.880)	(1.393)
constant	−1.960	8.167	19.95**	33.46**
	(7.341)	(7.927)	(9.185)	(15.28)
observations	1 227	1 227	1 227	1 227

注:同表 4.6。

4.4　结论

综上所述,通过四分位数面板回归可以发现不同分位数的中国 500 强企业的不同成长模式。成长缓慢的“尾部企业”和“腹部企业”,内生和外生的核心解释变量均未得到证明,这些企业多数处于战略转型期,创新驱动、高质量发展的成长模式尚未显现。成长较快的“肩部企业”,内生的国际化开拓能力和外生的贷款融资两个核心解释变量都得到了证明,证明了“肩部企业”的复合成长模式。成长最快的“头部企业”,只有创新能力和国际化扩展能力这两个内生性核心解释变量的显著性得到证明，外生性因素对“头部企业”成长不显著，说明中国 500 强企业的“头部企业”已经显现了世界级企业的创新驱动和国际化发展的成长模式。

第5章　世界级制造企业服务化成长路径的多案例研究

5.1　转型背景和研究问题

自20世纪中叶以来，发达国家正在经历着从制造经济向服务经济转型，这种转型将改变世界经济原有的发展模式。1968年美国经济学家Victor R. Fuchs首次提出“服务经济”(service economy)一词，并认为美国已经率先实现了经济转型，步入服务经济时代，其他所有发达国家都在朝着服务经济转型。随后，服务经济的理论研究获得了长足进展，“后工业社会”(Daniel Bell，1973)、“工业服务化”(Simon Kuznets，1979)等相关理论逐渐兴盛，均表示当代社会经济正在从制造经济时代迈向服务经济时代。

20世纪末，国内的服务经济研究和实践逐渐兴起。同时，我国“十一五”规划和《国务院关于加强发展服务业的若干意见》中对服务经济发展提出明确要求，即有条件的大城市需要逐步形成以服务经济为主的产业结构。早期研究主要是借鉴和梳理国外服务经济研究，并试图为中国大城市转型提供借鉴，比如“西方服务经济理论回溯”(社科院财贸所课题组，2004)；随后一些立足中国国情的探索性研究逐渐增加，比如《中国服务经济发展报告》年度报告系列(陈宪等，2005～2013)、《城市转型与服务经济》(周振华，2009)等。

中国向服务经济转型的理论研究和实践发展同步进行，2008年美国次贷危机对中国出口制造业带来一定冲击，中国经济加速了转型步伐，产业结构加速向服务业调整。根据国家统计局公布数据：2012年我国第三产业增加值占比为 45.5%，首次超过第二产业增加值(45.4%)，成为国民经济的第一大产业；2015 年第三产业增加值在 GDP 中的比重超出第二产业 9.4 个百分点；2018 年第三产业增加值比重超出第二产业 11.5 个百分点。这一趋势说明中国产业结构正在经历着深刻变化，经济结构已经正在由工业经济主导转向服务经济主导。

上海作为中国经济的"领头羊"，在产业结构调整和经济转型方面领先于全国。2001 年，上海第三产业比重超过第二产业；2012 年上海第三产业增加值占 GDP 的比重首次突破 60%，达到了国际公认的以服务经济为主的产业结构标准，即服务业占比 60%以上；这也标志着上海已经进入服务经济时代。根据上海市统计局公布数据，2018 年上海第三产业增加值占 GDP 的比重已经高达 69.9%，并且第三产业同比增长 8.7%，高于上海市 GDP 平均 6.6%的增长水平。

在向服务经济转型过程中，有传统服务业的贡献，更有现代服务业的贡献。从国家和城市层面看，经济转型是由产业结构转型和升级来驱动的，而产业结构转型和升级不仅包括新企业更替老企业，还包括大中型企业内部业务结构的调整，比如国际知名公司 GE 和 IBM 从制造业向服务业转型。上海一直是中国的先进制造业基地，中华人民共和国成立以来，上海制造业能力和水平一直在国内处于领先水平，而这些先进制造业主要由大型制造企业支撑，比如宝钢、上汽和上海电气等。上海大中型制造企业的服务化转型已经成为上海经济转型的主要驱动因素之一。

目前，关于服务化的研究集中在产业层面的比较多，比如探讨"制造业的服务化"问题(郭跃进，1999；刘继国和李江帆，2007)、"制造业与服务业融合发展"问题(李善同和高传胜，2008)，而从制造企业层面展开"制造服务化"研究的成果并不丰富，国际上以制造企业服务化绩效的实证研究为多，国内有个别学者对企业服务化路径和绩效进行了探索性研究(蔺雷和吴贵生，2007；简兆权和伍卓深，2011)，为中国制造企业的服务化提供了宝贵的理论借鉴。

总体上，不管是从国内还是国际看，能够行之有效地对制造企业服务化起到指导作用的研究仍然十分匮乏(Baines et al.,2009),主要表现在以下三个方面:第一,一些学者在进行了企业服务化综述和理论构建,但很少涉及企业具体应该"怎样"去做才能实现制造企业的服务化,个别学者试图通过单案例研究解决上述问题,但单案例研究可能不足以提供一般化的结论(毛基业和张霞,2008);第二,少量实证研究集中在企业服务化绩效主题,数据略显陈旧,并且不同采样时间、不同区域的样本,实证的结论各式各样;第三,已有文献中没有考虑到中国的特定情境(Gebauer et al.,2012),亦缺乏中外不同背景之间的对比。

鉴于上述不足,本章通过中外对比的多案例研究方法,研究制造企业服务化的路径,从企业经营的角度回答"怎样"才能实施服务化的问题,并基于研究的完整性研究了制造企业服务化的驱动因素和服务化绩效。目标是通过中外对比的多案例研究,得出更适合中国情境的,更严格、科学,更具有理论验证力和实践指导力的制造企业服务化路径理论。

5.2 制造企业服务化路径的理论框架

虽然"制造企业服务化路径"是本节文献回顾和理论框架的重点,但从研究逻辑看,人们往往会追踪"起因"和"结果",即制造企业服务化的"驱动因素"和服务化之后所取得的"结果"。因此,为了使制造企业服务化路径研究更具系统性,本节将以制造企业服务化驱动因素、路径、绩效为研究逻辑,分别进行文献回顾和理论框架搭建,其中服务化路径是重点分析内容。

5.2.1 制造企业服务化的驱动因素

1. 从竞争环境看,产品价格竞争激烈、成本日益上升

当今,越来越多的制造企业迫于市场竞争的压力,尤其是在产品市场全球化和高成本压力之下,纷纷通过提供服务和解决方案来增强其获利能力,维持与现有客户之间的关系(Reetta-ElinaKinnunen & Taija Turunen,2012)。全球产品市场日益激烈的价格竞争和逐渐降低的边际利润,促使有条件的制造企业通过增加服务来获取更多的利润、增加收入和培育新的竞争优势。

2. 从行业特征看,处于成熟阶段、具有技术和资本密集特点

不少学者通过案例研究,证明了制造企业提供必要的增值服务有助于其缓解成熟产品或所在行业的边际利润下降的压力(胡查平和汪涛,2013),有助于其缓解低成本竞争的压力,避免竞争之后被淘汰。大多数学者认为成熟的制造行业,尤其是具有技术密集和资本密集特点的制造业,在进入成熟期后竞争更加激烈(Brax & Jonsson,2009)。这些企业往往在初期进行了巨额投资,庞大的沉没成本是导致它们之间激烈竞争的原因。因此,在20世纪90年代,越来越多的研究者为那些处在市场饱和成熟阶段的欧美制造企业提出建议(R. Wise & P. Baumgartner,1990),引导制造企业向产业链下游延伸,以便获取更多盈利机会。

3. 从企业资源和能力看,拥有专业技能、默会知识和品牌效应

处于成熟期的制造企业,尤其是大型制造企业,拥有专业技能、默会知识和品牌效应,这些要素是新设服务企业难以效仿的(Mathieu,2001a),这是为什么制造企业能够实施服务化战略的内在因素。彭罗斯(1959)认为,资源或能力的剩余是企业不断成长的内在动力。制造企业服务化需要在技能、经验、人力资源、组织文化等方面具备相应的资源和能力(Richard Weeks & Siebert Benade,2015)。比如,IBM和IMF(2008)在《服务科学管理白皮书》中强调,为了有效管理服务主导的商业模式,不但需要企业拥有技能和知识,还需要具备跨部门运营和管理的能力。①

① IBM,IMF. *Succeeding through Service Innovation:A Service Perspective for Education,Research*,Business and Government[M]. University of Cambridge Institute for Manufacturing,Cambridge,2008.

5.2.2 制造企业服务化的路径

不管是实业界,还是学术界,对制造企业服务化的研究和实践都在加速进行,对制造企业服务化路径的研究也随之开启。在国际上,企业管理、服务经济、服务科学等来自不同领域的研究者分别对该主题展开研究,但他们对“制造企业服务化路径”的叫法并未统一,其中比较常见的有servitization transition/servitization transformation(制造服务化的演化路径)、servitization paths/servitization processes(制造服务化的路径)、product-service systems(产品—服务系统)等。与国际相类似,国内对该主题的研究在叫法上也尚未统一,除了“制造服务化(演化)路径”之外,还有学者将其称为“制造企业服务化模式”,个别学者还将其称为“制造企业服务化类型”。通过对比研究发现,上述关键词虽然用词不同,但本质上都是在尝试回答一个核心问题——制造企业如何进行服务化?本研究将上述叫法统一为“制造企业服务化路径”。

Oliva和Kallenberg(2003)首次明确提出制造企业服务化的路径,即“纯粹的制造企业—有形产品附加服务—产品与服务并重—服务为主”的“产品—服务演化路径”。详见本研究文献综述部分的图1.1。后续有多位学者沿用和丰富Oliva和Kallenberg(2003)的“产品—服务演化路径”,其中比较知名的有Gebauer和Friedli(2005)、Neu和Brown(2005)以及Gebauer等(2008)。他们认为,制造企业服务化路径是一个不断动态演变的过程,在这个过程中企业会不断调整其战略定位,并不断增加服务业务和类型的比重,最终使服务在企业中占据主导地位。目前虽然“产品—服务演化路径”已经被研究学者普遍接受,但从制造企业操作层面看,由于该路径过于抽象,过程描述过于简单,因此很难有效指导制造企业“如何实施服务化”。

除了“产品—服务演化路径”之外,国际上仍有不少研究者从各自的研究视角提出了制造企业服务化的路径(详见表5.1)。比如,Sawhney等(2004)认为,制造企业会通过不同服务路径来寻求新的增长机会,一般会历经如下服务化路径："初始链条增加新服务(temporal expansion)—初始链条结构重塑(temporal recon figuration)—新链条增加新服务(spatial expansion)—新链条结构重塑(spatialrecon figuration)"。Nordin 等(2011)提出制造企业"定制化(customisation)—捆绑(bundling)—服务扩展(the range of the offering)"的服务路径。Eggert 等(2011)将制造企业服务化路径划分为"支持产品服务(SSPs)"和"支持客户服务(SSCs)"两种类型。相对于国际上对制造企业服务化路径的研究，国内的研究尚处于起步阶段(郑振雄，2015)。国内学者简兆权和伍卓深(2011)根据产业链的"微笑曲线理论"，将制造企业服务化路径划分为"下游产业链服务化—上游产业链服务化—上下游产业链服务化路径—完全去制造化"四个阶段。安筱鹏(2012)根据企业服务化的模式，将制造企业服务化路径划分为"基于产品能效提升的增值服务—基于产品交易便捷化的增值服务—基于产品整合的服务—基于产品的服务到基于需求的服务"四个阶段。

表 5.1　　制造企业的服务化路径的相关研究

作者	服务化路径			研究重点
Gebauer 等(2012)	增加买卖双方的关系价值	对新老客户财务价值的再挖掘	迈向价值链上新的价值点	企业动态与运营能力协同演化下的服务开发模式
Sawhney 等(2004)	初始链条增加新服务	初始链条结构重塑		制造企业会通过不同的服务化路径来寻求新的增长机会
	新链条增加新服务	新链条结构重塑		
Matthyssens & Vandenbempt (2010)	售后服务	方案伙伴		制造企业不同服务化路径的动力、障碍及演化轨迹
	服务伙伴	价值伙伴		
Nordin 等(2011)	定制化	捆绑	服务扩展	不同服务化路径会面临不同风险
Eggert 等(2011)	支持产品服务	支持客户服务		不同服务化路径对制造企业利润的影响
简兆权和伍卓深(2011)	下游产业链服务化	上游产业链服务化		制造企业可能的服务化路径
	上下游产业链服务化	完全去制造化		

续表

作 者	服务化路径		研究重点
安筱鹏(2012)	基于产品能效提升的增值服务	基于产品交易便捷化的增值服务	制造企业服务化路径
	基于产品整合的服务	基于产品的服务到基于需求的服务	

资料来源:郑振雄.制造企业服务化路径选择——基于风险与收益的权衡[J].福建江夏学院学报,2015(2):18-27.

通过回顾国内外学者关于制造企业服务化路径的研究,发现两个不足:一是“产品—服务演化路径”观点虽然能够被广泛接受,但因其过于抽象和简化,很难有效指导制造企业服务化的实践;二是其他学者服务化路径的研究在特定研究背景框架下各成体系,普遍性不足,因此没有被广泛接受。因此,这里留给后续研究者一个空白点,即需要搭建适合中国转型背景,并具有指导实践意义的中国制造企业服务化路径理论模型。

通过前期的研究发现,迈克尔·波特(Michael Porter)的价值链模型不但可以覆盖几乎所有的服务业类型,还能清晰区分制造企业服务化路径,并能延续前期多位学者的研究。所以,本研究以价值链模型理论为突破口,构建制造企业服务化路径理论模型。一般情况下,制造企业会沿着产业链的下游和上游延伸服务,在价值链模型中,这类服务属于基于“基础活动”提供的贸易、物流、销售、维修维护等售后服务,本研究将上述服务化路径称为“基础活动服务化”。制造企业除了沿着产业链上下游提供服务之外,还会提供其产品或产业领域的投资、保险、采购、金融租赁、研发、培训等专业服务业务,本研究将上述基于“辅助活动”的服务化过程称为“辅助活动服务化”。随着“基础活动服务化”和“辅助活动服务化”逐步推进,制造企业逐渐培养和提升服务化的水平和能力,为了进一步发挥业务之间的协同效应,一部分具备条件的制造企业会将制造业务和服务业务再次整合,为客户提供满足个性化需求的“一体化解决方案”,本研究称为“价值链集成服务化”。“价值链集成服务化”属于制造企业服务化的高级阶段,这个阶段企业可能是基于内部业务的集成整合提供的一体化解决方案,也有可能集成整合了其他合作伙伴或竞争对手的相关业务。

5.2.3　制造企业服务化的绩效

关于制造企业服务化的绩效一直是颇具争议的话题。尽管国内外一些实证研究表明，制造企业服务化能够降低企业边际利润不断下降的压力，尤其是那些处于竞争激烈的成熟行业的企业。同时，又有与之相当的案例或实证研究证明，制造企业服务化的绩效非常不稳定，往往低于企业的预期，甚至还有可能导致企业破产。主张“服务化悖论”的一些学者声称“制造向服务转型”本身就是一个大陷阱（胡查平和王涛，2013），并非企业摆脱困境的有效途径。从制造企业服务化研究伊始，服务化绩效的争论一直存在，并且还在继续。

目前，大多数针对制造企业服务化绩效的研究都是以边际利润率或投资回报率为指标的，但实际上制造企业采用服务化战略的绩效驱动除了财务驱动之外，还有战略驱动和市场驱动。不少学者同时将三类驱动因素默认为制造企业服务化的绩效。本研究在第 1 章文献综述的部分将这三类同时归纳为“服务化的驱动因素/绩效”，即制造企业服务化绩效包括战略绩效、市场绩效和财务绩效。其中，财务绩效主要是企业通过服务化可以获取更高的边际利润（Ward & Graves，2005），战略绩效是企业通过服务化能够获得差异化的竞争优势（Gebauer & Fleisch，2007），市场绩效是指服务化有助于企业销售更多的产品（Malleret，2006）。由于文献综述部分已经将三种服务化绩效进行了详述，此处不再赘述。本项研究将制造企业服务化绩效衡量指标突破单一的“财务绩效”，而将“战略绩效”和“市场绩效”一并研究，以更加全面和科学地衡量制造企业服务化的“绩效”。

5.2.4　研究理论框架

前文对制造企业服务化驱动因素、路径和绩效的梳理分别属于原因、行动和后果的阶段范畴。所谓服务化驱动因素，尝试回答制造企业“为什么要服务化”；服务化路径尝试回答制造企业“怎样服务化”；而服务化绩效则是检验制造企业“服务化的效果如何”。基于上述研究逻辑构建本研究的理论框架(如图5.1所示)。在竞争环境、行业特征及企业资源和能力等多种因素驱动下,制造企业在自觉、不自觉中进行服务化开拓;有基于产业链上下游的“基础活动服务化”路径,有基于专业职能活动的“辅助活动服务化”路径,也有基于综合服务的“价值链集成服务化”路径;制造企业尝试通过服务化业务的开发和延伸,想要达到提高差异化竞争优势的“战略绩效”,提高产品和服务总市场规模的“市场绩效”,提高企业边际利润的“财务绩效”。但制造企业服务化是一个不断循环的过程,不但有“驱动因素—服务化路径—服务化绩效”的正向逻辑关系,还包含了“服务化绩效—服务化路径—驱动因素”的反向逻辑影响。因此,企业会不断通过服务化的绩效来修订服务化路径和行为,并根据驱动因素的变化适时做出调整。制造企业服务化正是在这样的循环中不断提升和成长的。

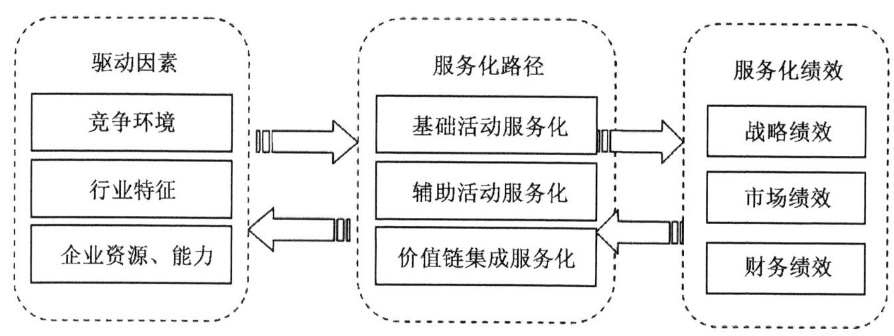

图5.1 制造企业服务化路径的研究框架

5.3 研究设计与方法

5.3.1 研究设计

本项研究设计主要包括了明确研究问题、构念测度、说明相关理论、明晰分析单元、组织研究团队等方面的内容。案例研究首先要明确研究的问题，例如用“怎样”和“为什么”来表示（Eisenhardt，K. M. & Bourgeois，L. J. ，1989；Miles，M. B. & Huberman，A. M. ，1994；Yin，R. K. ，1994）。本项研究首先是要搞清楚制造企业“怎样”进行服务化的，即通过深入的案例研究发现制造企业服务化的路径；其次，是要研究出制造企业服务化之后有“怎样”的改变，即服务化的绩效问题；再次，要找到影响制造企业“为什么”要服务化；最后，提出制造企业服务化提升的路径和措施。

构念测度是在案例研究开始之前根据研究的问题和相关理论预设一些构念，并将这些构念体现在访谈大纲或问卷之中（王丹和王玉，2012），一旦预设构念被证明是重要的，则说明其有坚实的经验基础（Eisenhardt，K. M. & Bourgeois，L. J. ，1989）。本研究在案例研究之前便收集了制造企业服务化的大量文献资料，并对上海市上市制造企业服务化的类型、特征和绩效进行了实证研究。因此，本项案例研究在文献梳理和实证结果的基础上对制造企业服务化的驱动因素、路径和绩效有了比较清晰的构念，本研究在“构念测度”部分对其进行了详细阐述。

说明相关理论，尽可能地了解相对完整的理论，以便更合理地收集资料、分析归纳。案例研究的重点是发现范畴和关系，其中能够获得相关理论的支撑是十分必要的（毛基业和张霞，2008）。即使是强调事先不需要受理论框架约束的扎根理论方法，同样认为理论可以作为每一步研究分析的参照（Strauss & Corbin，1998），以便由此确定研究中的新发现。本研究在“制造企业服务化路径的文献回顾与理论框架”部分对国内外制造企业服务化文献进行了梳理和总结，为案例研究搭建了理论框架基础。

明晰分析单元，需要明确案例研究聚集的对象，也就是确定数据收集边界，这与界定研究问题是紧密联系的（Yin，R. K. ，1994）。本研究的分析单元是制造企业服务化的驱动因素、服务化路径和服务化绩效三个部分。制造企业服务化驱动因素影响其服务化路径，服务化路径会影响服务化绩效，服务化绩效反过来又会成为制造企业服务化的驱动因素。

由多人组成的研究团队有助于提高结论的信度，且集体的智慧更有可能产生新的发现(王丹和王玉,2012)。本项研究团队由 15 人组成,分工如下:审阅和指导 2 人,框架设计和组织实施 1 人,文献和案例梳理 3 人,数据收集、整理 3 人;另有 6 名联系人和参与人。

5.3.2 研究方法

根据研究中的案例数量不同,案例研究可分为单案例研究和多案例研究。一般情况下,单案例研究不太适用于新理论框架的构建。为了构建转型背景下上海大型制造企业服务化路径的理论,本研究选择使用多案例研究方法。

多案例研究中,首先需要将每一个案例及其研究主题作为独立的整体做类似于单案例研究的深入分析,这种分析被称为案例内分析(within-case analysis);其次,基于同一研究主题,在每一个案例内分析的基础上归纳和总结多个案例,得出抽象的和具有推广意义的研究结论,这种分析过程被称为跨案例分析(cross-case analysis)。

以 Eisenhardt(1989)为代表的一批公司战略研究学者偏好于使用多案例研究方法。他们选择多案例研究方法的原因是多案例研究能够更全面、更好地反映案例的不同背景,特别是在多案例研究同时指向一个研究结论的时候,多案例研究的有效性将显著提高。Eisenhardt(1989)甚至指出,若想从案例分析中构建理论,至少需要 4 个以上的案例样本,或是 1 个案例中嵌入几个小案例,要不然研究结论是无法让人信服的。

本研究将由研究团队分工,基于"大型制造企业服务化"这一研究主旨,分别对 5 个预选案例进行深入、细致的单案例研究,或称为案例内分析;然后,在完成 5 个大型制造企业服务化路径的案例内分析之后,小组成员共同参与 5 个案例的归纳和总结,并抽象出符合中国情境的大型制造企业服务化路径理论。

根据研究的任务不同,案例研究又可以划分为探索型、描述型、例证行、实验型和解释型 5 种。探索型案例研究一般会突破现有的理论体系,主张运用新的视角、假设、观点和方法来开展研究,以形成新理论(theoryseeking)为目标。描述型案例研究则是侧重于描述事例，主要任务是“讲故事”(story-telling)或“画图画”(picture-drawing)。本项研究偏重于探索型案例研究，侧重于提出假设，通过案例分析，探寻制造企业服务化路径的新理论。但是本研究并非缺乏理论支撑，而是在立足于现有制造企业服务化理论框架基础上，通过多案例研究尝试获得新的突破和发展。因此，本研究虽然属于探索型案例研究，但仍然兼具描述性案例研究的特点。

5.3.3　案例选择

根据大型制造企业的国别背景和行业背景，基于研究团队前期研究积累和样本企业数据(关键是一手数据)的可获得性，本研究选取 5 家企业作为案例样本，其中包括世界知名跨国公司 GE、IBM，它们均是制造企业服务化的成功典范；还包括中国钢铁行业、高端装备制造业和汽车制造业的标杆企业，分别为宝武钢铁集团、上海电气集团和上汽集团(详见表 5.2)。本研究选择处于不同国别背景和不同服务化阶段的 5 家大型制造企业进行深入的剖析和对比，归纳总结制造企业服务化的驱动因素，对其服务化的路径进行更深入的分析。

本研究所选的 5 个案例企业，我们的研究团队均有比较扎实的研究基础。其中，研究团队曾对 GE 和 IBM 从制造向服务转型的案例做过系统梳理，并有案例研究文章《百变 GE》发表，《通用电气公司：从产品到服务》《IBM：一个不制造计算机的计算机公司》两篇案例被收录在周振华主编的《服务经济发展与制度环境(案例篇)》一书中。另外，作者以“企业成长模式研究——中美对比研究”为选题，于 2013 年 10 月至 2014 年 10 月在美国麻省理工学院斯隆管理学院访学，对 GE 和 IBM 进行了系统研究，并先后拜访 GE 和 IBM 的美国总部，获取了难得的资料。

表 5.2　　案例企业的基本特征

企业名称	GE	IBM	宝武	上汽	上海电气
成立年份及标志事件	1878	1911	1978	1955	1985
企业性质	外资	外资	央企	地方国企	地方国企
母国国别	美国	美国	中国	中国	中国
所在行业	多元化	综合方案提供商	钢铁制造及其服务	汽车制造及服务	装备制造及服务
服务化表现	医疗服务、金融、媒体、一体化解决方案、工业互联网等	全球技术服务、全球商务服务、全球金融、软件、系统和技术、认知解决方案云平台公司	钢铁贸易、资源开发与物流、工程技术服务、生产性服务、金融服务	服务贸易、汽车金融等	电气工程、电站服务、输配电工程、金融服务、国际贸易等

国内的三家大型制造企业宝武、上汽和上海电气均为作者所在单位的会员企业。实际上,笔者在攻读博士期间便一直跟踪这几家大型制造企业,2007年三家企业陆续成为会员企业后,为笔者开展跟踪研究提供了极为便利的条件。笔者先后多次与会员企业的研究人员一起完成具体项目,并先后多次受会员企业委托完成咨询项目,如2007年完成“上海电气环保集团战略规划”、2010年完成“上汽在建设成为世界500强国际化公司进程中软实力培育提升研究”、2012年完成“上海电气客户后向一体化所致竞争格局变化及应对策略研究”、2019年完成“打响高端制造品牌上海电气新产业发展战略研究”等。基于上述研究,先后发表了《资源整合——上汽集团的制胜法宝》《中国汽车企业的软实力测评和提升——来自上汽集团的案例》《世界一流制造企业服务化转型升级》等论文。企业的转型,尤其是大企业转型,短期内是无法实现的,至少需要5～10年,或者更长一段时间。因此,对样本企业的长期跟踪研究显得十分必要。在近10年的不断接触和跟踪研究中,作者对三家样本企业有深入的了解和深刻的认识,并为“转型背景下上海大型制造企业服务化路径和措施研究”奠定了坚实的基础。

另外,这里需要解释的还有两点:首先,本研究所选取的三家大型制造企业总部均位于上海,这主要是因为研究者本人及其研究团队居住在上海，为跟踪研究和获取一手资料提供了较大的便利性和可实现性，虽然这三家企业总部都在上海，但它们都是行业代表企业，在各自的行业内均处于国内领先地位，具有较强的代表性；其次，三家企业均属于国有企业，这也是中国重工行业的特点所致，更是上海“大国企、大外资”经济结构特点的体现，本研究依据中国和上海的特点选取样本，并非刻意选择国有企业，或是刻意回避民营企业。下面分别介绍 5 家样本企业。

5.3.4 案例介绍

1. GE

GE 即美国通用电气公司(General Electric Company，GE)，起源是爱迪生电灯公司。从 1878 年爱迪生成立照明公司开始算起，GE 的发展横跨了 3 个世纪，有 140 多年的历史。如果以发展方式划分 GE 的发展历程，大致可以分为“GE 的创建时代”“实验室推动时代”“多元化扩张和向服务转型时代”“通向工业互联网时代”四个历史阶段。GE 自成立以来，诞生过托马斯·阿尔瓦·爱迪生、“企业管理之父”查尔斯·科芬、有“全球第一 CEO”之称的杰克·韦尔奇及伊梅尔特等优秀的商界巨人。爱迪生是 GE 之父，为 GE 注入了技术创新和多元化发展的 DNA；J. P. 摩根是 GE 之母，为 GE 注入了资本运作和规模扩张的 DNA；查尔斯·科芬是 GE 的管家，为 GE 注入了现代科学管理思想和方法的 DNA。可以说，GE 是活跃着的现代企业教科书和百科全书，具有重要的研究价值。目前，GE 已经是全球最大的跨国集团之一，在全球拥有近 30 多万名员工。

GE 在其 140 多年的历史中，在带来新型产品的同时，业务类型也变化多端，有进有退，创造了许多举世瞩目的并购神话。在制造业竞争加剧的大环境下，通用电气加速向服务业转型。GE 把传统制造业(冰箱、冰柜、微波炉、空调、洗衣机等)大量转移到中国等低成本国家，将服务作为通用电气四大核心业务之一。经历了 20 多年时间，GE 由过去的制造业公司转变成了“多元化的服务公司”。2008 年后，其收入的 2/3 来自金融、信息和产品等方面的服务。在知识和网络时代,GE再次调整其战略方向,将业务重心转向工业互联网。2012年GE提出并实施“工业互联网”战略,并重新整合业务结构,剥离了金融和家电传统优势业务。GE以工业互联网为中心,不断加强软硬件整合,为此,2016年GE公司决定将其总部从康涅狄格州的费尔菲尔德市搬迁至硬件创新活力最强的马萨诸塞州的波士顿。目前,GE主导的“工业互联网”革命如火如荼,已经成为美国“制造业回归”的一项重要内容。相比西门子的工业4.0,GE的“工业互联网”方案更加注重软件、网络、大数据等对于工业领域服务方式的颠覆。

2. IBM

美国国际商业机器公司(International Business Machines Corporation,IBM)创立于1911年,是全球最大的信息技术和业务解决方案公司,公司总部位于纽约州阿蒙克市。在过去的100多年里,世界经济不断发展,现代科学日新月异,IBM始终以超前的技术、出色的管理和独树一帜的产品领导着信息产业的发展,满足了世界范围内几乎所有行业用户对信息处理的全方位需求。截至2019年,IBM拥有全球雇员40万多人,业务遍及170多个国家和地区。IBM业务主要包括IBM Watson、云平台、IT基础架构、网络安全、服务部五大业务板块。

如果我们以IBM的主打产品或主营业务来划分其近百年的发展历程,大致可以划分为七个时代:制表时代(1914～1933年)、打孔机时代(1933～1952年)、大中型计算机时代(1952～1961年)、System 360软件时代(1961～1981年)、微型计算机时代(1981～1993年)、软件和服务时代(1993～2015年)、认知时代(2016至今)。IBM长期在世界计算机和智能科技领域遥遥领先,被视为美国科技实力的象征和国家竞争力的堡垒,甚至《经济学人》杂志指出,“IBM的失败总是被视为美国的失败”。1993年郭士纳刚刚接手IBM时,这家超大型企业因为机构臃肿和孤立封闭的企业文化已经变得步履蹒跚,亏损额已经达到168亿美元,正面临着被拆分的危险。媒体将其描述为“一只脚已经迈进了坟墓”。临危受命的郭士纳通过大刀阔斧的改革，使 IBM 在很短时间内就实现扭亏为盈，有人评价，郭士纳两个最突出的贡献就是：一是使 IBM 避免了被拆分的局面，保持了 IBM 这头企业“巨象”的完整；二是让 IBM 成功地从生产硬件转为提供服务，成为世界上最大的一个不制造计算机的计算机公司。2016 年伊始，IBM 现任掌门人罗睿兰发表了主题演讲：“未来是认知的，而我们正朝着一个认知的物联网前进。”①她强调人与人之间的区别就在于对数据的理解不同，这就是认知时代，这既是一个商业时代，也是一个技术时代。进入认知时代，意味着当数字智能遇见数字商业时的新发现。IBM 的数据分析能力也为第三个计算时代——认知计算——奠定了基础。

3. 宝钢

宝武钢铁集团有限公司（简称“宝武”）始建于 1978 年，是由国家投资建设的特大型现代化钢铁联合企业，是中国最具竞争力的钢铁企业，也是全球钢铁领先企业。1985 年中华人民共和国首次整套引进的年产 300 万吨钢的宝钢一期工程顺利投产；1991 年 6 月，设计年产 671 万吨钢的宝钢二期工程建设全部完成；2000 年由企业自筹资金建设的三期工程全部完成，宝钢跻身世界千万吨级特大型现代化钢铁企业行列。2000 年宝钢集团独家创立宝山钢铁股份有限公司（简称“宝钢股份”），同年 12 月宝钢股份挂牌上市。2007～2009 年，通过成功实施跨区域资产重组，宝钢集团先后成功控股成立了宝钢集团新疆八一钢铁有限公司、宝钢集团广东钢铁集团有限公司、宝钢集团宁波钢铁有限公司。随着中国钢铁行业的整合加剧，2016 年宝钢吸收合并武钢，武钢整体并入宝钢，新成立的集团名称为“宝武钢铁集团”。鉴于制造企业服务化的自然演化过程，本研究仍然以宝钢作为分析案例。2018 年宝武钢铁连续 15 年进入美国《财富》杂志评选的世界 500 强榜单，位列第 162 位。

宝钢围绕钢铁主业的发展之外，还着力发展了相关多元产业，主要围

---

① 《CES2016 认知时代来了：预示 IBM 战略转型的三个案例》[EB/OL]. http://mt.sohu.com/20160110/n434018245.shtml.

绕钢铁供应链、技术链、资源利用链,目的是加大内外部资源整合力度,提高综合竞争力及行业地位。宝钢形成了许多相关产业板块,如资源开发及物流、钢材延伸加工、工程技术服务、煤化工、金融投资、生产服务、信息服务等,并且与钢铁主业协同发展。面向未来,宝钢正积极推动从制造到服务、从钢铁到材料、从中国到全球的战略转型。

4. 上汽

上海汽车集团股份有限公司(简称"上汽")原先为始建于1955年11月的上海市内燃机配件制造公司,当时的主要业务是生产汽车零配件。1956～1963年期间,上海汽车零配件行业先后进行了四次结构调整,基本确立了专业协作生产体系。20世纪50年代,上汽相继成功研制出汽车、摩托车和拖拉机,从而实现了从修配业向整车制造业转型的历史性突破。1958年9月28日,第一辆"凤凰牌"轿车在上海汽车装配厂试制成功,实现上海汽车工业轿车制造"零"的突破。20世纪60年代以后,整车分别形成批量生产能力,其中轿车建成中国批量最大生产基地,为上汽腾飞创造有利条件。至1975年,上汽具备了年产5 000辆汽车的生产能力。改革开放以后,上汽迎来了奔腾时代,为上汽插上腾飞之翼的是"合资经营"模式,1978年以来,上汽抓住改革开放机遇,率先走上利用外资、引进技术、加快发展的道路。1997年上汽和通用签署上海通用汽车有限公司、泛亚汽车技术中心有限公司合营合同。

目前,上汽主要涵盖整车、零部件、服务贸易和汽车金融四项主营业务。整车业务和零部件业务是生产制造类业务,服务贸易和汽车金融则是围绕汽车制造衍生出来的服务业务。其中,汽车服务贸易板块已经形成了多元化、全方位的产业覆盖,涉足汽车服务贸易中近20个类别的业务领域、6大业务板块,并在此基础上打造"安吉"和"安悦"两大品牌体系。汽车金融板块业务主要包括汽车金融、公司金融和股权投资。根据上汽集团数据显示,2018年上汽集团整车销量超过700万辆,继续保持国内汽车市场领先优势,第14次入选《财富》杂志世界500强,2018年排名第39位,在全球汽车企业中位列第7位。

5. 上海电气

上海电气，最早可追溯到 1902 年的上海大隆机器厂。

1985 年，成立上海电气联合公司。

1994 年，上海电气联合公司改组为上海电气（集团）总公司。

1995 年，上海市机电工业管理局改制为上海机电控股（集团）公司。

1996 年，上海电气（集团）总公司与上海机电控股（集团）公司联合重组，组建新的上海电气（集团）总公司。

上海电气的主要业务领域是高效清洁能源和新能源装备，其主导产品有 1 000MW 级超超临界火力发电机组、1 000MW 级核电机组，重型装备、输配电、电梯、印刷机械、机床等，能源装备占销售收入 70%左右。同时，上海电气是中国机械行业第一批现代服务业的示范企业，在电站工程、输配电工程、保险租赁、国际贸易方面有显著进步。至 2014 年年底，现代服务业产值占集团收入的近 1/4，并有继续扩大的趋势。上海电气早在 20 世纪 90 年代就已经开始了服务化的探索，经过近二十年的改革发展，上海电气的四大重点发展领域确定为高效清洁能源、新能源、工业装备和现代服务业。同时，上海电气正准备完成从“单一设备制造”到“制造、服务并举”的战略转变。其中 1995 年成立的上海电气财务公司已经从一个单一的内部银行向综合金融服务转型。2014 年金融业务收入增长 27.7%，5 年来累计促进集团销售产品已经过百亿元。2011 年 10 月成立上海电气电站服务公司，是培育电站服务业方面的公司，其独立运作，开展电厂节能改造、提供一揽子电厂建造方案服务等；在发展电梯维修保养产业方面，上海三菱电梯有限公司建立了遍布全国的服务网络，发展设备安装、维修、保养等业务。目前上海电气在全国已建立 75 家分公司，服务业务收入已经占到公司的 26%，2020 年上海电气的目标是达到 100 家分公司，服务业销售目标是达到 60 亿元。

6. 五个案例的总结分析

综上所述，五个案例都经历了或正在经历着从制造到服务的过程。GE 作为现代企业的百科全书，在制造经济时代以制造为主营业务，在服务经济时代以服务为主营业务,在知识和信息时代采用“工业互联网”战略,可将其称为“后服务时代”。

IBM从制表、打孔机、大中型计算机到小微型计算机,以计算机制造业务闻名于世,但迫于时代的变迁和竞争的压力,IBM历经十多年的时间逐步剥离制造业务,转型至软件和服务业务,IBM成功地从生产硬件转为提供服务,成为世界上最大的不制造计算机的计算机公司。在知识和信息时代,IMB以“认知时代”为主题继续转型,不再定位于硬件和软件公司,而是转型为一家“认知解决方案平台公司”。因此,可以看出IBM在“后服务经济时代”将实现从“软件服务”向“认知解决方案平台”的转型。

与处在“后服务经济时代”的美国不同,制造业仍是中国的主导产业之一。而处于经济和产业发展前列的上海已经开始逐步从后工业化时期迈入服务经济时代,这从宝钢、上汽和上海电气的业务演变历程中可见一斑。

宝钢作为中国钢铁企业的代表,虽然比较年轻(始建于1978年),但在40多年的发展中,其发展战略经过多次调整。其最初专注于“精品钢”制造,随后市场化改革中推行“主辅分离”,原来相对有规模的制造服务事业部独立设立子公司,为未来的“一业为主(精品钢制造),适度多元”战略奠定了基础。2005～2015年明确提出“6＋1”多元化发展战略,围绕钢铁主业的服务类业务成为与钢铁主业比肩的主营业务。2015年后,宝钢集团再次明确提出了未来全面战略转型的目标:“从钢铁到材料、从制造向服务、从中国到全球。”

与宝钢相似,上汽是中国汽车行业的代表。在“上海市内燃机配件制造公司”成立之前(1955年),上汽从事的是汽车修配业,当时中国的汽车制造业尚无基础。1955年成立之后,上汽便投入整车和零配件制造长达半个世纪之久。近年来,随着汽车行业竞争日趋激烈,制造环节边际利润锐减,再加上上海市政府大力倡导制造企业发展生产性服务业,在上述因素的双重作用下,上汽将汽车制造的服务类业务提升到集团战略高度,

“汽车服务贸易”和“汽车金融”已经成为与整车和零部件制造并驾齐驱的主导业务类型。

上海电气是我国装备制造业最大的企业之一。集团产业涵盖较广，包括火电、核电、风电、输配电、机床、印刷机械、电梯、制冷压缩机、自动化仪表及控制系统、机械基础件、节能环保、纺织机械等领域。2000 年之前，上海电气仍以制造业务作为核心；但随着市场环境变化和政策激励，上海电气近年来也在进行服务业务领域的扩展和提升。早在 20 世纪 90 年代，上海电气就已经开始了服务化的探索，经过近二十年的改革发展，上海电气的四大重点发展领域确定为高效清洁能源、新能源、工业装备和现代服务业。同时，上海电气正准备完成从“单一设备制造”到“制造、服务并举”的战略转变。上海电气是中国机械行业第一批现代服务业的示范企业，在电站工程、输配电工程、保险租赁、国际贸易方面有显著进步。截至 2014 年年底，现代服务业产值占集团收入的近 1/4，并有继续扩大的趋势。

从中外案例企业服务化的对比来看，GE 和 IBM 已经超越了制造服务化阶段，在知识和信息时代分别谋求符合时代发展的新战略。宝钢、上汽和上海电气作为中国制造业的代表，服务化历程正在进行中，三家企业分别在近几年才将制造服务类业务提升到集团战略的高度。宝钢、上汽和上海电气三家企业服务业务占主营业务收入的比重虽然在逐步提升，但均未过半，这说明三家企业仍然处在服务化的早期和中期阶段，与 GE 和 IBM 有较为明显的差距。同时也说明我国制造企业服务化尚有很大的发展空间，大有可为。

5.3.5　构念测度

不管是单案例分析还是多案例分析，都需要对构念进行界定和测度，否则可能导致对组织现象的不正确认识（毛基业和李晓燕，2010；许庆瑞等，2013）。因此，本研究将对制造企业的“服务化驱动因素”“服务化路径”和“服务化绩效”三个核心构念的定义和测量方法给予介绍说明。

1. 服务化驱动因素的测度

虽然本研究的重点是制造企业的服务化路径,但任何制造企业在做出服务化业务决策时都是在一些外部因素和内部因素的共同作用下推进的。制造企业服务化驱动因素是指那些诱发制造企业服务化的因素。由于驱动制造企业服务化的因素比较多样化,为研究便利,本研究将这些因素区分为三类:第一类是企业外部的驱动因素,外部驱动因素主要是由制造企业之间竞争日趋激烈引起的,因此本研究将外部驱动因素命名为"竞争环境"的要素;第二类是企业内部的驱动因素,比如一些有战略洞察力的企业领导人会在竞争环境转变之前做出业务转型的战略决策,同时企业在前期有较好的市场积淀、人才和技能储备能够有效执行业务转型战略,通过制造企业服务化最终实现从制造向服务转型;第三类是主要体现在除了外部和内部因素之外的其他驱动因素,通过前期研究发现制造企业服务化还有明显的行业特征和行业阶段特征,即处于成熟阶段、具有技术和资本密集特点的制造企业有更强的服务化驱动力。

2. 服务化路径的测度

制造企业服务化路径是指制造企业如何实现从制造业向服务业演化和转型的。需要说明的是本研究的服务化路径既包含了制造企业从制造向服务的演化轨迹和过程,又包括了制造企业服务化的举措和措施。即本研究的服务化路径指的是包含了重要服务化措施的路径。从制造企业服务化路径的文献综述可以看出,目前对服务化路径研究的口径较多,叫法不一。接受度较高的"产品—服务演化路径"由于过于抽象和简化,对企业的实际指导意义不足。而其他的服务化路径研究接受度不足,且存在路径划分标准不清晰、涵盖不全面等问题。鉴于此,本研究将在前人研究的基础上,根据迈克尔·波特的价值链模型,将服务化路径划分为三种:基础活动服务化、辅助活动服务化和基于整个价值链的集成服务化。基础活动的服务化是指制造企业沿着产业链上下游环节延伸的服务,包括贸易、物流、销售、维修、维护等;辅助活动服务化是指制造企业提供除了产业链上下游环节延伸服务之外的专业服务,包括投资、采购、金融租赁、研发外部、培训等;价值链集成服务化是指一部分具备条件的制造企业将会集成整条价值链的制造和服务，提供满足客户个性化需求的“一体化解决方案”。价值链集成服务化是制造企业服务化的高级阶段。

3. 服务化绩效的测度

制造企业服务化的绩效是指制造企业在实施服务化战略之后为企业带来什么样的效果。制造企业服务化的绩效有可能是成功的，也有可能是失败的。本研究将制造企业服务化绩效分为三种类型：财务绩效、战略绩效和市场绩效。财务绩效是指制造企业通过服务化改变了其边际利润率，市场绩效是指服务化改变了企业产品销售数量，战略绩效是指通过服务化企业改变了竞争力。本研究将从上述三个方面综合衡量制造企业服务化的绩效。

5.4 数据收集和分析

5.4.1 数据收集

案例研究数据应该有不同的来源，以确保研究的信度和效度（Yin，1994）。本研究采用一手数据和二手资料相结合的方式进行。其中，一手数据收集的方式有半结构化访谈、非正式访谈和现场观察，二手资料包括数据库、网络、媒体报道、企业年报、年鉴、企业书籍、报刊等来源。数据收集分别由研究团队的不同人员评估分析。通过上述多样化的信息、资料的渠道来源，形成对研究数据的三角测量（毛基业和张霞，2008），以便交叉验证，并尽可能获取翔实的信息，减少偏差，提高研究信度和效度（Eisenhardt，K. M. & Bourgeois，L. J.，1989）。案例研究的一个重要优势就是有机会收集不同证据来展示整个事件的丰富画面（Yin，1994）。“证据三角形”便是强调对同一现象采用多种手段研究，通过多种数据的汇聚和相互验证来确认新的发现，避免由于偏见影响最终判断，解决了研究的构念效度问题。

1. 半结构化的访谈

当研究对象具有明显的、随着时间而演变的特征时,半结构化访谈是有效的搜集数据和信息的方式之一(Eisenhardt & Graebner,2007)。本研究小组先后访问了来自宝钢、上汽、上海电气三家企业总部、服务化业务部门以及相关职能部门的中高层管理者,采用了半结构化访谈的方式采集一手数据,半结构化访谈大纲详见附件1。参加半结构化访谈的对象选定是出于提高案例研究信度和效度的目的考虑的,他们具有以下特点:在样本企业工作时间长,对企业有全面的理解和认识;其工作岗位与本项研究内容契合度高,有助于发现和提升研究成果;其在公司职位较高,具有战略前瞻性,对集团未来的服务化愿景较为清晰。因此,由他们所提供的信息能够围绕访谈主题,较为准确、翔实。

除了对案例企业的高层管理者半结构访谈之外,课题组还分别对宝钢、上汽、上海电气组织进行了"制造企业服务化"主题研讨会。研讨会讨论参考了半结构化访谈大纲。研讨会不仅邀请了企业相关人士,还邀请了一些相关领域的专家、学者共同参与研讨,为制造企业服务化建言建策(详见表5.3)。

表5.3　"大型制造企业服务化案例"一手资料采集路径

调研类型	调研对象、方式和花费时间		
	宝钢	上汽	上海电气
半结构化访谈:高层管理者访谈	董事长1小时,宝钢集团经济管理研究院院长2小时,宝信软件总经理2小时,宝钢集团经济管理研究院多元化产业研究所所长2小时	董事长1小时,副总裁1.5小时,上海汽车工业教育基金会秘书长2小时	董事长1小时,副总裁1.5小时,战略规划部经理2小时,产业发展部经理2小时
研讨会:制造企业服务化主题研讨会	宝钢集团经济管理研究院多元化产业研究所所长、上海发展战略研究所经济部部长、上海财大500强企业研究中心主任、课题组成员。耗时:2.5小时。地点:宝钢集团经济管理研究院	上汽集团董事会办公室副主任、上汽教育基金会项目主任、上海交大安泰管理学院教授、上海财大500企业研究中心主任、华东理工大学教授、课题组成员。耗时:3小时。地点:上海财经大学	上海电气集团副董事长、上海电气战略规划部经理、上海电气产业发展部经理、上海电气中央研究院研究员、上海电气研究室经理、上海财大500强企业研究中心主任、课题组成员。耗时:2.5小时,地点:上海电气总公司

续表

调研类型	调研对象、方式和花费时间		
	宝钢	上汽	上海电气
实地调研:制造企业服务化业务的实地调研	实地走访了宝钢的信息化服务业务主体企业宝信软件;金融投资主体企业华宝投资;生产服务业务主体企业宝钢发展有限公司。总耗时:6 小时	实地走访了上汽汽车服务贸易领域的主要品牌,“安吉汽车服务”的营业网点;上汽汽车金融业务主体企业上海汽车集团财务有限公司。总耗时:4 小时	实地走访了上海电气输配电工程一体化的主体企业输配电集团;提供电站服务的石川岛电站环保工程有限公司;提供电梯改造服务的三菱电梯有限公司;提供金融财务服务的上海电气集团财务有限公司。总耗时:8 小时

研究小组对半结构化访谈和研讨会进行了录音,对访谈笔记进行了整理。如果访谈内容没有记录完整,则研究小组会对录音进行整理和补充。研究小组对访谈和会议记录的整理遵循了 Eisenhardt(1989)提出的两项原则:一是在访谈结束后的 24 小时内整理访谈和会议记录,以免重要信息被遗忘;二是整理访谈和会议中所有涉及的全部资料和信息,以免信息和数据被遗漏。

2. 非正式的访谈

如前文所述,本研究团队对样本企业有长期跟踪研究。自 2007 年起,在超过 10 年的不断接触和跟踪研究中,笔者对三家样本企业有深入了解和深刻认识。在非正式访谈中,研究团队分别与宝钢集团经济管理研究院的研究人员、上汽教育基金会的研究人员、上海电气集团战略规划部和产业发展部研究人员进行过多次非正式访谈,形式包括简短的电话交流、邮件交流等。非正式访谈的信息可以与高层管理者的半结构访谈信息进行比对和交叉验证。通过非正式的访谈,研究团队能了解到更为真实和广泛的信息、素材和数据。

3. 实地考察

为多方取证,提升案例研究的信度和效度,本研究团队的小组成员还开展了实地调查,其中包括:宝钢的信息化服务业务主体企业宝信软件;金融投资主体企业华宝投资;生产服务业务主体企业宝钢发展有限公司。实地走访了:上汽汽车服务贸易领域的主要品牌"安吉汽车服务"的营业网点;上汽汽车金融业务主体企业上海汽车集团财务有限公司。实地参观、走访了:上海电气输配电工程一体化的主体企业输配电集团;提供电站服务的石川岛电站环保工程有限公司;提供电梯改造服务的三菱电梯有限公司;提供金融财务服务的上海电气集团财务有限公司。在参观和走访中与宝钢、上汽和上海电气的服务业务管理人员和业务员进行开放式的交流,了解上述企业某些服务业务的开创故事、发展历程、经济效果等情况,为本研究积累了大量的原始资料和鲜活素材。另外,笔者于2013～2014年期间在美国麻省理工学院斯隆管理学院访学,对GE和IBM进行了系统研究,并先后拜访GE和IBM的美国总部,获取了难得的资料。

4. 二手资料收集

本项研究的二手资料收集主要是文献资料,还有个别档案记录。本研究对文献资料的收集主要从以下四个方面展开:一是通过中国知网的学术文献库检索,以宝钢为例,包括1 173篇"核心期刊"学术论文,113篇硕士和博士论文;二是在GE、IBM、宝钢、上汽、上海电气5家公司的官方网站下载历年年报,从官方网站了解5家公司的制造服务化发展历程和现有服务化业务;三是购买和阅读介绍5家公司的相关书籍,以IBM为例,参考了《谁说大象不能跳舞》《IBM帝国缔造者:小沃森自传》《IBM:变革之舞》等书籍;四是本人在美国期间通过谷歌学术等检索引擎,搜索了5家公司相关学术研究的论文、工作论文、会议论文等。

5.4.2 数据编码与信度检验

1. 数据编码原则

本研究将主要参照许庆瑞、吴志岩和陈力田(2013)的案例内容编码流程,即采用内容分析法。首先,研究团队中一名成员汇总完整的一手资料和二手资料。然后,研究团队中每个成员对汇总后的案例资料进行通读,通读后则采用双盲方式,对收集到的一手和二手资料进行多级编码。在团队两名成员编码的过程中,强调以构念和构念测度为依据,两名编码成员分别记录各自的编码情况，以表格为呈现方式，从而完成编码的全过程。编码完成后，研究团队采用评分者的交叉信度检验(inter-rater Reliability)，以确保编码结果的准确性和客观性。通过双盲式编码(又称“背对背编码”)，再比对编码结果，如果编码结果一致性程度较高，则可以证明两位编码者之间有较高信度，也说明案例研究有较高的信度(Tashakkori & Teddlie，1998)。

2. 多级编码和信度检验

本研究先后对一手和二手资料进行了 5 个案例资料汇总的一级编码，对一级条目针对 5 个案例分别进行了二级编码，对二级条目根据服务化驱动因素、路径和绩效进行了三级编码，对各个构念条目库进行了四级编码，详细如下：

一级编码：按照资料来源进行的一级编码，编码原则如表 5.4 所示。对一手资料(firsthand data)用“F”开头编码，对二手资料(secondhand data)用“S”开头编码。编码过程中，对同一来源中的意思相同和相近的表述，只记录为 1 个条目。通过对所有资料的汇总和编码，共得到含有 378 条一级条目的条目库。

表 5.4　　一级编码的原则

数据来源	数据分类	编码
一手资料	半结构化访谈	F1
	研讨会	F2
	实地调研	F3
二手资料	学术论文库	S1
	企业官方网站	S2
	相关书籍	S3
	谷歌学术的工作论文、会议论文	S4

二级编码：对 378 条一级条目按照 5 个案例企业分别进行二级编码，从而得到 5 家企业的二级条目库。其中，GE63 条、IBM79 条、宝钢 91 条、上汽 75 条、上海电气 70 条。

三级编码：分别对 5 家企业的二级条目按照服务化驱动因素、服务化路径、服务化绩效进行三级编码。为了确保编码结果的信度,本研究整个三级编码的过程由两位编码者采用双盲方式进行。本研究采用了混淆矩阵(confusion matrix)来完成编码者之间的信度检验(Marques & McCall,2005)。其中,i 是行,j 是列,X_{ij} 则表示编码者 A 对某一条目的编码是第 j 列代表的变量,而编码者 B 对同一条目的编码结果为第 i 行所代表的变量条目数。比如,在表 5.5 中,$X_{31}=6$,表示编码者 A 将 6 个条目编码为"服务化驱动因素"变量下,而编码者 B 将同样的 6 个条目编入"服务化绩效"变量下,故两个人的编码不一致。只有 $i=j$ 时,也就是说混淆矩阵中对角线上的数量才是两位编码者背对背编码一致的数量。从表 5.5 可知,二级编码的有效条目为 106+112+95=313,因此,本次编码的信度为 82.80%(313÷378×100%)。

表 5.5　　三级编码结果的混淆矩阵

三级编码混淆矩阵		编码者 A 的编码结果			编码者 B 的编码结果总和
		制造服务化驱动因素	制造服务化路径	制造服务化绩效	
编码者 B 的编码结果	制造服务化驱动因素	106	13	6	125
	制造服务化路径	15	112	17	144
	制造服务化绩效	6	8	95	109
编码者 A 的编码结果总和		127	133	118	378

四级编码:在各个构念的条目库中,按照测度变量,采用背对背的混淆矩阵,完成对构念条目的四级编码。为了确保后续编码的准确性,本研究删除了之前两位编码者认为不一致的条目,即在 313 条有效编码的三级条目中再进行四级编码。其中,制造服务化驱动因素条目库中的条目根据驱动因素的来源,即来自外部的压力、内部的动力,或是行业本身的特征来编码;制造服务化的路径是根据服务化业务的类型特征,即该类服务化业务是基于制造环节沿着上下游延伸研发、物流、维护维修等服务业务,还是基于制

造业务提供的金融、财务、信息、人才等专业服务，或者是提供综合集成的交钥匙工程、综合解决方案等集成服务；制造服务化的绩效是根据制造企业服务化的效果归类来编码，可以是财务方面的绩效或市场方面的绩效，也可能是战略方面的绩效。四级编码之前，两位编码者事先将测度变量进行关键词转化。随后，两位编码者仍然采用背对背编码的方式，根据自己的理解，比对关键词和构念条目，根据语义相同或相近的原则归类，将关键词分别编码为其隶属构念条目的测度变量下，并记录编码的结果。本研究仍然采用混淆矩阵来完成编码者之间的信度检验（Marques & McCall，2005），结果见表 5.6。四级编码的结果显示，共有 253（31＋22＋29＋34＋28＋23＋31＋28＋27）条有效条目，编码者之间的信度为 80.83％（253÷313×100％）。同理，本研究将在后续的案例讨论中，继续删除不一致的四级编码条目，最终以 253 条有效的四级编码条目进行后续的案例分析。

表 5.6　　四级编码结果的混淆矩阵

<table>
<tr><th colspan="2" rowspan="2"></th><th colspan="9">编码者 A 的编码结果</th><th rowspan="2">编码者 B 的编码结果总和</th></tr>
<tr><th>竞争环境</th><th>行业特征</th><th>资源能力</th><th>基础活动服务化</th><th>辅助活动服务化</th><th>集成服务化</th><th>战略绩效</th><th>市场绩效</th><th>财务绩效</th></tr>
<tr><td rowspan="9">编码者 B 的编码结果</td><td>竞争环境</td><td>31</td><td>3</td><td>0</td><td>0</td><td>1</td><td>0</td><td>2</td><td>0</td><td>1</td><td>38</td></tr>
<tr><td>行业特征</td><td>2</td><td>22</td><td>0</td><td>1</td><td>0</td><td>0</td><td>1</td><td>0</td><td>3</td><td>29</td></tr>
<tr><td>资源能力</td><td>0</td><td>0</td><td>29</td><td>1</td><td>0</td><td>0</td><td>0</td><td>3</td><td>0</td><td>33</td></tr>
<tr><td>基础活动服务化</td><td>0</td><td>0</td><td>1</td><td>34</td><td>2</td><td>2</td><td>0</td><td>0</td><td>1</td><td>40</td></tr>
<tr><td>辅助活动服务化</td><td>1</td><td>0</td><td>2</td><td>1</td><td>28</td><td>1</td><td>0</td><td>0</td><td>2</td><td>35</td></tr>
<tr><td>集成服务化</td><td>0</td><td>2</td><td>3</td><td>4</td><td>0</td><td>23</td><td>0</td><td>2</td><td>0</td><td>34</td></tr>
<tr><td>战略绩效</td><td>3</td><td>1</td><td>2</td><td>2</td><td>0</td><td>0</td><td>31</td><td>0</td><td>1</td><td>40</td></tr>
<tr><td>市场绩效</td><td>1</td><td>1</td><td>0</td><td>2</td><td>1</td><td>0</td><td>0</td><td>28</td><td>0</td><td>33</td></tr>
<tr><td>财务绩效</td><td>0</td><td>0</td><td>0</td><td>0</td><td>1</td><td>0</td><td>2</td><td>1</td><td>27</td><td>31</td></tr>
<tr><td colspan="2">编码者 A 的编码结果总和</td><td>38</td><td>29</td><td>37</td><td>45</td><td>33</td><td>26</td><td>36</td><td>34</td><td>35</td><td>313</td></tr>
</table>

另外，本研究还将上述编码过程中所涉及的构念、关键词、测度变量及其最终有效编码数量进行了梳理，详见 5.7。

表 5.7　　相关构念、测度变量、关键词的编码条目及其统计

构念	测量变量	关键词	案例企业					小计
			GE	IBM	宝钢	上汽	上海电气	
驱动因素	竞争环境	迫于竞争的压力、增长乏力、利润下滑、“随需应变”、产能过剩等	9	7	8	5	5	34
	行业特征	成熟产业、高资本密集、高技术密集、产业退出成本高等	5	3	5	4	5	22
	资源能力	利用研发、供应链、销售的优势；人员和技术优势；先进的管理经验等	9	10	6	4	6	35
服务化路径	基础活动服务化	基于产品上下游的增值服务；培育生产性服务业务；提供研发服务；提供售后维修维护服务；延伸制造业价值链；提供服务外包业务、现代物流和贸易服务等	5	6	8	4	7	30
	辅助活动服务化	主辅分立、服务事业部独立化、优势业务部门独立化、更为开放的金融服务、科技研发服务、收购软件和服务公司	5	4	9	7	8	33
	集成服务化	一体化服务商、工程项目总承包、交钥匙工程、一揽子解决方案提供商、总承包和总集成、EPC项目等	8	7	3	1	4	23
服务化绩效	战略绩效	提升了企业创新能力、核心竞争力、竞争优势	7	6	4	3	6	26
	市场绩效	增强与客户的纽带、提高顾客的忠诚度、扩大了规模、开拓了新业务等	6	8	3	4	3	24
	财务绩效	增加经济效益、提升了利润率和营业额，培育了新的利润增长点等	7	8	3	4	4	26
总　计			61	59	49	36	48	253

5.5　案例分析

5.5.1 服务化驱动因素

作为大型制造企业和行业领头羊，5家案例企业在不同的时间、相似的竞争环境下实施了制造企业服务化战略。从竞争环境看，5家企业的战略决策都是在竞争日趋激烈、增长空间有限、利润下降等外部压力下做

出的；从行业特征看，转型当时所处行业均已经进入成熟期，并且具备高资本密集和高技术密集的特征，适合行业优势企业实施服务化；从企业具备的资源和能力看，5 家企业均是国际或国内的行业龙头企业，具有较强的资源、规模、品牌、市场、技术、管理和人才优势，具有较强的技术竞争力和管理竞争力，基本具备了制造企业服务化的资源和能力，5 家企业均在市场环境改变之前积极地进行了应对（详见表 5.8）。当然，5 家样本企业具体的服务化驱动因素也不尽相同，具体见下文介绍。

表 5.8　　案例企业服务化驱动因素典型用语举例及编码结果

构念		服务化驱动因素		
测度变量		竞争环境	行业特征	企业资源能力
典型引用语举例	GE	根本原因是顺应经济发展趋势，走在市场的前面；诱因是迫于竞争的压力，升级传统业务，开拓新的业务领域	高技术密集和高资本密集；硬件生产能力已经被日本超过，被中国赶上，成熟的硬件制造必须向服务增值转型	爱迪生是 GE 之父，为 GE 注入了技术创新和多元化发展的 DNA；J. P. 摩根是 GE 之母，为 GE 注入了资本运作和规模扩张的 DNA；查尔斯·科芬是 GE 的管家，为 GE 注入了现代科学管理思想和方法的 DNA
	IBM	转型导火索——决策失误使 IBM 陷入严重的危机；“随需应变”，从产品向服务转型	计算机，尤其是大型计算机属于技术密集型行业，但在摩尔定律的作用下，行业快速成熟	现代科学日新月异，IBM 始终以超前的技术、出色的管理和独树一帜的产品领导着信息产业的发展
	宝钢	钢铁行业产能过剩，行业利润下降，竞争加剧。单一的钢铁产品已经不能满足顾客的需求	中国的钢铁行业已经进入成熟和产能过剩阶段。同时，钢铁行业是高资本密集、高人力密集型行业，退出成本很高	宝钢需要以领先对手的产品差异化和服务差异化为手段增强竞争优势
	上汽	服务经济汽车时代的来临；“一切从用户的角度出发”，中国汽车行业竞争日趋激烈，销售增长迟缓	汽车工业的利润正在从制造业向服务业转移。汽车行业在国内已经进入成熟阶段	坚持先进制造业与现代服务业并举的发展道路；利用服务，即向产业的上游延伸；拓展服务，即向产业的下游延伸
	上海电气	全球化趋势推动；竞争日趋激烈；政府政策的推动；内生性增长的需求	大型装备制造行业不断成熟，传统手段，如引进技术、增加人员、降低成本等已经不能满足客户的需求	上海电气集团是我国装备制造业的“领头羊”，是上海经济发展和产业结构优化的领军集团
来源		F1、S1、S4	S1、S4	F1、F2、S1、S4
关键词		竞争、危机、趋势、政策	成熟行业、技术密集、资本密集	技术能力、管理能力、资本运作能力

1. GE服务化的驱动因素

GE服务化的根本原因是顺应经济发展趋势,走在市场的前面。韦尔奇在20世纪80年代初就预料到将来的市场将会没有国家的界限,市场会逐渐从一个国家的市场变成世界性的市场。所以企业的变化就必须跟得上市场的变化,否则肯定会被市场淘汰。虽然GE在20世纪80年代初的制造业仍然表现良好,有很高的利润,但世界上无论是哪个国家,硬件生产能力均越来越强,且提高硬件生产能力越来越容易。硬件生产的成功并不等于企业的成功。当大多数企业的产品品质相差无几时,这时的竞争就会体现在服务上的竞争,服务好坏有差别,服务和服务品质将受到企业越来越多的重视。市场越来越倾斜于有服务的地方,假如GE不注意服务,就会跟不上市场的步伐,因此决策的做出一定要走在市场的前面。韦尔奇决定将整个GE从制造业向服务业转型,不少人认为他疯了,并反对这种变革。因为当时制造业还是很兴旺的,市场情况也很好。过了三四年后,基本上美国所有的企业都感到了世界市场变化的压力,都纷纷转向服务,而此时的GE已经走在了前面。

转型的诱因是迫于竞争压力,升级传统业务,开拓新的业务领域。GE在1981年时生产增长远远低于日本的同类企业,技术方面的领先地位已经丧失,公司利润在15亿美元左右,徘徊不前。因此必须不断寻求新的增长点,使这个规模庞大的企业恢复成长的动力与活力,以支持GE的可持续发展。虽然GE在电气时代表现非常优秀,甚至可以成为电气时代的代名词,但在电子时代却错失良机,这一点也可以从GE现有的业务中看出,GE现有业务中没有电子、软件、信息等电子时代的业务。由此可见,GE不但面临着被快速增长的同类日本企业超过的问题,也面临着被IBM、微软、苹果等新兴企业超越的问题。因此,GE必须寻求新的增长点,以确保现有的地位,并实现可持续发展。

GE向服务业转型是企业成长规律的体现,是企业内各项业务优胜劣汰的结果。如上文所述,GE天生是一个多元化企业,且其各业务之间的关联性并非十分紧密,GE 为了实现"基业长青"的目标,必须不断开拓新市场和新业务,不断寻求新的经济增长点;同时,也必须不断淘汰没有市场前景、不能达到预期财务目标的业务类型。只有这样,才能驱动 GE 这个巨大的"企业帝国"顺势前行。一般情况下企业从诞生到成长,业务组合会经历专业化生产阶段、纵向一体化阶段、相关多元化阶段,再到非相关多元化的阶段。有别于一般企业,GE 自诞生时就带有多元业务的 DNA,可以说 GE 是一个天生多元化的企业。国内有不少人把 GE 看作实现从制造业向服务业转型的成功典范,笔者认为 GE 向服务业方向发展只是企业成长过程中的一个阶段,是企业发展的自然和自觉行为。

2. IBM 服务化的驱动因素

IBM 作为从制造业向服务转型的代表性企业,走过了一段漫长曲折的变革之路。

转型导火索是决策失误使 IBM 陷入严重的危机。从 20 世纪 80 年代中期开始,IBM 由于担心个人计算机取代大型机,放慢了对 PC 的研发步伐,而就是这一错误决策使 IBM 日后陷入十分被动的局面,并为之付出了沉重代价。20 世纪 90 年代后,大型主机业务作为 IBM 主要收入来源,遭受接连不断的打击。而随着个人电脑和工作站功能变得强大,大型主机需求量剧减,IBM 的财务和经营状况变得惨不忍睹:从 1990 年到 1993 年连年亏损,连续亏损额达到 168 亿美元,创下美国企业史上第二高的亏损纪录;公司股票跌到史无前例的每股 40 美元;IBM-PC 被挤出国际市场前三名,产品大量积压。IBM 作为统治世界计算机产业长达几十年的"霸主",陷入了有史以来最严重的危机。有人断言,IBM 已经衰落,它将成为计算机产业的"恐龙"。几乎没有人相信这家巨型公司还有挽救的可能性,它的失败正如它的成功一样,甚至被写入商学院的教科书。

战略变革——"随需应变",从产品向服务转型。郭士纳先生是临危受命的 CEO,他敏锐地发现了一个契机,即面对市场上涌现的大量产品提供商,客户更期望整合——需要有人来帮助他们把单一功能的、分离的系统连接起来。IBM的转型便由此切入，将供给组合从单点式产品与服务向整合式、随需应变的方案进化是变革的重点，以为客户提供更多的价值。IBM最初的供给组合多为单点式或捆绑式方案，将自身的软硬件产品和服务单独或捆绑起来销售，面对的客户主要是部门经理和终端用户；在提出“随需应变”的战略方向后，IBM更致力于帮助CEO、CIO等高层客户解决如增加收入和利润、减少人工成本、管理资金及固定资产投资等能影响业务价值的问题。

3. 宝钢服务化的驱动因素

(1)产能过剩、利润下滑

我国钢铁行业面临产能过剩、品质不佳、成本上升的问题；宝钢如果只通过钢铁制造获取单一的销售利润，则会经营风险较大。中国虽然是钢铁生产第一大国，但70%的钢铁质量达不到国际先进水平，亦即我国钢铁产量虽高，利润却不高。实际上2015年我国钢铁行业受产能过剩、钢价下滑等因素影响，亏损程度加剧。根据中国钢铁工业协会的统计数据，2015年国内大中型钢企亏损额达到645.34亿元，中国钢铁业经济效益大幅下降；另外，目前我国粗钢产能约为12亿吨，按照2015年产量测算，产能利用率不足67%。① 因此，我国钢铁行业面临产能严重过剩、大面积亏损和转型阵痛。

宝钢早在1995年就提出多元化经营的战略思想，不断拓展新的业务领域，目前已形成“6+1”产业格局。其中，“1”指的是钢铁主业，“6”指的资源开发及物流、钢铁延伸加工、工程技术服务、煤化工、金融投资和生产服务。6个多元化产业不仅保证钢铁主业持续成长、高效运营，还为宝钢带来持续不断的经济利润。2010～2015年是宝钢新的规划期，在新一轮发展战略中，宝钢提出“一业特强，相关多元产业协同发展”的战略思想。2014年，6个多元产业的营业收入占集团总收入的比重为35.8%。

(2)创造竞争优势

---

① “钢铁业大面积亏损，上市钢企信用评级承压”[EB/OL]. http://news.xinhuanet.com/energy/2016-02/18/c_1118076345.html.

得益于精品钢产品定位、先进管理经营经验和多元化业务组合，宝钢盈利能力在国内钢铁行业一直遥遥领先。2014 年宝钢的营业收入达到 1 877.9 亿元，实现利润 82.8 亿元。宝钢在国内大中型钢企中产量规模占比 3%，实现利润占比 27%，盈利业绩在国内行业最优，在国际上位列第三。但在行业利润下降和行业竞争加剧的情况下，宝钢需要以领先对手的产品差异化和服务差异化为手段来提升竞争优势。宝钢在《宝山钢铁股份有限公司 2014 年度报告》中提出：在未来相当长时期内全球经济面临低增长趋势，当前中国经济进入新常态。中国钢铁行业集中度低，过度竞争的态势难改，新环保法的实施给钢铁企业带来压力。未来宝钢战略需要实现三个转变：从钢铁到材料，从制造到服务，从中国到全球。面对中国钢铁工业产能过剩、微利经营的严峻形势，宝钢加快推动“从制造到服务”的转型，描绘出钢铁业的“微笑曲线”。宝钢转型的重点是壮大服务和研发“两翼”：研发高强钢，曲向硅钢，航天技术、深海的开采石油（用钢）等；在服务上，紧跟智能互联网时代，专注于电子商务、智能制造，给宝钢转型插上翅膀。①

（3）满足顾客更高的需求

服务化在很大程度上受顾客需求的驱动（Vandermerwe & Rada，1988）。在钢铁行业竞争日趋激烈的今天，单一的钢铁产品已经不能满足顾客的需求。随着同质化竞争的日趋加剧，宝钢聚焦客户价值，坚持差异化营销，并以客户价值为基础，策划客户解决方案，优化产品结构，增加服务价值。为满足客户的需求，宝钢将产业链进行了横向及纵向延伸，以满足客户需求。在采购环节，开展原材料贸易，为其他冶金行业提供原材料及物流服务；在制造环节，一方面将优势事业部门独立化，对外提供 E、EP、EPC、EPC＋S［engineer（设计）、procure（采购）、construct（建设）、service（服务）］等多层次制造支持服务，另一方面，对钢铁产品进行延伸加工，满足客户的定制需求，拓宽产品门类；在销售环节，建立众多分布在

① 吴善阳.“宝钢深化从制造向服务转型”[EB/OL]. http://china.cnr.cn/news/201409/t20140914_516430652.shtml.

全国各省市以及海外的加工配送网点，使用现代化的物流配送系统以提高配送效率。

(4)积极响应国家和地方政策

2014年，国务院出台《国务院关于加快发展生产性服务业促进产业结构调整升级的指导意见》。为了响应和落实国务院的政策，2015年，上海市经济和信息化委员会联合上海市财政局颁布《上海市生产性服务业发展专项支持实施细则》，鼓励制造企业，尤其是有条件的大型制造企业发展生产性服务业。宝钢在生产性服务业发展方面已经走在行业前列，具备基础条件，更加积极响应国家和地方鼓励生产性服务业发展的政策。

4. 上汽服务化的驱动因素

(1)产能过剩加速汽车市场的整体下滑

2008年的经济危机对全球汽车制造业有较大冲击，以美国通用汽车为代表的世界6大汽车公司都出现了不同程度的业绩下滑。根据中国汽车工业协会的统计，2015年上半年，中国汽车产销量出现环比、同比再次双双下降的情况。[①] 另外，专家预测，在未来的若干年，中国汽车市场还将会持续面临3%以下的增速，甚至还可能是零增长或者是负增长的局面。而产能过剩与销量持续下滑并存的局面，致使中国汽车市场进入恶性循环。

(2)品牌效应、规模效应和管理能力是发展汽车服务业的基础

上汽在国内整车市场上一直处于领先地位，良好的品牌形象和市场地位更容易带动汽车服务业务的迅速发展。实际上，上汽已经早于国家和上海市政府的号召，较早进入了汽车服务业市场，通过近年来服务业务的开展，集聚了优质资源，积累了发展经验，形成了先发优势。

(3)上海市鼓励发展现代服务业

中共中央和国务院曾向上海市提出“四个率先”和“四个中心”的建设要求。2005年上海市政府印发了《关于上海加速发展现代服务业若干政

---

① 中国报告大厅. “2015年我国汽车行业市场：产能过剩加速车市下滑”[EB/OL]. http://www.chinabgao.com/freereport/67633.html.

策意见的通知》《上海市加速发展现代服务业实施纲要》，以便加快上海现代服务业的发展，作为“率先转变经济增长方式”的有力抓手。为了应对经济危机，2009 年我国颁布《汽车产业调整和振兴规划》，将“发展现代汽车服务业”作为八项任务之一，明确要求“加快发展汽车研发、生产性物流、汽车零售和售后服务、汽车租赁、二手车交易、汽车保险、消费信贷、停车服务、报废回收等服务业”“支持骨干汽车生产企业加快建立汽车金融公司，开展汽车消费信贷等业务”。

5. 上海电气服务化的驱动因素

(1)全球化趋势推动

20 世纪 80 年代以来全球经济的总趋势呈现为从“工业型经济”向“服务型经济”的转型，产业发展的趋势也呈现为第三产业化。上海电气必须跟随全球趋势，将服务化列为重要发展方向之一，才能建设成为世界一流的多元化企业。比如海外电站工程方面，上海电气海外工程始于巴基斯坦木扎法戈的 300MW 火电机组项目，之后上海电气的一个重要营收项目就是海外工程。至 2015 年年底，上海电气已经在泰国、孟加拉国、越南、印度尼西亚、伊拉克、巴基斯坦等国建设和完成了 10 多个海外 EPC 项目(包括设计、采购、施工在内的工程总承包项目)；在 15 个海外地区(包括哈迪亚、昌德拉普、瓦罗拉、波特瑞、拉古娜、罗莎、莎圣、金达等)建设和完成了 BTG 项目(BTG 总承包模式是供应锅炉岛和汽机岛的主辅设备并提供相关的设计、安装和调试指导)。

(2)政府政策的推动

2007 年国务院颁发了《国务院关于加快发展服务业的若干意见》。2011 年 12 月，国务院下发了通知，要求重点推进八个领域高技术服务业的加快发展，争取“十二五”期间，中国高技术服务业营业收入年均增长 18%以上，到 2015 年，发展成为国民经济的重要增长点。上海电气是上海制造业发展的依托之一，发展生产制造型服务业是上海电气集团的必然选择。另外，上海电气还跟随国家政策导向，在新能源方面加快了建设，上海电气旗下的环保公司在环保相关的 BOT 项目上处于国内领先地位。

(3)内生性增长的需求

早在2007年,上海电气生产性服务业的营业收入占到了总营收的15%,利润占到了50%以上,同时集团内生产性服务业同比增长了29%,发展速度显著高于集团其他业务。基于此,上海电气针对集团装备制造的产品,开展了总集成、总承包、贸易、维修以及租赁等多方面的服务项目,延伸了集团公司的产品制造环节。在上海电气生产性服务业中占比最高的是电站工程的总承包、总集成,占69.23%,其次是金融保险服务占13.25%,再次是商务服务管理占7.92%,物流服务占7.18%,科技研发服务占0.57%,节能环保占1.85%。目前,上海电气"现代服务业"已经成为集团四大核心业务板块之一,其中包括电站工程、电站服务、输配电工程、金融财务、国际贸易、电梯改造、保险经纪和金融租赁等成长性良好的服务类业务。截至2014年年底,现代服务业实现营业收入181.4亿元,占集团总收入的23.62%。

6. 服务化驱动因素分析结论

基于对5家样本企业的服务化驱动因素分析,本研究提出以下命题。

命题1:制造企业服务化有三种驱动因素:竞争环境、行业特征、企业资源和能力。

命题2:竞争环境的转变是制造企业服务化的外部压力,普遍表现为竞争激烈、利润下滑、增长乏力。

命题3:具有高技术密集、高资本密集特点,处于产业生命周期成熟阶段是制造企业服务化的行业特征。

命题4:市场规模、品牌效应、技术优势、管理能力和资本运作是制造企业服务化需要具备的资源和能力。

命题4a:美国大型制造企业的服务化是市场竞争和企业自主选择的结果。

命题4b:中国制造企业的服务化具有明显的政策驱动性。

与GE、IBM这两家美国制造企业相比,宝钢、上汽、上海电气三家中国制造企业均受到国家和上海市政府相关政策的导向影响，即中国制造企业服务化具有明显的政策驱动性。近 10 年来，国务院和上海市政策分别出台了多项鼓励服务业和生产性服务业发展的政策（详见 5.9），宝钢作为央企，上汽和上海电气作为上海市国有企业，均积极响应和落实了政策内容。

表 5.9　　关于加快发展生产性服务业的部分政策列举

颁布时间	出台部门	政策、措施	情况说明、实施效果
2007 年	国务院	《关于加快发展服务业的若干意见》（简称《意见》）	《意见》共 10 条。提出的目标为到 2020 年，基本实现经济结构向以服务经济为主的转变，服务业增加值占国内生产总值的比重超过 50%
2014 年	国务院	《国务院关于加快发展生产性服务业促进产业结构调整升级的指导意见》（简称《指导意见》）	包括“总体要求、发展导向、主要任务、政策措施”四部分。《指导意见》强调，要以产业转型升级需求为导向，引导企业进一步打破“大而全”“小而全”的格局，分离和外包非核心业务，向价值链高端延伸，促进我国产业逐步由生产制造型向生产服务型转变
2015 年	上海市经信委、发改委联合制定	《上海市人民政府关于贯彻〈国务院关于加快发展生产性服务业促进产业结构调整升级的指导意见〉的实施意见》	落实国务院相关政策
2015 年	上海市经信委	上海市产业转型升级发展——生产性服务业专项资金	专项资金支持电子商务“双推”工程 13 家平台企业累计新发展中小企业客户达 1 646 家，支持“双总”工程项目 11 个，支持生产性服务业功能区项目 5 个
2015 年	上海市经信委	《关于促进本市生产性服务业功能区发展的指导意见》	以“三规合一，建管并举”为总体指导思想，扎实推进生产性服务业功能区提升发展。本市生产性服务业功能区每平方公里产出已达到 317.2 亿元，充分体现了产业集聚效应
2018 年	上海市经信委、财政局	《上海市生产性服务业和服务型制造发展专项支持实施细则》	支持标准：无偿资助支持额度不超过该项目经核定的合同金额/投资金额的 30%。单个重点项目资助金额不超过 500 万元；一般项目资助金额不超过 300 万元

资料来源：根据国务院、上海市政府网站、上海生产性服务业促进会网站资料汇总。

5.5.2 服务化路径

制造企业服务化路径的涵盖性比较广,这点从“服务化路径研究综述”部分可见一斑。为了将制造企业服务化路径诠释清楚,本研究将从案例企业的服务化历程、服务化类型和演化路径、服务化实现方式三个方面进行案例剖析。为了既突出重点,又能详尽和深入,本研究首先总结制造企业服务化路径;其次细致分析 5 家案例企业服务化路径;最后通过案例分析得出服务化路径。

表 5.10　　案例企业服务化路径典型用语举例及编码结果

构 念		服务化路径		
测度变量		基础活动服务化路径	辅助活动服务化路径	基于价值链集成的服务化路径
典型引用语举例	GE	早在 1896 年成立之初,GE 就制造了 X 射线的医疗设备,从而进入医疗设备和服务系统	GE 在 1905 年进入金融服务领域;1919 年 GE 广播开始,逐渐进入媒体业务;1933 年 GE 又开发了消费者金融业务	20 世纪 80 年代后期通用电气公司开始在整个公司推行从以产品为中心到以服务为导向的转型,提供金融、信息和产品等方面的增值服务和服务导向的解决方案
	IBM	IBM 从传统的计算机制造商转型为世界级的 IT 服务商。2004 年将 PC 业务出售给联想	2002 年出价 35 亿美元收购普华永道旗下的咨询公司,并将其与 IBM 的商业创新服务部合并组建成全新的商业咨询服务公司	自 1993 年起,郭士纳力推改革,将 IBM 从全球最大的电脑制造公司转变为全球最大的信息技术和业务解决方案公司
	宝钢	宝钢能够提供从原材料到售后的每一个基础活动的环节的服务	在“主辅分离”和“多元化”战略下,原规模化服务事业部独立为子公司	宝钢能够提供住宅钢结构一体化整体服务
	上汽	主要有汽车进出口、汽车物流、汽车维修、二手车等服务业务	主要包括汽车金融板块、汽车信息服务、汽车俱乐部和安悦 e 生活等服务内容	基于顾客出行需求和汽车全生命周期的一体化服务
	上海电气	基础机械产品制造部门的服务化。产品的售后服务。相关机械的技术突破和方案解决	金融业务范围涵盖了结算、存贷款、外汇风险管理、财务顾问、资产管理、融资租赁和保险经纪等	综合自动化项目,发展 EPC(工程总承包项目)。完善交钥匙工程
来源		F1、F2、S1、S2	F1、F2、F3、S2、S4	F1、F2、S1、S3
关键词		上游服务、下游服务、产业链延伸服务等	专业服务、增值服务、职能服务等	综合方案提供商、一体化解决方案、集成服务等

从制造企业服务化的历程看，可以划分为“制造时代”“服务时代”和“后服务时代”。通过对比发现，GE 和 IBM 分别在 20 世纪 80 年代末和 90 年代制定并成功实施从制造向服务转型的战略，两家公司基本上用了 10 年时间实现从制造向服务的战略转变，又用了 10 年时间大力发展服务业务，共计用了 20 年时间完成服务化历程，即至 2010 年两家公司基本完成了服务化历程。得益于国际产业梯队转移，20 世纪 80 年代后，中国制造业，尤其是重工业获得飞速发展，其中宝钢、上汽和上海电气在改革开放之后迅速崛起，成为国内行业“领头羊”，直至 2010 年，这可以称为中国大型制造企业的“制造时代”。虽然中国大型制造企业的服务业务由来已久，但直到 2010 前后，才将发展服务业务提升到企业战略的高度。从 3 家公司所处服务化阶段看，目前仍然属于从制造向服务转型历程的早中期，预计实现战略转型仍需 5 年时间，大力发展服务业仍需 10 年时间。因此，预计至 2020 年，3 家案例企业基本实现从制造向服务转型；至 2030 年完成服务化历程。从时间上看，中国制造企业的服务化历程比美国晚了 20 年，很好地印证了“国际产业梯队转移”理论，20 世纪 80 年代末和 90 年代初美国开始了制造业转移和服务化历程，2010 年前后完成服务化，同时步入“后服务时代”；中国在改革开放之后开始承接发达国家制造业转移，2010 年工业化进入后期阶段，上海已经进入后工业化阶段，上海大型制造企业纷纷将制造业务转移到欠发达区域，大力发展服务化，步入服务化阶段。可见中国大型制造企业的服务化历程与美国大型制造企业有 20 年的差距，美国制造企业已经步入“后服务时代”(GE 以“工业互联网”战略重新回归制造业，IBM 已经进入“认知时代”)，中国制造企业刚刚步入“服务时代”。

从制造企业服务化演化路径看，本研究根据迈克尔·波特的价值链分析框架，将制造企业服务化路径分为“辅助活动服务化”“基础活动服务化”和“价值链集成服务化”三种类型。辅助活动服务化是指基于辅助活动的服务化业务大多基于公司内部职能部门演化而来，最初只是为公司内部提供某项职能服务,随着公司规模的扩大,该类职能部门的业务量逐渐提升,专业能力也随之提升,具备了服务公司之外客户的能力,从而可以从职能部门转变为独立的子公司,成为集团公司的一个业务公司,为公司和其他客户提供专业服务。例如,GE的金融、IBM的"GF全球金融"、宝钢的金融、上汽的"汽车金融"、上海电气的金融等。基础活动服务化即制造业在基础价值活动服务化的模式下,实物产品从研发到售后的整个生命周期中衍生出多种服务业务,即通过产业链条的延长,制造业的实物产品基于"用户导向"产生出新的服务需求,通过这些需求不断拓展服务业领域并向制造业渗透。由此,通过分析产品的特点,挖掘产品的价值链,找出新的生产性服务需求,从而找到新的利润增长点,另外通过实现这些新的生产性服务需求,也能在一定程度上增强产品的市场地位和竞争力。例如GE由飞机发动机、医疗器械等延伸的设备服务和业务服务,IBM提供的IT基础设施建设服务和业务流程服务,宝钢基于钢铁制造衍生的资源开发、贸易、物流等服务。整个价值链的集成服务化是大型制造企业服务化的高级阶段,是集成服务化。此时,公司的真正核心竞争力将是服务能力。企业重在发掘客户的潜在需求,并利用强大的服务体系帮助客户解决盘根错节、复杂艰巨的问题,最后交付给客户"一揽子""一站式"的解决方案和实施成果,为客户创造更多价值。例如,GE能源基础设施综合解决方案、IBM的系统和技术综合解决方案、宝钢的工程技术服务方案、上海电气的"交钥匙"工程等。对比案例以GE、IBM为代表的美国大型制造企业以提供"整个价值链的集成服务化"为主,而以宝钢、上汽和上海电气为代表的中国大型制造企业则以提供"辅助活动服务化"和"基础活动服务化"为主,但从三类服务化类型的演化路径看,遵循着"基础活动服务化→辅助活动服务化→价值链集成服务化"的规律。

从制造企业服务化的实现方式看,可分为"内生性"和"外生性"两种方式。"内生性"服务化是指制造企业主要通过企业内部自有资源、技术和人才来逐步培养和发展业务。"外生性"服务化是指制造企业主要通过兼并、收购、联合等外部资源推动服务业务的发展。例如,宝钢、上汽和上海电气为代表的中国大型制造企业主要通过“内生性”方式实现服务化业务发展。以宝钢为例，宝钢的服务事业部门自发成长壮大，为之后服务事业部独立运营打下了坚实基础。从 1995 年开始，宝钢开始追随国内出现的“主辅分离”和“多元化”热潮，实施“一业为主，多业并举”战略。在将宝钢发展、宝钢贸易、宝钢财务发展壮大的同时，宝钢将企业价值链中的优势服务部门独立出来，成立了众多子公司，如上海宝钢软件有限公司（宝信软件前身）、宝钢设备检测公司、上海检修公司（宝钢设备检修有限公司前身）等。形成了实业、金融、贸易三大产业为主，涉足信息、设备制造、建筑、运输、化工、钢材深加工、房地产、宾馆旅游服务等产业的多元产业格局。以 GE 和 IBM 为代表的美国大型制造企业服务化主要通过“外生性”的兼并、收购、剥离等方式实现。杰克·韦尔奇注重 GE 的资本运作和规模扩张，他通过“外部发展模式”，即大规模并购和转让，重组 GE 的业务组合，使其向服务业转型。甚至 GE 的一位管理者认为 GE 的主营业务“好像是买卖公司”。在 20 世纪 90 年代 GE 完成了 400 多项收购，2001 年达成了 27 项收购，总资产额达 420 亿美元。以 GE 医疗从医疗装备到医疗服务转型为例，GE 以 100 亿美元收购了 Amersham 公司，从而将医疗系统集团的业务扩展到诊断医学和生命科学领域。Amersham 加入后使 GE 的医疗健康业务在 2005 年实现了 150 亿美元销售收入，比 1996 年的 40 亿美元有显著增长。GE 在优秀领导团队的支持下，在诊断成像、服务和医疗信息技术领域均保持领先地位，并在客户中享有极高声誉。与 GE 类似，IBM 通过逐渐剥离和出售制造业务，同时通过一系列的并购实现了从以硬件业务为主向软件业务及信息服务提供商的成功转型。通过对比发现：美国大型制造企业服务化主要通过“外生性”方式实现，中国大型制造企业服务化主要通过“内生性”方式实现。

1. GE 服务化路径

从 1878 年爱迪生成立照明公司开始算起，GE 的发展横跨了 3 个世纪，有 140 多年的历史。如果以发展方式划分 GE 的发展历程，大致可以分为“GE 的创建时代”“实验室推动时代”“多元化扩张和向服务转型时代”“工业互联网时代”四个历史阶段。GE的发展历程可以称得上现代企业百科全书,20世纪80年代之前,GE是靠技术创新驱动的制造时代;20世纪80年代至2010年间,GE是靠资本和能力驱动的服务时代;2010年后,GE进入后服务时代。

一般情况下企业从诞生到成长,业务组合会经历专业化生产阶段、纵向一体化阶段、相关多元化阶段;最后,再到非相关多元化阶段。有别于一般企业,GE自诞生时就带有多元业务的DNA,可以说GE是一个天生多元化的企业。国内有不少人把GE看作实现从制造业向服务业转型的成功典范,笔者认为GE向服务业方向发展只是企业成长过程中的一个阶段,是企业发展的自然和自觉行为。

(1)GE从制造向服务的战略变革

实际上,早在1896年成立之初,GE就制造了X射线的医疗设备,从而为其进入医疗设备和服务系统打下基础;1905年进入金融服务领域;1919年GE广播开始,逐渐进入媒体业务;1933年开发了消费者金融业务;1974年发展了保险业务。2002年保险业务营业额达到了233亿美元,但由于业绩连续下滑,2005年GE出售了该项业务。与保险业务类似,在金融危机之前,GE金融的收入、资产、利润和负债规模均超过了产业板块,在GE集团中占据主要地位。但2008年美国次贷危机之后,美国政府加强了对“非银行系统的重要金融机构”的监管,GE金融无法再开展高杠杆业务,并因之前过多参与次贷业务,亏损非常严重,成为GE集团的沉重负担。GE集团为了可持续健康发展,必须出售剥离GE金融,但因其业务过于庞大,市场上没有金融机构能够接盘。在此情况下,GE金融将业务逐步分解,通过几年的努力,已经出售了零售金融、信用卡、房地产金融等业务。①

---

① 金梅:“通用电气:盛世之花何以结出颓势之果?”[EB/OL]. http://baijiahao.baidu.com/s?id=1602946211013701277&wfr=spider&for=pc.

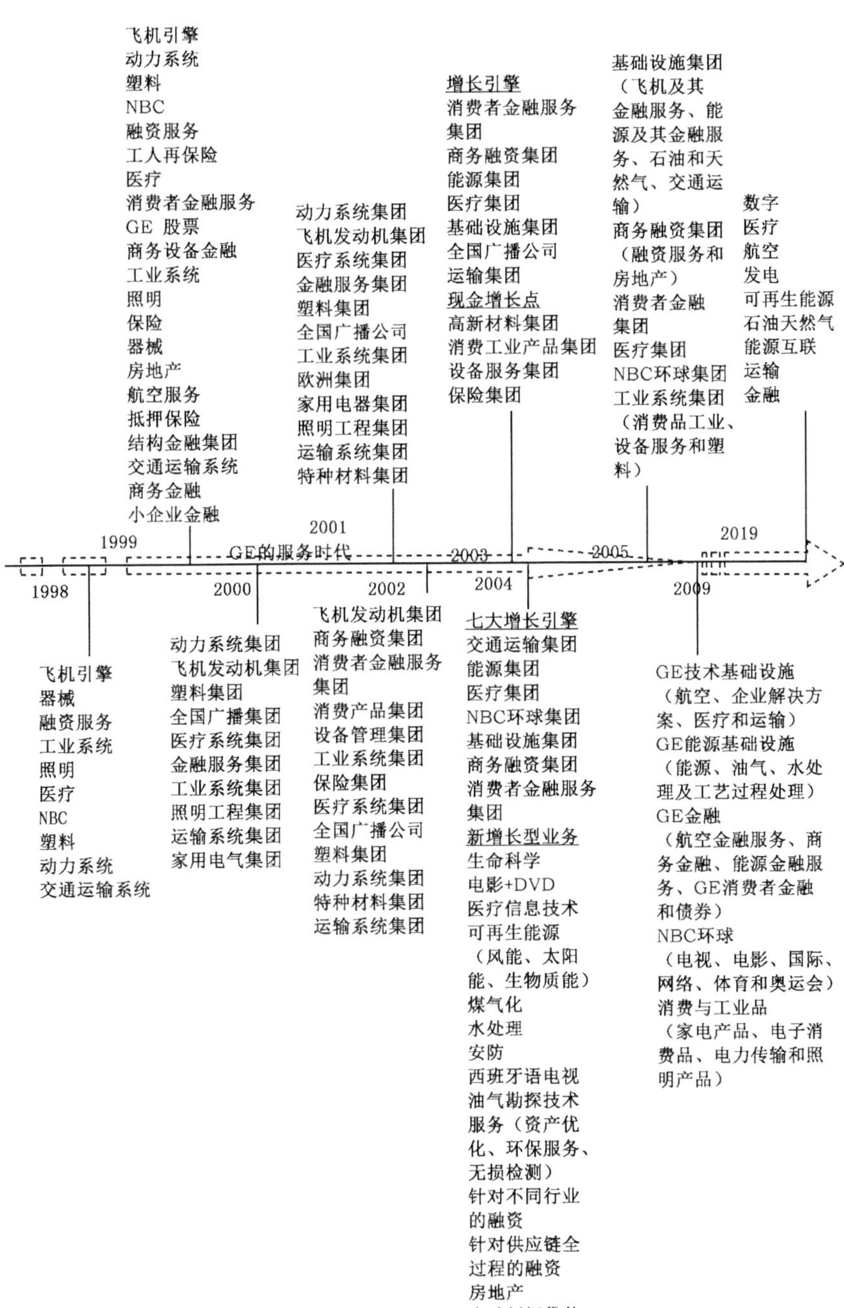

图 5.2　GE 近 30 年的业务发展

综上,GE多元化业务本身已经包含了数字、医疗、航空、能源、媒体等业务,并且这些业务在GE的帝国里由小到大,由弱到强,其中有成功也有失败,不断探索前进。从韦尔奇接任GE开始,就开始了一条多元化扩张道路,并且通过大规模并购高调进入服务业,向服务业转型。

战略变革——"我们对下个世纪GE的定位是一家全球性的服务公司,同时出售高品质的产品"。针对不断增多的挑战,20世纪80年代后期GE开始在整个公司推行从以产品为中心到以服务为导向的转型,提供金融、信息和产品等方面的增值服务和服务导向的解决方案。1964年,杰克·韦尔奇说:"我们对下个世纪GE的定位是一家全球性的服务公司,同时出售高品质的产品。"这表明GE的战略方向已经从制造产品向提供服务转型。制造企业向服务转型就意味着要重新思考怎样为客户创造价值,并引发变革,是从"卖产品"到"卖服务"的变革,也是一场盈利模式从"短线"(一次性销售收益)到"长线"(贯穿整个产品生命周期且长期而持续的服务式赢利模式)的变革。并且这场变革将是一场顾客关系从"片面了解"到"全面了解",从"有限互动"到"充分沟通"的过程。企业不仅需要在产品的价格、功能和质量上下功夫,还必须提高服务的质量和创新性,才能在新的竞争环境中脱颖而出。成功转型的企业将能更好地体现差异化竞争,创造利润并锁定顾客。例如,"按小时支付"的商业模式是GE电气飞机发动机公司(GEAE)开发的,客户不再根据发动机本身付款,而是根据对发动机的实际使用情况来付款,它减小了客户必须在前期购买发动机的压力。而GEAE还对那些愿意自己持有发动机的客户提供了"零部件"保险,保证在24小时内将更换的部件交付给任何一个机场。如此一来,GEAE获得了大量发动机服务合同,完成了盈利模式从产品销售的一次性收益到产品生命周期长期收益的转变,为客户创造了真正的价值,从而进一步巩固了其在客户价值链中的地位。

(2)后服务化时代——工业互联网+数字工业时代

2012年以来,GE围绕工业互联网推进业务变革,迎接数字工业时代的到来。首先,提升工业领域的软件服务能力。GE在硅谷投资建立了自己的数据中心，为企业提供庞大的数据服务支持。2013年GE注资云服务和大数据服务公司Pivotal，为工业化产品和服务提供数据服务。2014年5月，GE收购了加拿大的网络安全公司Wurldtech，它的网络安全相关服务既适用于炼油厂、输电网等复杂环境，也可应用于医疗器械、智能电表等单一设备。其次，通过大量并购弥补能源电力业务的短板。GE工业领域有史以来规模最大的一次并购是在2014年6月，以123.5亿欧元收购了法国阿尔斯通的能源和输电业务。另外，两者还将组建各占50%股份的合资公司，来管理阿尔斯通未出售的电力设备资产。GE输变电业务的短板在并购中得到弥补，使得GE可以在此基础上加强能源管理系统的构建，优化能源系统设计。再次，加强医疗领域互联网融合。近年来，GE不断推进工业互联网在医疗资源共享、预防性维护及资产优化等领域的应用。2014年1月，GE收购了医疗人力资源管理软件及分析解决方案提供商API Healthcare公司，希望能够加强人员管理和患者的相互衔接。GE进行手术室内各种手术流程中的决策和管理，通过软件、实时数据和强大的分析能力来提升治疗效果，不断推进医疗工业互联网生态系统的建立和医疗信息化进程。

(3)GE转型的实现方式——收购＋转让

业务重组——剥离一些传统制造业务，依托制造优势向服务环节延伸，增加新的增长类业务。自1998年以来，GE对其业务组合进行了多次大范围的调整，其中金融类业务是调整最频繁的业务，幸运的是GE在2003年就出售了一些保险类业务，从而减少其在2008年全球金融危机中的损失，尽管如此，2009年GE的金融业务收入比2008年降低了24%，利润同比降低了73%，是5大业务中降幅最大的一个。另外，还可以较为清晰地看出，GE把未来的业务重点放在了依托技术的服务上，以及新能源、环保和媒体业务上。GE在"实验室推动时代"，凭借强大的科技和人才优势，遵循的是"内部发展模式"。但韦尔奇异常注重GE的资本运作和规模扩张，他通过"外部发展模式"，即大规模的并购和转让重组GE的业务组合，使其向服务业转型。在20世纪90年代GE完成了400

多项收购。自2007年伊始,GE已经宣布了近150亿美元的工业并购项目。这其中包括了雅培集团的医疗诊断业务(81亿美元)、史密斯(Smiths)集团的航空业务(48亿美元)以及ABB的油气业务(19亿美元)。上述并购加强了GE在医疗、航天、以及油气方面的优势。

GE在"数字工业和布局工业互联网"战略上,选择了"断臂金融"。[①]在此之前,GE拥有一个规模庞大的金融集团,其产融结合的商业模式也一贯被奉为典范。数据显示,GE在2014年金融总资产高达5 000亿美元,其中金融业务为GE贡献了高达42%的利润。贷款租赁、金融信用卡及车队租赁和管理业务资产等在GE的金融资产出售名单中,出售总价值约为2 000亿美元。GE一方面在"去多元化",加快剥离金融等非核心业务,另一方面在加紧工业互联网的投资步伐。2013年10月,GE斥资33.83亿元入股中国西电,持股15%。GE入股西电被人们认为是弥补自身设备的短板,同时也为全球输配电市场爆发而做准备;2014年6月,GE击败了西门子与三菱重工组成的联营体,成功收购法国阿尔斯通能源部门,这是GE历史上规模最大的一次工业收购。

2. IBM服务化路径

如果我们以IBM的主打产品或主营业务来划分其近百年的发展历程,大致可以划分为制表机时代、打孔机时代、大中型计算机时代、System 360软件时代、微型计算机时代、软件和服务时代、认知时代,共计七个时代(见图5.3)。与GE一样,IBM也是一家具有悠久历史的伟大公司,我们亦可将其划分为三个阶段:1911~1990年是IBM依托技术驱动的制造时代,1991~2016年是依托技术和资本驱动的服务时代、2016年以后步入后服务时代——认知时代。

(1)IBM从制造向软件和服务转型

自1993年起,郭士纳力推改革,将IBM从一家全球最大的电脑制造公司,转变为全球最大的信息技术和业务解决方案公司。经过十几年的

---

① 黎媛. GE的战略转型:断臂金融[EB/OL]. http://blog.sina.com.cn/s/blog_695557320102vyul.html.

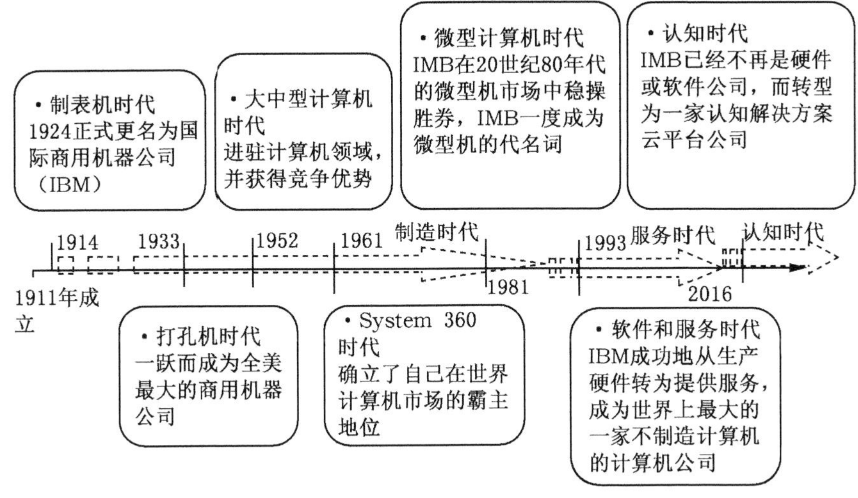

图 5.3 IBM 的发展历程

战略转型，IBM 现在的业务集中在认知解决方案（cognitive solutions）、全球商务服务（global business services）、技术服务和云平台（technology services & cloud platforms）、系统（systems）、全球金融（global financing）等。①

(2)IBM 的后服务时代——认知时代

2016 年，IBM 现任掌门人罗睿兰发表了主题演讲——“未来是认知的，而我们正朝着一个认知的物联网前进”②。她强调了人与人之间的区别就在于对数据的理解不同，这就是认知时代，这既是一个商业时代，也是一个技术时代。目前，80%的数据是不可见的，但是这种情况正在发生变化。随着物联网的快速发展，每种新应用都将带来更多数据，沃森(Watson)将可以持续从中学习并提供解决方案，从而变得更加智能。进入认知时代，意味着当数字智能遇见数字商业时的新发现。IBM 的数据

① 2018 年 IBM 年报[R]。

② 尹轶男. CES2016 认知时代来了：预示 IBM 战略转型的三个案例[EB/OL]。http://mt.sohu.com/20160110/n434018245.shtml.

分析能力也为第三个计算时代——认知计算——奠定了基础。这是继制表计算、编程计算后的第三个计算时代,是引领大数据时代全新的计算模式,IBM的超级计算机沃森,正是认知计算模式的杰出代表。

(3)转型的实现方式——收购软件和服务型的公司+出售制造业务

在一个多世纪的发展中,IBM不断引导着IT业的前进,在实现自身业务突破的同时,也成就了许多兼并收购的成功案例。也正是这一系列并购,让IBM从一家传统的计算机制造商转型为一家世界级的IT服务商,使这个蓝色巨人在近百年的时间里一直保持充沛的活力和强劲的生命力。比如,1995年其以35亿美元的价格并购了莲花(Lotus)公司,成为当时软件行业史上最大的并购事件。2001年其以10亿美元的现金收购了Informix公司的数据库资产。2002年其出价35亿美元收购普华永道旗下的咨询公司,并将其与IBM的商业创新服务部合并组建成全新的商业咨询服务公司,包括3万多名IBM雇员和3万名原普华永道咨询公司的雇员,在世界160多个国家和地区开展业务,成为世界最大的咨询服务企业。自1995年以来所实施的一系列收购给予IBM在多个平台及整个IT环境中进行整合开发的最广泛支持。事实上,正是这一系列大大小小的收购使IBM实现了从以传统的硬件业务向新兴的软件业务及信息服务提供商的成功转型。

IBM在大手笔地并购扩张的同时,还根据市场需求的变化结合自身战略调整的需要,适时剥离了大量非核心业务。比如,1990年出售了其传统的打字机和键盘业务。2004年IBM和中国联想公司在历经13个月的艰苦谈判之后签署了一项重要协议,根据协议,IBM将旗下的PC业务部门出售给中国联想公司,其中包括IBM在全球范围的笔记本、台式机业务及Think系列品牌。剥离PC业务给IBM带来的实际收益是17.5亿美元。

3. 宝钢服务化路径

(1)宝钢的服务化历程和实现方式

1979~1992年,宝钢在第一期工程建设中,不论是生产设备、生产技术还是管理经验，大多从国外引进，其中绝大多数是从日本新日铁引进。最初为节约成本，某些支持性服务（如职工食堂和班车）采用了外包形式。1986 年宝钢服务初现雏形，成立了宝钢发展总公司为公司提供基础服务，成立了宝钢集团国际经济贸易总公司负责钢材贸易；1992 年，宝钢财务公司经中国人民银行批准正式成立。

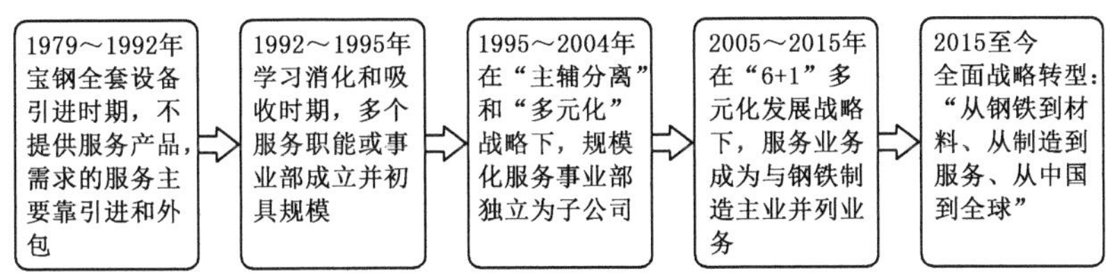

图 5.4　宝钢服务化发展历程

制造企业向服务转型的过程是渐进的，实现方式是“内生性”的。从 1995 年开始，宝钢开始追随国内出现的“主辅分离”和“多元化”热潮，实施“一业为主，多业并举”战略。在将宝钢发展、宝钢贸易、宝钢财务发展壮大的同时，宝钢将企业价值链中的优势服务部门（见图 5.5）独立出来，成立了众多子公司，如上海宝钢软件有限公司（宝信软件前身）、宝钢设备检测公司、上海检修公司（宝钢设备检修有限公司前身）等。形成了实业、金融、贸易三大产业为主，涉足信息、设备制造、建筑、运输、化工、钢材深加工、房地产、宾馆旅游服务等产业的多元产业格局。

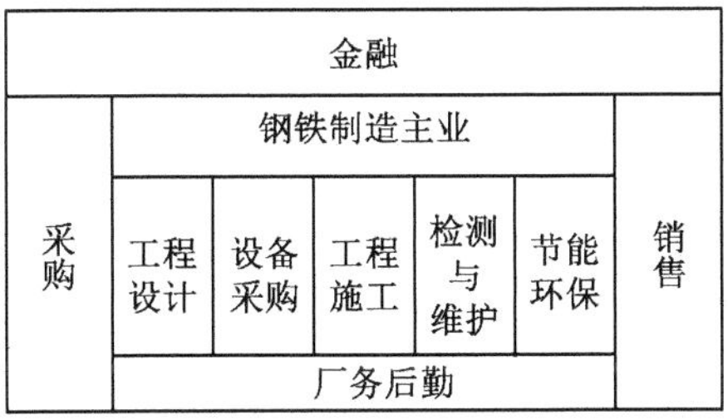

金融
钢铁制造主业
采购
工程设计
设备采购
工程施工
检测与维护
节能环保
销售
厂务后勤

图 5.5　宝钢优势服务部门的独立

2000年自筹资三期工程完工,宝钢开始通过合并重组扩大自己的生产规模。旗下的服务性子公司在立足宝钢的基础上,也开始推行并购重组,在扩大规模的同时也拓宽了服务的业务范围(见图5.6)。将业务领域衍生至:铁矿石、煤矿、有色金属贸易投资;为冶金、环保、市政、交通等领域提供工程技术服务;为其他企业提供信托、投资咨询等金融业务。

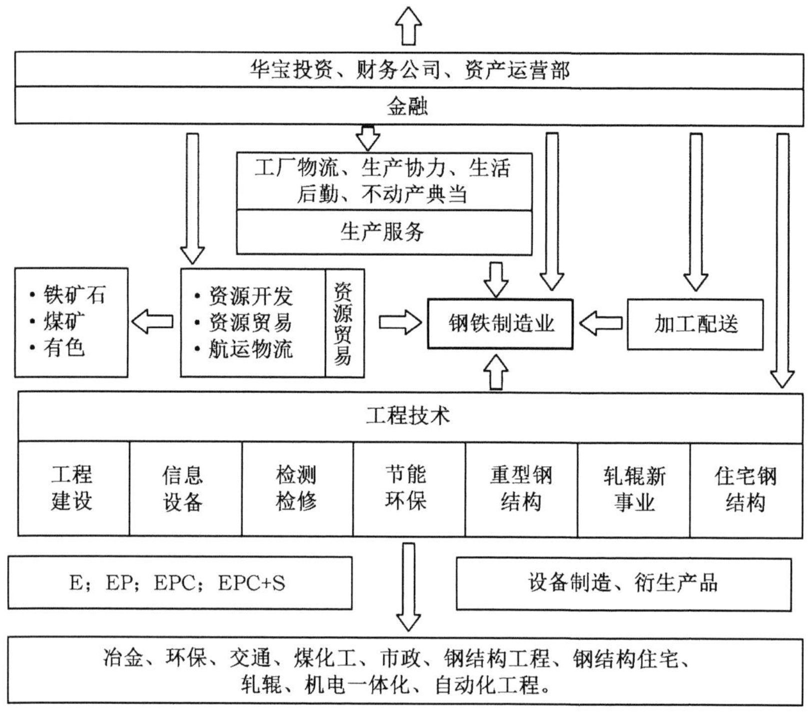

图5.6 宝钢围绕钢铁主业延伸的业务

2005～2015年,宝钢开始整合收缩涉足的各个产业,实施“一业特强,适度相关多元”战略,形成“6+1”的产业格局。包括钢铁制造主业和六大多元产业板块:资源开发贸易业、钢材延伸加工业、工程技术服务业、煤化工、再生资源利用和生产服务业、金融投资业。服务性子公司被归整到资源开发业、工程技术服务业、生产服务业、金融投资业几大板块中。

2015年至今,宝钢面向新时代,新布局为“从制造到服务”转型。现在，大多数宝钢用户买到的除了钢铁，还有宝钢提供的充满人性化、集合了宝钢人智慧的真诚服务和管理理念。其实，来源于企业发展的内生动力和对未来市场的构想，宝钢早在 20 多年前就开始了“向服务转型”的探索。特别是如今，钢铁工业的环境从高速增长走向增速下降、产能过剩、微利经营，宝钢正在“从制造到服务”的战略转型之路上不断探索前行，积极布局。

(2)宝钢服务化的路径

制造企业从聚焦产品的初始阶段出发，可以选择两条转型路径：①基本活动服务化，提供基于产品的增值服务，从总体上提升客户的产品拥有体验。目前，宝钢在每一个基础活动的环节都有增值服务提供(详见图 5.7)。②辅助活动服务化，提供脱离产品的专业服务，利用企业在研发、供应链、销售等运营能力上的优势，为其他企业提供专业服务。辅助活动服务化实现方式主要是宝钢之前的服务事业部门独立成子公司，不仅为宝钢集团内部提供服务，还为市场上其他的公司提供服务。比如，宝信软件公司有一半业务收入来源于服务宝钢集团内部，还有一半来源于为其他钢铁企业(如沙钢等)和跨境 IT 服务外包。之前作为职能服务部门的“成本中心”通过组建独立事业部或子公司转变为“利润中心”，华丽转身

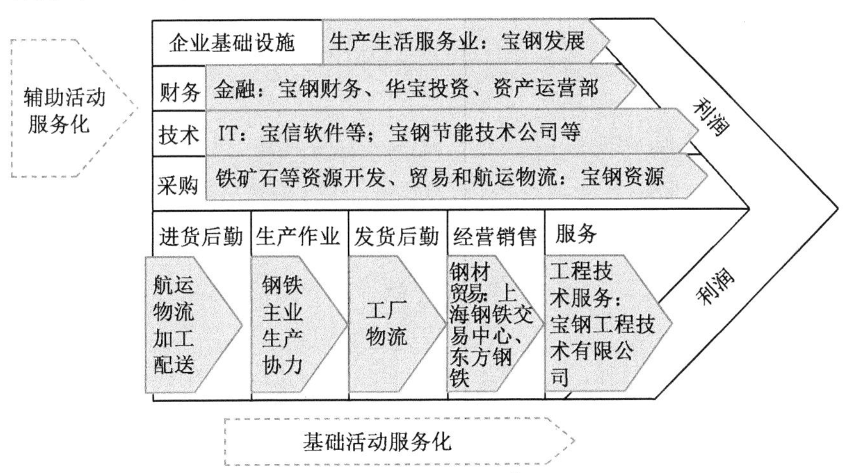

图 5.7 宝钢的服务化路径和类型

主要归功于其服务事业的本身优势、企业战略及成功的组织结构调整。

而宝钢的这条服务化之路也经历了一个艰难而漫长的历程。“主辅分离”“一业为主,多业并举”“一业特强,适度相关多元化”“6+1”“从制造到服务”,企业战略的调整使得宝钢服务经历了业务单位急速扩张到归类的过程。宝钢服务业务部门从母公司中成功独立出来,在之后的发展过程中,各个子公司又通过重组并购不断扩大自己的业务范围。而2004年的“6+1战略”使繁杂的众多子公司被整合到各大板块中,便于公司管理。2015年宝钢进一步提升服务的战略地位,明确提出“从制造到服务”转型。

4. 上汽服务化路径

(1)上汽的服务化历程和实现方式

上汽集团是中国汽车行业的龙头企业,基于汽车制造的服务业务也是由来已久。1985年上汽集团成立了上汽进出口公司,涉足汽车贸易服务业。1990年上汽集团成立上海汽车销售有限公司,经过30年左右的发展,立足上海,辐射全国,围绕新车销售、旧车收售、用车服务的整个汽车消费周期,提供全方位汽车服务。上海汽车销售公司的发展历程见图5.8。2000年8月,上汽成立上汽安吉物流公司,上汽集团服务业务进入产业化发展的阶段。目前,安吉物流是国内最大、国际领先的第三方汽车物流服务公司。2003年为了刺激国内汽车市场的发展,新的《汽车贷款管理办法》(以下简称《办法》)由中国人民银行发布。《办法》允许外资进入中国的汽车金融市场领域,以此为契机,上汽集团与美国通用汽车集团合资成立了中国第一家汽车金融公司——上汽通用汽车金融公司。另外,在汽车使用服务方面,上汽也起步较早,业务种类比较齐全,包括为用户提供包括售后服务、二手车服务、汽车租赁、汽车用品与快修快保业务等。

上汽集团拥有整车、零部件、服务贸易、汽车金融四大核心业务,其中服务贸易和汽车金融是上汽集团的主要服务业务。服务贸易板块以“安吉”和“安悦”为主打品牌,形成了全方位、多元化的产业覆盖,包括汽车服

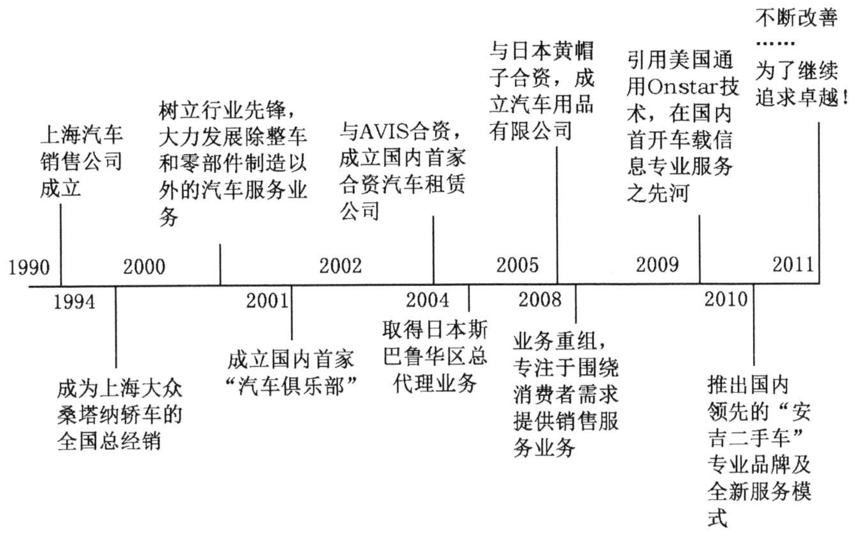

图 5.8　上海汽车销售公司的发展历程

务贸易业务领域中的近 20 个类别、6 大业务板块。汽车金融板块主要包括了汽车金融、公司金融和股权投资三类金融业务，业务主体公司有上海汽车集团财务有限责任公司及其下属的上汽通用汽车金融有限责任公司、上海汽车集团股权投资有限公司及其下属的上海汽车创业投资有限公司。

目前，上汽集团拥有上汽销售公司、上汽开发公司、上汽汽车进出口公司、上汽信息公司、上汽零部件采购中心、上汽资产经营公司、上海国际汽车城发展公司、上汽北京分公司等 10 家汽车服务业务的公司。上汽的汽车服务业形成了汽车物流、贸易、零售、金融、租赁、信息、汽车房产等业务(详见表 5.11)，但与世界一流汽车企业相比，上汽集团的汽车服务业仍然处于起步阶段。

表 5.11　　上汽集团汽车服务业分布情况

品牌/业务	服务业务	主体公司/品牌
AnJi安吉	汽车销售	上海安吉汽车销售有限公司、上海上汽安吉汽车销售服务有限公司、上海名流汽车销售有限公司、上海安吉斯巴鲁汽车销售服务有限公司、上海腾众汽车销售服务有限公司等
	二手车	安吉二手车、诚新二手车
	融资租赁	安吉融资租赁有限公司
	汽车租赁	安吉汽车租赁有限公司是由上海汽车工业销售有限公司(SAISC)和国际著名跨国汽车租赁公司 AVIS 各出资 50%组建而成的中国首家汽车租赁合作公司
	汽车用品	上海安吉黄帽子汽车用品有限公司由上汽集团旗下上海汽车工业销售有限公司与日本知名汽车用品品牌"YellowHat"强强联手共同组建
	信息服务	上海安吉星信息服务有限公司("安吉星")是通用汽车、上海汽车集团股份有限公司和上海通用汽车于 2009 年 10 月 28 日正式新建立的合资公司
	汽车俱乐部	上海安吉汽车俱乐部有限公司，由上海汽车工业销售有限公司发起设立，是国内首批汽车俱乐部之一
	汽车维修	安吉 A 车站是国内首家集网络销售和快修快保连锁门店、综合维修站于一体的专业汽车养护、维修服务平台，依托上汽集团强大的专业行业背景，为广大车主提供优质便捷、物有所值的汽车售后服务
AnYo安悦	汽车国际贸易	安悦・SACO：上海汽车进出口公司，从事汽车工业设备、零部件等的进出口业务
	节能服务	安悦节能：上海安悦节能技术有限公司，提供综合节能减排服务的专业公司
	商贸生活服务	安悦 e 生活：上汽活动中心"十二五"期间重点打造的集企业团购、员工福利、客户积分于一体的生活服务平台
	汽车信息服务	上海汽车信息产业投资有限公司(SAIS)，由上海汽车工业(集团)总公司与上海汽车股份有限公司于 2000 年共同组建，是一家投身汽车工业的信息技术和服务公司
汽车金融板块	汽车金融	上汽通用汽车金融有限公司：为经销商及汽车消费终端客户提供融资服务
	公司金融	上汽集团财务有限公司：主要是在监管机构允许范围内为上汽集团成员企业提供资金存贷、结算、票据、外汇及各类代理服务
	股权投资	上海汽车集团股权投资有限公司：股权投资业务涵盖汽车产业链早期项目的投资、汽车产业链上下游的中长期股权投资、汽车产业以外的中短期投资及其他以财务收益为目标的短期投资等

从上汽服务化业务的实现方式看，有自主设立子公司的"内生性"方

式，也有通过与外资企业和品牌合资设立的“外生性”方式。其中，上汽通用汽车金融公司、上海安吉星信息服务有限公司、上海安吉黄帽子汽车用品有限公司、安吉汽车租赁有限公司等均是与外资公司合资成立的公司。

(2)上汽服务化的路径

用价值链模型同样可以将上汽的服务化路径划分为“辅助活动服务化”和“基础活动服务化”两种路径(详见图 5.9)。“辅助活动服务化”主要包括汽车金融板块、汽车信息服务、汽车俱乐部和安悦 e 生活等服务内容。“基础活动服务化”主要有包括汽车进出口、汽车物流、汽车维修、二手车等服务业务。

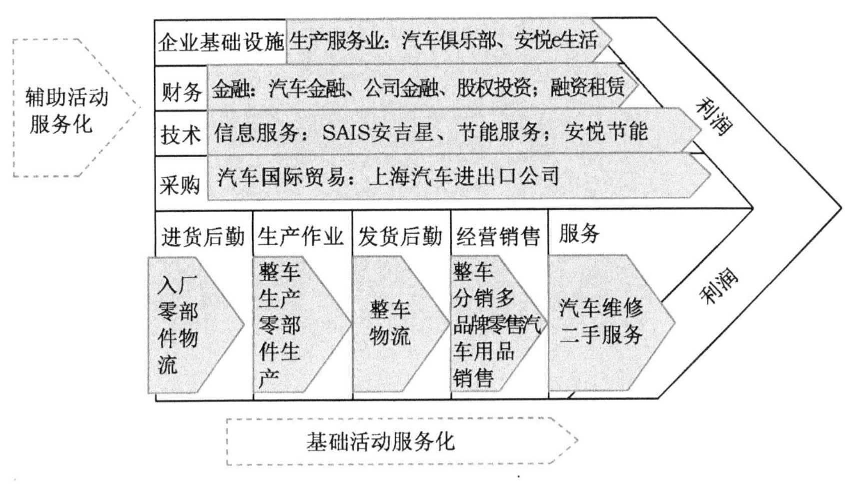

图 5.9　上汽的服务化路径和类型

5. 上海电气服务化路径

(1)上海电气的服务化历程和实现方式

上海电气早在 20 世纪 90 年代就已经开始了服务化的探索，经过多年的改革发展，上海电气的四大重点发展领域确定为高效清洁能源、新能源、工业装备和现代服务业。同时，上海电气正准备完成从“单一设备制造”到“制造、服务并举”的战略转变(详见图 5.10)。其中 1995 年成立的上海电气财务公司已经从一个单一的内部银行向综合金融服务转型。

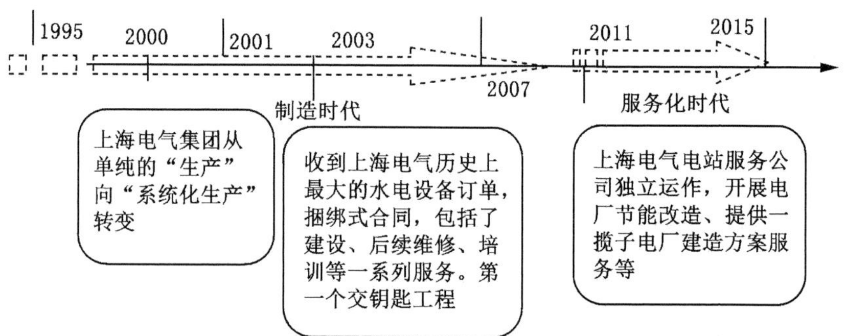

图 5.10 上海电气的服务化历程

2014 年上海电气的金融业务收入增长 27.7%,5 年来累计促进集团销售产品已经过百亿元。2011 年 10 月,上海电气成立培育电站服务业方面的上海电气电站服务公司,其独立运作,开展电厂节能改造、提供一揽子电厂建造方案服务等;在发展电梯维修保养产业方面,上海三菱电梯有限公司建立了遍布全国的服务网络,发展设备安装、维修、保养等业务,目前上海三菱电梯在全国已建立 75 家分公司,服务业务收入已经占到公司的 26%,2020 年目标是 100 家,服务业销售目标是达到 60 亿元。

上海电气集团的现代服务业包括电站工程、电站服务、输配电工程、金融财务、国际贸易、电梯改造、保险经纪和金融租赁 8 大板块(见表 5.12)。上海电气逐渐延伸自己的服务范围和内容,在这个过程中不断构建新的核心能力,即服务延伸与核心能力密切相关,并协同发展。上海电气发展路径模式是渐进式的服务模式,后一个服务模式的发展以前一个服务项目中构建的服务能力为基础,后一个服务模式又对前一个服务项目进行范围的增加、服务质量的提高或综合延伸。据此可以断定，上海电气服务化实现方式是“内生性”的。

表 5.12　　上海电气服务业分布情况

服务业务	具体内容
电站工程	工程总成业务以上海电气电站集团的 EPC 项目和 BTG 项目的业务收入和环保集团的环保工程总承包项目为重点，还包括输配电股份公司的分包工程项目、轨道交通设备公司以设计为主的工程项目等服务项目。电站设备总成是集团营业收入最高的生产性服务业行业
电站服务	上海电气电站服务公司(原上海电气电站集团服务产业部)于 2011 年 10 月 1 日成立并独立运作，是上海电气从事电站设备售后服务的唯一窗口，主要从事服务总包、单机改造、成套改造、配套设备、运行维护、检修服务、搬迁服务、技术服务、备件服务和其他服务业务
输配电工程	上海电气是中国最大的输配电设备制造商，依托雄厚的输配电产品制造业基础，进一步致力于开拓国内外输配电工程总承包业务，凭借雄厚的技术实力，为客户项目提供最佳的技术经济方案
金融财务	电气财务公司的功能已经覆盖到金融、投资银行、汇率风险管理、项目融资等多个领域
国际贸易	上海电气国际经济贸易有限公司主营国际贸易、国际投资和合资合作，有三大业务：海外投资与跨国并购、进出口贸易和参股合资企业
电梯改造	上海三菱电梯有限公司是国内规模最大的电梯制造销售企业，积极拓展旧电梯改造业务，运用先进技术，巧施“回春之术”。电梯安装、保养维修业务成为三菱电梯的重要收入来源之一
保险经纪	上海电气保险经纪有限公司(以下简称“电气保险经纪公司”)成立于 2004 年 3 月，服务重点包括企业风险管理体系设计和保险系统管理、海外业务风险统筹规划和产品安排，有助于提升产品竞争能力和推进重要业务发展的风险支持增值服务
金融租赁	上海电气租赁有限公司成立于 2005 年 8 月，2006 年 4 月经商务部和国家税务总局批准为专业从事融资租赁业务企业。经过 10 多年的发展，公司已与遍布全国超过 5 000 多家企业开展了融资租赁业务，是装备制造行业产融结合的典型企业

(2)上海电气服务化路径

上海电气拥有 12 家产业集团，产品种类几乎涵盖了大多数电气领域，与美国 GE 相似，在每一个产业领域处于国内领先地位，每一个产业集团都在积极开拓服务业务。本研究梳理了上海电气的主要或代表性业务的服务化路径(见图5.11),总结上海电气的发展历程,根据未来市场发展的可能方向,将上海电气的服务化发展方向分为了3条不同的路径(由8个阶段组成)。

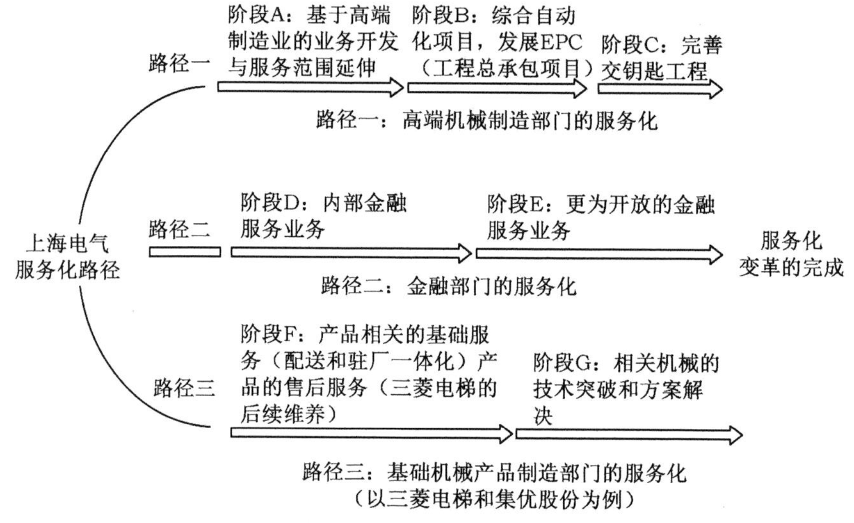

图5.11 上海电气的服务化路径

路径一:高端机械制造部门的服务化。阶段A:基于高端制造业的业务开发与服务范围延伸。从2000年起,上海电气开始着眼于对输配电系统的开发,上海电气输配电工程成套有限公司(下属子公司)和上海电气输配电实验中心有限公司负责输配电系统服务的业务。阶段B:综合自动化项目,发展EPC(工程总承包项目)。EPC作为交钥匙工程的一部分,是针对中小型工程项目的承包,上海电气对承包项目总负责,并且是配件的供应商。EPC是集团国际化、全球化发展的载体和平台,其在近年来的发展也增加了集团相关产品的销售和总体利润。2014年美国《工程新闻纪录》(ENR)发布的2014年度全球最大承包商250强中排名为64位,比2013年的第72位有所上升。阶段C:完善交钥匙工程。从2002年起,上海电气开始向一体化捆绑式合同(也即常说的交钥匙工程)迈进。交钥匙工程包含了从设计、设备制造、辅助系统,到流程设置、试操作成功、后续培训和维修等所有项目。上海电气提供的产品是一整套解决方案和系统性服务。到目前为止，上海电气的电站服务商业模式已提升为提供全方位解决方案，融节能、环保改造和安装为一体，形成了改造服务总集成、总承包的商业模式。

路径二：金融部门的服务化。阶段 D：内部金融服务业务。上海电气凭借集团公司提供的庞大资本实力和内部分工，开始慢慢涉入金融行业，如今拥有三家从事金融服务业的机构：上海电气集团财务有限公司、上海电气保险经纪公司、上海电气租赁有限公司。其服务内容包括银行金融服务、投资银行业务、资产管理业务、保险服务和租赁服务。阶段 E：更为开放的金融服务业务。上海电气发展了更为开放的财务活动，扩大服务对象。经中国银行保险监督管理委员会核准，公司经营的本外币业务为："对成员单位办理财务和融资顾问、信用鉴证业务；协助成员单位实现交易款项的收付；经批准的保险代理业务；对成员单位提供担保；办理成员单位之间的委托贷款及委托投资；对成员单位办理票据承兑与贴现；成员单位之间内部转账结算及相应方案设计；吸收成员单位的存款；对成员单位办理贷款及融资租赁；从事同业拆借；经批准发行财务公司债券；承销成员单位的企业债券；对金融机构的股权投资；有价证券投资；成员单位产品的买方信贷及融资租赁；中国银行保险监督管理委员会批准的其他业务。"

路径三：基础机械产品制造部门的服务化（以三菱电梯和集优股份为例）。阶段 F：产品相关的基础服务（配送和驻厂一体化服务）以及产品的售后服务（三菱电梯的后续维养）。集优股份根据业务量大小和生产计划性将客户分为 4 类，为不同类别的客户提供驻厂一体化服务、JIT 配送服务、循环配送服务、看板服务等不同的基础服务模式，提高产品供应的准时性和准确性，降低客户采购成本，优化客户库存。阶段 G：相关机械的技术突破和方案解决。集优股份不仅提供产品，还掌握了机械关键零部件的领先技术，在接下来的服务化发展过程中，集优股份的服务化将着眼于为装备制造业提供传动、连接、切削的整体解决方案。

同样根据价值链的分析框架,进一步总结上海电气的服务化路径,划分为三种类型:"辅助活动服务化""基础活动服务化"和"价值链集成服务化"(见图 5.12)。(1)辅助活动服务化。上海电气集团财务有限公司、上海电气保险经纪公司、上海电气租赁有限公司三家从事金融服务业的机构主要为集团内部的子公司服务,提高了集团后台运行的效率。(2)基础活动服务化。集优股份把机械基础件产品的后道加工、物流配送及贸易等业务紧密融合在自己的体系中,与国内中小型紧固件生产商和国外相应中小经销商建立了紧密联系,打造了全球化的供应链和管理模式,成为长三角紧固件产品的订单中心、采购中心和加工中心。集优股份采用入驻客户方的方式,在帮助客户有效管理库存、提高效率的情况下,实现更有效的销售。集优股份是基于"生产作业"和"发货后勤"延伸的服务化。另外,上海三菱电梯的电梯改造是属于经营和服务的服务化类型;上海电气国际经济贸易有限公司的业务主要是基于"经营销售"活动衍生的服务化业务类型。(3)价值链集成服务化。除了辅助活动和基础活动服务外,上海电气的一些综合集成服务应该是所有价值活动的综合集成,包括电站工程、电站服务和输配电工程。上海电气电站集团和输配电集团包揽

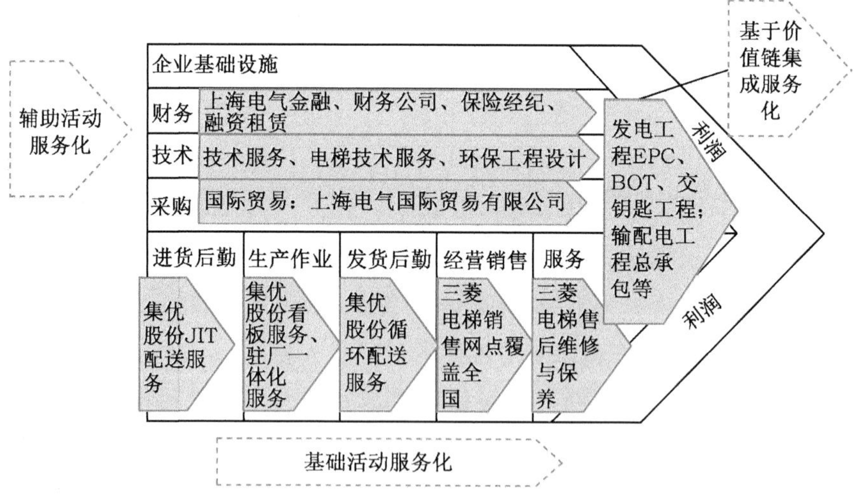

图 5.12 上海电气的服务化路径和类型

了集团 EPC 项目的主要生产制造任务，同时通过增加项目的设计、辅助系统装置、流程设置、后续培训和维修等运营业务来扩展公司的服务内容。集团在发展 EPC 的同时，加大发展电厂服务业务，为电厂提供机组安装调试、技术咨询、远程监控、技术支持、机组检修、机组改造、员工培训等全方位的服务。

6. 服务化路径分析结论

通过 5 家案例企业服务化路径的多案例对比分析（见图 5.13），可以得出如下命题：

命题 5：从服务化阶段看：制造企业服务化历经三个时代：制造时代、服务时代、后服务时代。

命题 5a：美国大型制造企业基本完成服务化，向后服务时代迈进。

命题 5b：中国大型制造企业正在从制造向服务转型，处于服务时代的早中期阶段。

命题 6：从服务化时间看：制造企业服务化需要 20 年左右完成，10 年

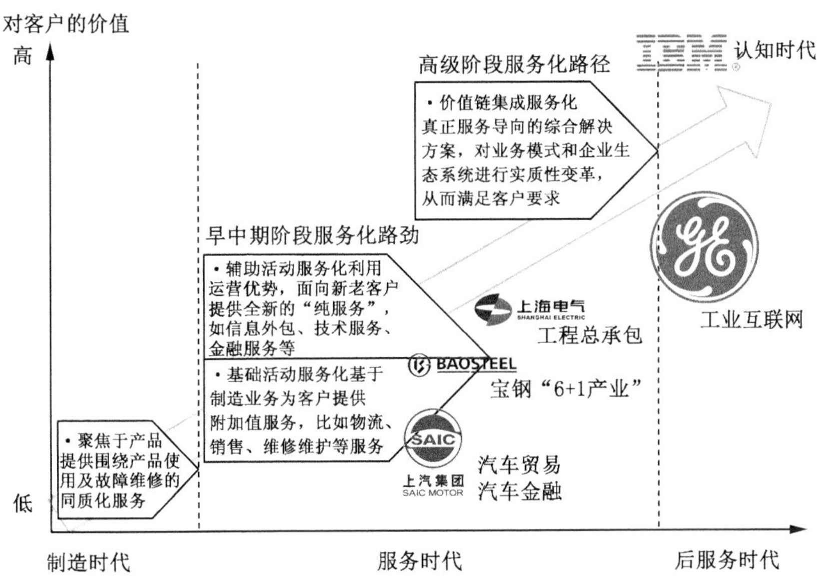

图 5.13　大型制造企业服务化路径

战略转型，10年服务业大发展。

命题6a：美国大型制造企业服务化始于20世纪80年代末和90年代初，结束于2010年前后。

命题6b：中国大型制造企业服务化始于2010年左右，预计在2030年前后完成。

命题7：从服务化路径看：根据价值链模型，制造企业服务化有“辅助活动服务化”“基础活动服务化”和“价值链集成服务化”三条路径。

命题7a：美国大型制造企业以“价值链集成服务化”路径为主。

命题7b：中国大型制造企业以“辅助活动服务化”和“基础活动服务化”并行路径为主。

命题8：从服务化实现方式看：制造企业服务化可以分为“内生性”方式和“外生性”方式。

命题8a：美国大型制造企业服务化实现方式以收购服务业和出售制造业务的“外生性”方式为主。

命题8b：中国大型制造企业服务化实现方式以内部演化发展和合资发展服务的“内生性”方式为主，制造业务并未剥离，主要是向低成本地区转移。

5.5.3 服务化绩效

制造企业服务化绩效表现为战略绩效、市场绩效和财务绩效三个方面。其中，战略绩效是事关制造企业服务化成功与否的关键因素，通常表现为提升制造企业的竞争能力、形成差异化竞争优势和为未来发展奠定基础等。市场绩效是战略绩效在市场上的表现，通常表现为市场规模扩大、新业务开拓、快速增长等方面。财务绩效是市场绩效在财务上的体现，通常有营业收入、营业收入增长、利润、利润率以及股票收益等年度财务指标。制造企业服务化的战略绩效需要较长的时间才能显现，通常需要5～10年，市场绩效显现一般也要3～5年，财务绩效基本上是每年呈现的，股票指标是当即显现的。战略绩效决定了制造服务化的成本，但会受财务绩效和市场绩效的影响，制造企业往往会根据财务绩效和市场绩效对服务业务进行调整和取舍。

案例企业服务化绩效在市场绩效和财务绩效方面较为相似，但由于所处服务化阶段的差异，其战略绩效略有差异。处在后服务时代的 GE 和 IBM 在向服务转型成功后，为其在后服务时代的选择奠定了坚实的基础；处于服务化过程中的宝钢、上汽、上海电气的战略绩效则表现为提升竞争优势和增强竞争力上。

1. GE 服务化绩效

经过多年的业务调整，GE 依据自身的制造优势，以现有的技术为依托，逐渐由制造向服务环节延伸，同时也不断开辟新的服务业务。另外，GE 还逐项剥离那些发展前景不够明朗和长期完不成财务目标的业务。

GE 收入的 2/3 来自服务。拥有一批庞大的专有技术，给 GE 带来了总额达 1 210 亿美元的待交付服务订单。在经济低迷时期，服务更具活力，因为服务为 GE 的客户创造价值。对客户而言，服务价值来自两个渠道：通过系统性能与节省能源提高客户效率，以及通过流程改进和数据管理提高客户生产率。

以航空业为例，即使新飞机市场萎缩，航空产业仍能保持收入增长。GE 在航空领域实践了工业互联网的商业模式，并获得认可。GE 利用工业互联网技术，可以对飞行操作给出提高效率和节约成本的建议。比如，GE 为亚洲航空提供了飞行效率服务，通过对飞行数据的分析，给出更理想、更精准的操控方式，从而削减燃油成本。例如，可通过调整主翼上襟翼的控制方法，在飞机着陆时减少燃油消耗；也可以通过改变下降时速，提高燃油效率。此外，它还可以帮助亚洲航空优化交通流量管理、飞行序列管理以及飞行路径设计。如今，包括美国的美国航空、联合航空、达美航空以及中东的阿提哈德航空等都是 GE 的客户。

表 5.13　　案例企业服务化绩效典型用语举例及编码结果

构念		服务化路径		
测度变量		战略绩效	市场绩效	财务绩效
典型引用语举例	GE	GE通过软硬结合实现了服务增值,构建了高端制造业的新商业模式,正式启动工业互联网战略	2015年,GE公司的设备拥有的服务合同高达1 600亿美元,工业互联网产品的应用使公司平均每台设备的销售额增长3%～5%,软件的销售额每年将增长15%	2014年,GE工业业务的盈利占比为58%。通过回归制造业和工业互联网布局,GE在2018年实现整个集团盈利的90%来自工业业务
	IBM	IBM从传统的计算机制造商转型世界级的IT服务商,使这个蓝色巨人在近百年的时间里一直保持充沛的活力和强劲的生命力	通过转型,服务已成为IBM业务的关键部分,营业收入所占比重从1994年的26%提高到2014年的59.21%;软件业务由1994年的18%提高到2014年27.41%;硬件业务逐渐剥离	转型也给IBM带来了丰厚的回报。2014年IBM的营业收入982亿美元,税前利润达到了创纪录的210亿美元,成为全球最赚钱的公司之一
	宝钢	在钢铁微利时代,"宝钢钢铁电商"为宝钢乃至整个行业探索出一种符合时代特性,低成本、高效率的供需双赢的销售模式,而不能简单地用盈利与否做评价	在信息科技、电子商务、金融等服务板块中2014年都有逆势增长,其中电子商务板块营业收入增长率高达330%,创造了钢铁电商奇迹	附加值较高的信息科技和金融具有较高的毛利率,尤其是金融的毛利率超过50%,成为钢铁行业微利时代中强劲的利润增长点
	上汽	服务业初具规模、业务门类较全、对外合作积极,已经成为上汽集团的主营业务之一	上汽集团未来的定位就是把汽车租赁、汽车维修保养、汽车金融、汽车保险等后续的每一个产业依托汽车制造主业做大,把每一个产业都做到千亿元级规模	2015年汽车金融业务实现营业收入90.74亿元,占集团收入的1.35%,毛利率高达73.63%,占集团利润的8.13%
	上海电气	上海电气集团已经形成了现代服务业与实体产业的联动优势。形成产融结合的商业模式创新	增加了企业收益,开辟新的业务增长点。2014年上海电气现代服务业板块当中金融业务的收入涨幅为27.7%,是业务板块中涨幅最高的	2002～2007年间,公司员工仅增加了30余人,利润则从2002年的4 500万元增加到了2007年的12亿元
来源		F1、F2、S1、S3	S1、S2、S4	S1、S2、S3
关键词		增加竞争优势、提升竞争力、成功转型等	开辟了新业务、收入增加、扩大了市场规模等	扭亏为盈、盈利增加、利润率上升等

2. IBM 服务化绩效

向软件和服务业阔步前进也给 IBM 带来了丰厚的回报。2014 年 IBM 的营业收入 982 亿美元，税前利润达到了创纪录的 210 亿美元，成为全球最赚钱的公司之一。通过 10 多年的转型，服务（包括技术服务和商务服务）已成为 IBM 业务的关键部分，营业收入所占比重从 1994 年的 26%提高到 2014 年的 59.21%；软件业务由 1994 年的 18%提高到 2014 年 27.41%；硬件业务逐渐剥离。随着数字时代的到来，IBM 成为一家真正意义上的总体数字化方案提供商。

前任总裁郭士纳对于 IBM 的转型之路总结道："我在服务和产品公司都工作过。毋庸置疑，服务业务更难管理……管理服务流程所需的技巧是很不同的……业务模型不同，整个经济情况也有很大不同。这是一种你无法轻易获得的能力。你需要在时间和资金上投入多年的赌注，然后才能获取通往成功之路的经验和规律。"

3. 宝钢服务化的绩效

2014 年，宝钢在信息科技、电子商务、金融等服务板块逆势增长，其中电子商务板块营业收入增长率高达 330%，创造了钢铁电商奇迹。从盈利能力看，附加值较高的信息科技和金融具有较高的毛利率，尤其是金融的毛利率超过 50%，成为钢铁行业微利时代中强劲的利润增长点。与武钢合并后，宝武集团进行了业务整合，截至 2019 年，宝武集团主要有六大业务集群，除了钢铁制造业和新材料产业之外，其余四大产业集群均是服务业，具体包括贸易物流业、工业服务业、城市服务业和产业金融业。

表 5.14　　中国宝武集团的六大主业

主要业务	板块定位	业务组合	发展战略
钢铁制造业	绿色、精品、成本、智造、规模	碳钢和不锈钢产品的完整系列	引领全球钢铁产业发展，成为中国第一、世界领先的精品钢铁制造服务商

续表

主要业务	板块定位	业务组合	发展战略
新材料产业	集研发、制造、加工服务于一体的综合材料供应商和解决方案服务商	包括 4 大核心子业务:高性能金属材料领域、轻金属材料领域、高新型碳材料及纤维材料和新型陶瓷基复合材料	成为集团成长性好、盈利能力强的第二大制造类业务板块
贸易物流业	服务于冶金原燃材料、金属制品、相关大宗商品全流通领域,构建共建共享开放平台和服务型生产体系,推动行业秩序重构	包括冶金原燃料贸易物流业和大宗商品综合服务业	冶金原燃料贸易物流业成为数百亿元级营收、十亿元级利润的业务;大宗商品综合服务业成为万亿元级交易规模、千亿元级市值的平台业务
工业服务业	以服务集团和行业为起点,为企业和社会提供全生命周期高效运营的系统解决方案及相应的工程服务	包括工业技术服务业、信息技术服务业、节能环保服务业和工业包装服务业	培育发展出 1~2 家百亿元级营收、十亿元级利润的重点业务
城市服务业	以存量不动产盘活为基础,适度增量为辅,以“产、融、网、城”一体化为抓手,聚焦发展产业地产,催生配套的城市新产业,创新“厂区—园区—城区”协同发展新模式,成为中国领先的园区综合开发和运营服务商	包括老厂区转型升级、园区配套、园区基金	培育发展出 3~4 家百亿元级营收、十亿元级利润的优秀企业,为中国宝武贡献现金流、利润、EVA,同时实现不动产的保值增值,并提供充沛的转型就业岗位
产业金融业	为冶金及相关产业提供供应链金融、产业基金、资产管理和社会财富管理等金融综合服务,成为集团重要的支柱产业	包括社会财富管理、资产管理、产业基金和供应链金融	到 2020 年,产业金融板块力争实现管理资产规模超万亿元,利润过百亿元

资料来源:根据中国宝武集团官方网站整理,http://www.baowugroup.com/#/aboutus/141。

4. 上汽的服务化绩效

经过近几年服务业务的开拓与发展,上汽集团的业务已经基本涵盖了汽车全产业链,有助于上汽充分发挥协同效应,增强竞争优势,提升整体竞争力。在创新驱动战略的引导下,上汽依据“重点向产业链两端延伸,加快创新、加快转型,着力提升产业链整体能级”的战略构想,在市场端重点发展汽车贸易和汽车金融,为转型升级创造更大的市场空间,并切实提升资本运作能力，推动产融结合，支撑上汽发展。“上汽集团未来的定位就是把汽车租赁、汽车维修保养、汽车金融、汽车保险等后续的每一个产业依托汽车制造主业做大，把每一个产业都做到千亿元级规模。”①

相比国内的汽车企业，上汽集团的服务业成绩斐然。产业初具规模，业务门类比较齐全，对外合作积极开拓，服务业务已经成为集团的主营业务之一。上汽整车在国内领先的地位能够带动汽车服务业的发展；上汽较早进入服务业市场，先发优势明显，为未来汽车服务业发展奠定了基础；另外，上汽的服务业务覆盖较广，形成了完整的发展架构，几乎涵盖了汽车产业的全产业链；最后，上汽积极寻求外部合作，与强者联手，高起点做服务，通过与国际知名跨国公司全方位合作，在汽车金融等领域已经形成产业优势，上汽的汽车金融服务业务已经初具规模，创新能力突出，处于全国领先地位。

以上汽的金融服务业为例，2015 年实现营业收入 90.74 亿元，较上年增长了 175.92%，金融服务业的毛利率为 73.63%，远远高于汽车制造业 11.42%的毛利率。但从服务业占比看，金融业务、贸易业务、劳务及其他三项服务业收入总和占上汽收入总和的 5.97%。这说明上汽发展服务业还有很大空间，同时也意味着上汽仍然处于制造服务化的初级阶段。从世界汽车产业的发展趋势看，利润已经从制造环节转向服务环节转移，上汽将着重发展“微笑曲线”的两端，加快业务结构调整，积极拓展服务业务，实现从制造向服务转型。

5. 上海电气的服务化绩效

上海电气集团生产的工业产品属于知识密集型高端装备，具有较强的产业创新能力。在生产经营过程中，可以与包括商业服务业在内的各类生产服务业进行合作、交流与互动，提升创新机会。在积极推动集团的服务化和 EPC 以来，上海电气不断增加在研究和创新领域的投资，来增加自己服务包的完整性。

---

① 上汽集团未来把汽车产业做到千亿规模[EB/OL]. http://www.chinairn.com/news/20140411/113047689.shtml.

增加了企业收益,开辟新的业务增长点。以上海电气金融服务板块为例,2002～2007年间,上海电气财务公司员工仅增加了30余人,利润则从2002年的4 500万元增加到了2007年的12亿元。2014年上海电气现代服务业板块中金融业务的收入涨幅为27.7%,是服务板块中涨幅最高的。截至2016年,上海电气的金融服务业务主体有6家法人机构,业务范围涵盖了结算、存贷款、外汇风险管理、财务顾问、资产管理、融资租赁和保险经纪等,初步形成了一个定位明确、积极稳健的综合性平台。

上海电气积极与中科院、上海交大等高校研究机构开展"产学研"科技合作,新申请的专利超过30项。掌握技术和专利对竞争对手形成壁垒,使得上海电气集团相关产品的服务工作(前期设计研究和后期的维修培训等服务)必须由集团来完成,大大提高了顾客的忠诚度和依赖性。

综上,上海电气服务化的发展年数、服务经验和范围与GE、IBM等跨国公司相比都比较落后。所以,未来上海电气在商业模式上的转型将会更加注重服务提供,将会转型为提供问题解决方案的服务商。除了生产制造方面,还会加强提供设备的维护、运营等服务。和跨国公司一样,上海电气将致力于为客户提供全方位的解决方案。

6. 服务化绩效分析结论

通过对5个案例的服务化绩效分析可以得出如下命题:

命题9:从服务化绩效看:制造企业服务化绩效表现为三个方面:战略绩效、市场绩效和财务绩效。

命题10:从战略绩效的表现看:主要是差异化竞争优势、综合竞争力提升和业务之间的协同效应。

命题11:从市场绩效的表现看:主要是以客户需求为导向,增加客户忠诚度、扩大市场规模、开拓新业务。

命题12:从财务绩效的变现看:主要是收入增长、利润提升、股票价格上涨、服务业务收入比重增加。

5.6　制造企业服务化的建议

答案并非那么简单，从服务化历程来看，制造企业服务化是一项系统工程。本质上，制造企业服务化是企业从基于“制造产品”为导向向基于“客户服务”为导向的系统性变革。以“制造产品”为导向的制造企业，依靠成本优势嵌入全球价值链，往往处于价值链的低端环节，对市场变化响应速度慢，注意力集中在削减产品成本或提高产品质量上，往往忽视市场需求的变化；即使察觉到市场变化，由于被锁定在“加工制造”环节，也没有能力应对变化。而以“客户服务”为导向的制造企业往往依托制造优势不断扩展服务业务，以便形成差异化竞争优势，从而提升企业的边际利润，同时依托服务业务，制造企业的价值链不断向客户端延伸，能够第一时间了解客户的需求，把握市场动向，抓住市场机遇。因此，“客户服务”导向的制造企业，对企业的市场化开拓、服务化意识和客户关系维护都提出了较高的能力要求。

表面上看，制造企业服务化是企业从“卖产品”到“卖服务”，但本质上却是企业发展战略和商业模式的变革。在此过程中，企业需要辨析产业经济发展的趋势和规律，适时调整业务发展结构，对剥离哪些制造业务和发展哪些服务类业务进行战略决策。从竞争战略的角度分析，从“卖产品”到“卖服务”的转变是企业进行差异化竞争，满足客户个性化需求的转变。从商业模式角度分析，需要企业以“客户为中心”，以满足客户需求、创造差异化价值为出发点，进行以“客户为导向”的业务流程再造和组织结构调整，最终才有望成功实现制造企业服务化的战略转变。

虽然表面上看制造企业服务化只是企业服务类业务不断提升的过程，但从上面的案例分析可知，制造企业服务化本质上属于制造企业的战略转型和升级。战略是建立在企业的使命、愿景和目标，与之匹配的组织的基础之上的，制造企业服务化在制定战略时，还需要组织结构、业务流程和方法、业务能力与资产、评估和激励、员工和能力、企业文化等多方面、多层次的支撑,才能化战略为行动,使服务化战略得以有效实施(见图5.14)。

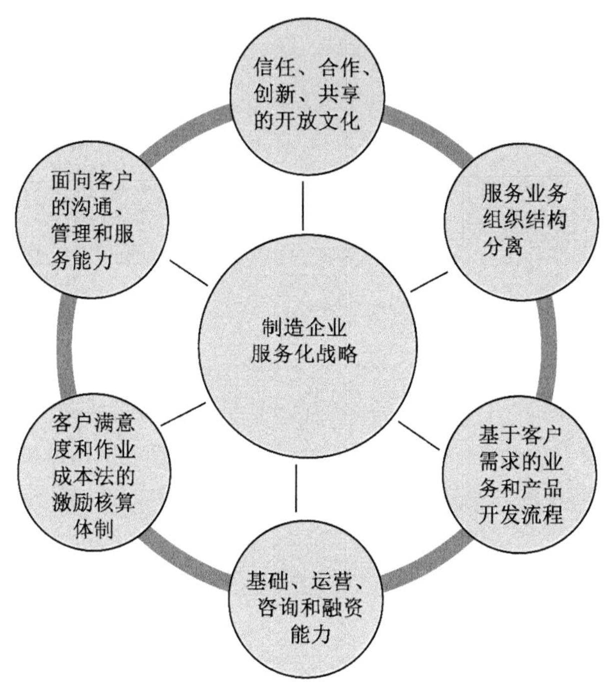

图5.14 制造企业服务化的系统性演变

5.6.1 组织结构

将服务业务与制造业务分离,成立独立的服务业务部门。新的服务部门需要开发除了公司内部市场之外的外部市场,该业务不再是公司的"成本中心",而是公司的"利润中心",将服务类业务从传统业务组织中分离,以确保服务业务可以独立经营。但需要明确的是,服务业务的组织独立不仅要寻求外部的市场,还要同时满足公司内部制造部门的需求,并且需要与本公司的制造业务实现协同发展。将服务业务组织独立对于早期阶段的制造服务化是比较有利的组织结构,但随着公司制造业务的壮大和新型服务业务的发展,需要在企业层面成立更高级别的集成服务中心,以更好地实现服务化升级和更大范围的业务协同。

5.6.2　业务设计和流程

从传统的基于产品的设计—开发—制造—销售的流程，到基于客户需求的产品和服务的联合开发设计，开发的“产品＋服务包”是为了更好地满足客户需求。市场需求在不断变化，一味追求产品低成本或高品质都会面临不符合市场需求的风险，只有以客户需求为导向的产品或服务才是最好的业务选择，企业也才能随着市场需求的变化不断调整业务组合，不断转型升级，最终成为世界一流企业。制造企业可以通过三种方式寻求新的发展机遇：一是向产业链上下游延伸，即基于价值链延伸服务化，一般包括专业的仓储物流服务、安装运维服务、营销服务及售后服务等；二是沿着顾客的活动链，即职能活动的服务化，一般包括研发、设计、培训、财务金融、管理咨询、信息化等服务类型；三是基于客户复杂需求定制的综合解决方案。

5.6.3　组织和运营能力

制造服务化需要企业能力的提升。通常四种能力有助于企业转变：一是企业的资源整合能力，制造企业服务化需要企业整合内外部的多种资源和业务，产生更复杂、更集成的综合解决方案，同时也为企业带来更高的收入和利润。二是市场分析能力，企业需要面向市场和客户，不断分析市场发展情况和客户需求变化。该能力要求制造企业不但能够清楚地了解客户的需求，还要不断开发和挖掘客户的潜在需求。三是运营服务能力，在具备市场分析能力的基础上，制造企业只有将客户的需求和潜在需求转化为产品服务包或解决方案，才能将客户需求转化企业的服务化业务，实现业务转变。四是金融服务能力，制造企业通过综合方案为客户提供资金融投服务，有助于服务化业务的实现和加速开展。在某些情况下，甚至可能存在合伙投资的必要，如此企业和客户双方均可从未来的服务化业务中获利。

5.6.4 激励和人才

制造企业需要构建与制造企业服务化相匹配的激励机制和人才体系。从激励机制上,在服务化前制造企业以"生产为中心",更注重效率和成本;服务化之后,企业以"客户为中心",更加注重差异化竞争,以满足客户的个性化需求。因此,转变之后激励机制的重点已经不再是单纯地降低成本,而是更加激励差异化服务和客户关系管理,客户的忠诚度和满意度是比较核心的考核指标。人才培养方面,昔日的专业化人才很难满足服务化业务,在面向客户的过程中,更需要既有专业知识背景又有市场化开发能力的综合性人才(见表5.15)。

表5.15　　产品导向与服务导向对人才需求的对比

领　域	产品导向	服务导向
职能和角色	·分工明确,可独立完成	·需要跨职能、跨部门的团队合作
对知识需求	·窄且深的专业技能	·技能与市场结合的复合知识
与客户的关系	·买卖关系 ·有形产品购买 ·对产品的信任	·合作伙伴关系 ·复杂化和个性化的需求 ·信任企业和团队
市场和客户分析	·没有明确要求	·明确要求市场、业务和客户分析技能
销售技能方面	·交易简单,一次完成 ·销售"部件"和产成品	·关系营销,长期客户 ·业务的相关咨询 ·个性化的综合方案
从业背景	·职能单一(如生产、销售等)	·要求跨职能、跨部门的工作经验 ·贯穿整个价值链

服务化文化方面,服务的文化或理念对制造服务化企业的成功起到至关重要的作用。首先,制造服务化的企业文化需要面对的挑战是平衡和保持两种文化的共生关系,而非一种文化对另一种文化的取代。其次,与客户的长期关系是建立在相互信任和长期合作的基础上的,通过构建有助于服务化的文化氛围,客户会感受到公司的诚意,而非为了单纯销售产品。在以服务为导向的文化中,企业和员工愿意花时间和成本了解客户需求方面达成共识,并且致力于提供最佳解决方案。再次,开放、融合、

包容的文化氛围尤为重要，企业之间及企业内部各部门之间愿意敞开大门，分享知识、相互融合与包容，是制造企业服务化战略实施的基石和保障。

我们将制造企业服务化的历程描述成直线型，但事实往往不是这样。在不断变化的复杂环境中，制造企业服务化转型将会面临很多的障碍与挑战。虽然服务化不是解决制造企业问题的"灵丹妙药"，但从 5 家案例企业的分析中可知，在宏观经济形态从制造经济向服务经济转型中，多数大型制造企业面临着服务化的压力和动力，尤其是荣登世界 500 强的中国制造企业，它们已经具备了服务化转型升级的条件，通过实施服务化战略，将有助于我国大型制造企业向价值链高端延伸，培育差异化竞争优势，快速应对国内外市场变化，提升品牌价值和社会声誉。只有那些能够真正经历时代的考验，通过战略转型升级引领时代发展的企业，才能成就真正意义上的世界一流企业。

5.7　总结和讨论

5.7.1　研究结论

本研究通过 GE、IBM、宝钢、上汽、上海电气这五家大型制造企业服务化案例，梳理了大型制造企业服务化的驱动因素，重点剖析了制造企业服务化路径，并对制造企业服务化绩效进行了归类和总结。通过研究，一共得到 12 条结论，服务化驱动因素、服务化路径和服务化绩效各 4 条，详见表 5.16，此处不再赘述。

表 5.16　　研究结论、理论贡献和创新

<table>
<tr><th>主题</th><th>命题</th><th>结　论</th><th>理论贡献和创新</th></tr>
<tr><td rowspan="4">服务化驱动因素</td><td>1</td><td>制造企业服务化有三种驱动因素:竞争环境、行业特征、企业资源和能力</td><td rowspan="4">(1)制造企业服务化除了受竞争环境压力和企业资源能力的推动之外,还有鲜明的行业特征,即处于成熟阶段的、具有高技术和高资本密集特点的行业更适合服务化
(2)中国制造企业服务化具有明显的政策驱动性</td></tr>
<tr><td>2</td><td>竞争环境的转变是制造企业服务化的外部压力,普遍表现为竞争激烈、利润下滑、增长乏力</td></tr>
<tr><td>3</td><td>具有高技术密集、高资本密集特点,处于产业生命周期成熟阶段是制造企业服务化的行业特征</td></tr>
<tr><td>4</td><td>市场规模、品牌效应、技术优势、管理能力和资本运作是制造企业服务化需要具备的资源和能力
・命题4a:美国大型制造企业的服务化是市场竞争和企业自主选择的结果
・命题4b:中国制造企业服务化具有明显的政策驱动性</td></tr>
<tr><td rowspan="4">服务化路径</td><td>5</td><td>从服务化阶段看,制造企业服务化历经三个时代:制造时代、服务时代、后服务时代
・命题5a:美国大型制造企业基本完成服务化,向后服务时代迈进
・命题5b:中国大型制造企业正在从制造向服务转型,处于服务时代的早中期阶段</td><td rowspan="4">(3)跳出服务化看服务化,可分为制造时代、服务时代、后服务时代三个阶段;美国大型制造企业已经完成服务化,向后服务化迈进;中国制造企业尚处于服务化的早中期阶段
(4)制造企业服务化需要20年时间,10年战略转型,10年服务业大发展;美国制造企业在2010年前后完成服务化;中国制造企业的服务化始于2010年,预计2030年前后完成
(5)根据价值链模型,制造企业服务化有"辅助活动服务化""基础活动服务化"和"价值链集成服务化"三条路径;美国制造企业以第三条路径为主,中国企业以前两条为主
(6)制造企业服务化的实现方式有"内生性"和"外生性"两种;美国制造企业倾向于后者,中国制造企业倾向于前者</td></tr>
<tr><td>6</td><td>从服务化时间看,制造企业服务化需要20年左右完成,10年战略转型,10年服务业大发展
・命题6a:美国大型制造企业服务化始于20世纪80年代末和90年代初,结束于2010年前后
・命题6b:中国大型制造企业服务化始于2010年左右,预计在2030年前后完成</td></tr>
<tr><td>7</td><td>从服务化路径看,根据价值链模型,制造企业服务化有"辅助活动服务化""基础活动服务化"和"价值链集成服务化"三条路径
・命题7a:美国大型制造企业以"价值链集成服务化"路径为主
・命题7b:中国大型制造企业以"辅助活动服务化"和"基础活动服务化"并行路径为主</td></tr>
<tr><td>8</td><td>从服务化实现方式看,制造企业服务化可以分为"内生性"方式和"外生性"方式
・命题8a:美国大型制造企业服务化实现方式以收购服务业和出售制造业务的"外生性"方式为主
・命题8b:中国大型制造企业服务化实现方式以内部演化发展和合资发展服务的"内生性"方式为主,制造业务并未剥离,主要是向低成本地区转移</td></tr>
</table>

续表

主题	命题	结　论	理论贡献和创新
服务化绩效	9	从服务业绩效看，制造企业服务化绩效表现为三个方面：战略绩效、市场绩效和财务绩效	(7)制造企业服务化的绩效不仅表现在财务方面，更重要的是体现在市场绩效和战略绩效上
	10	从战略绩效的表现看，主要是差异化竞争优势、综合竞争力提升和业务之间的协同效应	
	11	从市场绩效的表现看，主要是以客户需求为导向、增加客户忠诚度、扩大市场规模、开拓新业务	
	12	从财务绩效的表现看，主要是收入增长、利润提升、股票价格上涨、服务业务收入比重增加	

5.7.2　理论比较和贡献

从实证数据中归纳出新的理论，弥补现有理论的缺口，是案例研究的主要目的。本研究通过 5 家企业的多案例分析，可能的理论贡献或是创新点主要有七点(详见表 5.16)。其中，具有“中国情境”的制造企业服务化理论创新有五点：中国制造企业服务化具有明显的政策驱动性；中国制造企业尚处于服务化的早中期阶段；中国制造企业的服务化始于 2010 年，预计 2030 年前后完成；中国企业以“辅助活动服务化”和“基础活动服务化”两条路径为主；中国制造企业倾向于以“内生性”方式发展服务业务。

第一，制造企业服务化除了受竞争环境压力和企业资源能力的推动之外，还有鲜明的行业特征，即处于成熟阶段的、具有高技术和高资本密集特点的行业更适合服务化。以往的制造企业服务化驱动因素研究主要是从外部压力和内部推力两个层面来总结。但通过前文的实证研究发现，在做出服务化决策时需要考虑企业的规模、成立年限和所有制性质，规模较大和成立时间较长的国有企业更容易进行服务化，反之则反是。也就是说，不是所有制造行业的企业都适合采用服务化战略，只有具有技术密集和资本密集特点，且行业处于成熟阶段的制造企业才更适合采用服务化战略。

第二，中国制造企业服务化具有明显的政策驱动性。政策因素是中国制造企业服务化的主要驱动因素之一。由于国外制造企业服务化研究是根植于欧美等发达经济体的经济实践，而在国内有限的服务化研究中，多数在总结国外制造企业的成功经验。实际上，中国作为转轨、转型中的新兴经济体，其发展环境独具特色。所以，有理由相信，中国特定发展环境下制造企业服务化的驱动因素和路径与欧美发达经济体不尽相同。Neely(2007，2009，2011)采用 OSIRIS 的数据库，分别对世界各国 2007 年、2009 年和 2011 年制造企业服务化情况进行研究分析，结果发现中国的情况变化最大，2007 年中国制造企业服务化的比重不足 2%，2011 年这一比重已经上升至 19.33%。Neely(2007，2009，2011)认为中国制造企业服务化的步骤如此之快，部分原因来自中国政府的政策和干预。

第三，跳出服务化看服务化，可将服务化划分为制造时代、服务时代、后服务时代三个阶段；美国大型制造企业已经完成服务化，向后服务时代迈进；中国制造企业尚处于服务化的早中期阶段。以往的制造企业服务化研究是在“服务经济时代”大背景下进行的。但在美国 2008 年经济危机之后，尤其是 2010 年之后，世界经济和技术环境发生了较大转变。未来将是一个大数据、物流网、人工智能、神经网络、3D 打印等相互交织的新时代，本研究将其称为“后服务时代”，在新的时代背景下，企业的发展动力、组织方式、商业模式都将发生重大变化。处在科技前沿的 GE 和 IBM 已经完成了服务化历程，同时以新战略开启了迈向后服务时代的新旅程。但中国大型制造企业，即使是国内行业的佼佼者，仍然落后美国制造业一个时代，中国制造企业尚处于服务化的早期和中期。

第四，制造企业服务化需要 20 年时间，10 年战略转型，10 年服务业大发展；美国制造企业在 2010 年前后完成服务化；中国制造企业的服务化始于 2010 年，预计 2030 年前后完成。通过对比中美制造业服务化历程，发现他们之间很好地印证了国际产业梯队转移理论。美国制造企业开始向服务转型时，是中国企业承接制造转移，获取大发展的时期；当美国企业完成服务化转型，迈向后服务时代时，中国企业开始从战略层面实施服务化战略。从美国制造企业转型所需时间推算，中国企业从制造向服务转型需要 20 年时间，预计 2030 年前后实现。

第五，根据价值链模型，制造企业服务化有“辅助活动服务化”“基础活动服务化”和“价值链集成服务化”三条路径；美国制造企业以第三条路径为主，中国企业以前两条路径为主。在之前的制造企业服务化路径研究中，分析框架较多，但认可度不高，主要原因有两个：一是路径划分不科学、不明晰，造成实操过程中难以遵循；二是路径总结过于凝练、抽象，难以发挥实际意义。本研究以认知度和认可度较高的价值链模型为分析框架，同时通过多案例分析较为深入和全面地梳理了制造企业服务化的三条路径，不仅可以界限明确地划分出三条路径，还可以给制造企业提供路径借鉴。另外，通过中美案例对比发现它们在选择服务化路径时存在差异：中国制造企业更加倾向于选择“辅助活动服务化”和“基础活动服务化”的路径。

第六，制造企业服务化的实现方式有“内生性”和“外生性”两种；美国制造企业倾向于后者，中国制造企业倾向于前者。到目前为止，国内外学者对制造企业服务化实现方式少有讨论，本研究首次提出制造企业服务化的两种实现方式，并对比了中美案例企业之间的差异。研究发现，可能源于资本市场的发达、管理能力的超群、法制环境的规范，美国大型制造企业服务化主要通过“外生性”方式实现：它们一方面通过大大小小的并购，大力发展服务类型的业务；另一方面，又通过多次的出售，逐渐剥离制造业务。但中国企业的服务类业务大多是通过自身培育和发展起来的，制造业务并未剥离，而是将其转移到低成本区域。

第七，制造企业服务化的绩效不仅仅表现在财务方面，更重要的是体现在市场绩效和战略绩效上。以往对制造企业服务化绩效的研究大多集中在财务绩效上，但通过案例研究发现，制造企业服务化的绩效更重要的是体现在战略绩效和市场绩效上。

5.7.3　制造企业服务化实践启示

实际上，本研究的 5 个案例企业是精挑细选出来，分别代表着美国和中国最高的制造水平。以往制造服务化的研究多数是从产业层面进行的,主要是研究一个国家制造产业和服务产业之间的关联关系。而从企业层面少有的服务化研究成果中,基本上是在理论分析、单案例介绍和服务化财务绩效实证研究等方面分散着,比较碎片化,系统、深入的制造企业服务化研究比较缺乏。因此,以往研究对制造企业服务化的现实意义有限,很难发挥指导企业实践的作用。本书首次运用中美多案例比较分析的方法,对制造企业服务化动因、路径和绩效进行了全面系统的研究,研究成果对指导中国大型制造企业服务化具有较高的现实指导意义,其中服务化路径的研究成果可以直接被制造企业借鉴和使用。

5.7.4 研究局限和展望

虽然已经尽力去选取制造企业服务化实践领域的中美代表企业作为案例进行分析,但由于案例研究本身具有局限性,即使是多案例研究,研究结论的普适性仍然是不可忽略的局限。虽然本研究采用价值链分析框架,总结和梳理出三条制造企业服务化路径,但在新的时代背景下,中国制造企业很可能是服务化、信息化和智能化同步进行的。由于理论研究需要在假设条件下进行抽象,因此可能会不自觉过滤掉或无法穷尽所有的变量,这也可能会影响到研究成果的适用性。未来制造企业服务化的研究可以在新时代背景下进行,运用大样本实证研究方法,采用结构方程模型和动态仿真等方式获取更具普适性、更高效度的研究成果。

第6章　上汽成长为世界级汽车企业的单案例研究

中国企业成长模式是多种多样的，并且也很难判断哪个模式的优劣。模式本身并无优劣之分，由于模式是在企业成长中演化出来的，具有路径依赖，因此，直接建议中国企业采用哪种成长模式更好是不现实的，也可能是错误的。比较行之有效的方式是具体到某一家企业，根据其现在的成长模式状况，提出有针对性的建议。因此，本研究选自了上汽集团为案例进行深入剖析，并提出向世界级汽车企业成长的建议。

上汽集团是中国汽车行业的“领头羊”，2018 年在世界 500 强中排名 39 位。虽然排名比较靠前，但上汽集团仍然无法称为世界级企业，与大众公司、丰田汽车、戴姆勒一奔驰公司、通用汽车、福特汽车、本田汽车等世界级汽车企业相比，在自主技术、自主品牌、国际化能力方面有很大的差距。

6.1　问题提出

“软实力”概念最早由约瑟夫 · 奈（Joseph Nye）在 1990 年《谁与争锋：美国力量的转变》一书中提出，用于分析美国的政治外交政策与策略（陈雪钧和李莉，2009）。他认为“国际政治中软实力是通过吸引而非强迫或收买的手段来达己所愿的能力”；并指出，国家在发展进程中，不能把注意力仅放在硬实力上，而应更多地关注科学、教育、文化等软实力（郭德和梁娟红，2008）。硬实力是有形的，来源于基本资源（土地、人口、自然资源、军事力量、经济力量和科技力量等）；软实力是无形的，来自文化、政治价值观及外交政策等资源。随着软实力理论逐渐被认可和接受，其应用也从宏观领域延伸到微观领域。一些学者通过类比国家软实力，在企业竞争力理论的基础上提出了企业软实力概念，并将其应用于企业研究。企业软实力是一种对特定资源的占有、利用、传播，以获取利益相关者价值认同，进而形成一种思维和行为范式，产生预期行为的能力。

从管理史学角度看，早期企业的竞争优势主要表现为对自然资源、固定资产和资金等“硬资源”的占有。现代企业逐渐意识到包括企业家在内的“人”的重要，“以人为本”几乎成了所有企业的根本宗旨。可以将介于“硬资源”和“软资源”之间的“人”称为“活资源”。若要充分激发从领导人到普通员工每一个人的潜力，就需要有被认同的企业文化，备受激励的机制，不断学习和创新的氛围，这些就是企业无形的“软要素”(黄国群和徐金发等，2008)。建立在“软要素”基础上的竞争优势是不易被模仿的、持久的，通过有意识地不断强化和提升便成为企业核心竞争力。

在全球化日益加深的背景下，金融危机迅速传导至实体经济领域，汽车行业首当其冲。在传统汽车市场受到严重冲击的同时，新兴国家汽车市场却欣欣向荣。后危机时代，世界汽车产业结构和市场格局将会发生重大变化，有望打破现有竞争格局。新兴国家的汽车市场将会成为全球汽车市场的重要组成部分，同时也将成为诸多汽车企业逐鹿的主战场。中国汽车市场需求增长迅速，但竞争还不充分，产业结构尚不稳定。随着企业产能的不断扩张，竞争将日趋激烈，产业结构将从“垄断竞争”转变为“寡头垄断”。具有自主创新和自主品牌等核心竞争力的企业将脱颖而出，成为“寡头”，而缺乏核心竞争力的汽车企业将在竞争中遭淘汰。因此，如何测评和提升中国汽车企业的软实力是亟待解决的重大问题。

6.2 中国汽车企业软实力的构建

国外学者对软实力的研究多限于以国家为主体，对企业软实力的研究尚不多见(黄国群、徐金发等，2008)。国内学者在引进软实力概念时，以更宽广的视野来看待它，部分学者尝试着从不同方面加以研究，并取得了一定成果。在企业软实力构成要素方面，万红波、田五星等(2008)总结了七类构成要素：学习、创新和洞察能力，凝聚力和向心力，弹性或张力，综合谋划和战略思维能力，诚信，信仰与执着，社会责任。李益(2008)提出了企业构建竞争力的四个维度：成为技术和创新领导者，具备管理和领导秘诀，符合客户的梦想和灵感，成为负责且具有影响力的公民。黄牧怡(2004)认为企业软实力由策划力、创新力和影响力共同构成。郭德和梁娟红(2008)从企业形象、企业文化、创新能力、管理能力和公共关系五个方面建立了企业软实力评价指标体系。王志乐(2005)和王广伟(2007)强调了社会责任在企业软实力中的作用。还有一些学者(陈之善和梁瑞丽2009)从海外并购角度研究企业软实力。关于国内汽车企业软实力方面的系统研究尚处于空白状态。刘承元(2008)曾对丰田汽车的软实力进行探讨，认为"让丰田具有超强竞争力的，不是丰田生产方式系统本身(硬实力)，而是其软实力，即生生不息的改善文化"。总之，"软实力"已被认为是与"硬实力"相对应的企业竞争力基础。随着后危机时代的到来，中国汽车企业普遍面临战略转型和国际化的压力，"软实力"在竞争力中的基础地位愈发重要和持久。

本研究在前人研究成果的基础上，结合中国汽车企业的实际情况，梳理并形成了软实力的构成要素，构建起相应的评价指标体系(详见表6.1)。其中文化软实力是企业文化价值定位、员工对企业文化的认同感以及企业文化对员工行为的指导作用。企业文化是企业共同拥有的特有价值观与行为准则的聚合，这些价值观和行为准则构成企业中人们之间和他们与企业外各利益方之间交往的方式(Schein，1985)。社会责任指企业在参与市场竞争过程中承担的对社会、顾客、员工、股东等利益相关者的责任。企业的决策和行为会对社会和其他成员产生积极或消极影响，企业在追求利益的同时应该对社会承担责任(Bowen，1953；Davis，1960；Carroll，1979)。股东只是一种主要的利益相关者，企业应该对包括股东在内的所有利益相关者负责(Freeman，1984)。品牌已经成为企业的重要无形资产(David A. Aaker，1996)，可以为企业带来更高的利润和市场份额(Alexander L. B.,1993),与竞争者有所区别(Chernatony & Mcwilliam,1989),还可以增加顾客的忠诚度。自主品牌更强调自主开发、自主产权和资本归属。在汽车产业中,世界上没有哪个国家像中国汽车企业这样渴望"自主",它在中国汽车行业有着极其重要的地位和纷繁复杂的诠释(王念,2010)。技术创新软实力一直是汽车企业竞争的核心之一,主要表现为通过技术创新,改善汽车性能,不断超越自我,满足用户需求。Smeds Tutta Johanna(1996)指出,企业进化的基本手段是学习和创新。以新能源技术为核心的创新能力将成为未来汽车企业竞争的制高点。战略软实力包括企业领导人的战略洞察力、战略决策力和战略执行力。对于从事多种业务的公司,其竞争优势的获得在于一种洞察力(Alden M. H.,2001),领导人的战略洞察力决定着企业能否抓住历史性机遇。战略决策和战略执行具有同等重要性(Atkinson,2006;Higgins,2005;Kaplan & Norton,2001),战略决策力决定着企业的发展方向,战略执行力决定着战略决策能否被有效执行并最终达到战略目标。国际化软实力指企业国际化拓展、国际化运营和国际化竞争的能力。企业领导人的国际化视野和意识是企业进行国际化拓展的首要因素,充足的国际化人才储备是汽车企业国际化拓展和运营的必备要素。企业管理软实力指涉及企业战略、运营、财务、服务、营销、物流等各方面实现协作和匹配的能力,是有效整合企业资源的能力。随着企业国际化和原材料采购全球化,管理能力也已经成为软实力的构成要素。

表6.1　　中国汽车企业软实力测评的指标体系

一级指标	文献基础	二级指标
企业文化 软实力 (P1)	万红波、田五星等(2008);郭德和梁娟红(2008);刘承元(2008);周晨(2009);Schein(1985)	Q1:员工的归属感 Q2:企业的使命感 Q3:对价值观的认同 Q4:学习和创新的意愿 Q5:开放的文化氛围

续表

一级指标	文献基础	二级指标
社会责任软实力（P2）	王志乐(2005)；王广伟(2007)；万红波等(2008)；李益(2008)；郭德和梁娟红(2008)；Bowen(1953)；Davis(1960)；Carroll(1979)	Q6：高性价比的汽车 Q7：注重员工的利益 Q8：注重消费者的利益 Q9：注重节能环保 Q10：注重社会形象 Q11：注重可持续发展
自主品牌软实力（P3）	黄牧怡(2004)；郭德和梁娟红(2008)；梁荣亮和过学迅(2008)；王念(2010)；Alexander L. B. (1993)；Chernatony & Mcwilliam (1989)；David A. Aaker(1996)	Q12：自主品牌战略明确性 Q13：自主品牌的竞争优势 Q14：自主品牌的开发力度
技术创新软实力（P4）	万红波等(2008)；郭德和梁娟红(2008)；黄牧怡(2004)；李益(2008)；Smeds Tutta Johanna(1996)	Q15：创新方向的明确性 Q16：创新模式的选择 Q17：创新投入的力度 Q18：创新的速度 Q19：创新人员的投入程度
企业战略软实力（P5）	黄牧怡(2004)；李益(2008)；万红波等(2008)；Alden M. H. (2001)；Atkinson(2006)；Higgins(2005)；Kaplan & Norton(2001)	Q20：员工对战略的认知度 Q21：领导人的战略洞察力 Q22：企业的战略执行力 Q23：企业的国际化发展方向 Q24：企业应对危机的能力
国际化软实力（P6）	梁荣亮和过学迅(2008)；陈之善和梁瑞丽(2009)	Q25：领导层的国际化程度 Q26：领导层的国际化背景 Q27：国际化的管理能力 Q28：国际市场开拓能力
企业管理软实力（P7）	李益(2008)；郭德和梁娟红(2008)	Q29：供应链管理能力 Q30：信息化管理能力 Q31：生产管理能力 Q32：财务管理能力 Q33：服务管理能力 Q34：客户关系管理能力

6.3　研究方法

本研究选择单案例研究方法，一是因为案例研究最适合“为什么”“怎么样”的问题(Yin,1994;毛基业和张霞,2008),单案例研究能更深入地进行案例调研和分析,更容易把“为什么”和“怎么样”说清楚;二是因为本研究属于“问题驱动研究”,“问题驱动研究”强调机制解释和整合图式,在社会科学研究中越来越被注重。

6.3.1 案例选择

本研究选择上海汽车工业(集团)总公司(简称“SAIC”)软实力的测评和提升作为案例研究对象。选择SAIC作为研究对象,一方面是受上海汽车工业教育基金会的委托,另一方面是因为SAIC是中国汽车企业合资合作模式的典型代表。SAIC案例对中国汽车工业和采用合资合作模式发展的中国工业企业都有参考价值和借鉴意义。SAIC是中国三大汽车集团之一,2018年整车销售超过705.17万辆,成为中国首家年销量突破700万辆大关的汽车集团。2019年7月,上汽集团以上一年度1 363.925亿美元的合并销售收入,第15次入选《财富》杂志世界500强,排名第39位,在此次上榜的全球汽车企业中名列第7,在中国企业中排名第10。得益于中国汽车市场的崛起,SAIC取得快速发展。与大众和通用的多年合作使其旗下品牌深受中国消费者爱戴,市场稳定。在汽车市场不断壮大和中外合作深入进行的过程中,SAIC不断学习技术、积累经验、开创自主品牌,为成为世界级汽车企业打下了基础。但目前SAIC与世界级汽车企业的差距仍然十分明显,年营业收入在500亿美元以下,与千亿美元大关尚有很大距离;差距不仅体现在“体量”上,更体现在竞争力上。技术和品牌是支撑世界级汽车企业的核心要素,无论是技术创新能力,还是自主品牌培养能力,SAIC与世界级汽车企业的差距都较为明显。

6.3.2 研究设计

本研究设计包括明确研究问题、预设构念、说明相关理论、明确分析单元和组织研究团队等内容。案例研究首先要明确研究的问题,例如用

“怎么样”“为什么”来表示(Eisenhardt,1989;Miles & Huberman,1994;Yin,1994)。本研究首先要搞清楚SAIC软实力“怎么样”,即测评SAIC软实力现状;其次是找到影响SAIC软实力提升的原因,搞清楚“为什么”会有这样的问题;最后提出SAIC软实力培育提升的路径和建议。

预设构念是在研究开始之前根据研究问题和相关理论预设一些构念,并将其体现在访谈草案或问卷中,一旦被证明是重要的,则证明其有坚实的经验基础(Eisenhardt,1989)。在开始正式研究之前便收集了关于软实力的大量文献资料,并研究了以丰田、大众等为代表的世界级汽车企业软实力情况。在文献梳理和案例借鉴的基础上对中国汽车企业软实力的内涵、构成及培育路径有了比较清晰的构念。

说明相关理论,尽可能了解相关的完整理论,以便合理收集数据、分析归纳。案例研究重在发现范畴和关系,获得相关理论的支持是十分必要的(毛基业和张霞,2008)。即使是事先不需要理论框架约束的扎根理论方法也认为,既有理论可以作为每一步研究分析的参照(Strauss & Corbin,1998),由此可以确定研究的新发现。本研究在“中国汽车企业软实力的构建”部分对国内外软实力文献进行了收集、梳理和归纳,界定了软实力的内涵,归纳了中国汽车企业软实力的构成要素,为测评工作搭建了理论框架基础。

明确分析单元,要明确研究聚焦的主要对象,也就是确定数据收集的边界,这与界定研究问题是联系在一起的(Eisenhardt,1989;Yin,1994)。本研究的分析单元即构成中国汽车企业软实力测评体系一级指标的软实力七要素:企业文化软实力、社会责任软实力、自主品牌软实力、技术创新软实力、企业战略软实力、国际化软实力和企业管理软实力。

由多人组成的研究团队有助于提高结论的信度,并且集体智慧更有可能产生新发现。本研究团队由9人组成,分工如下:审阅和指导1人,框架设计和组织实施1人,软实力测评1人,文献和案例梳理1人,数据收集、整理3人;另外,上海汽车工业教育基金会项目主任负责课题的协调,SAIC培训中心一位老师负责调研问卷发放和收集。

6.3.3 数据收集

本研究的数据收集程序包括对数据库、网络、媒体报道、书籍报刊等资源进行的关于“软实力”、SAIC和汽车行业的二手资料收集;SAIC实地观察;对SAIC员工和中高层管理者、合作伙伴、行业资深人士等进行访谈,每次访谈结束后把归纳的信息及时反馈给被访人员求证,必要时再针对某些问题及时回访(见表6.2)。案例研究的一个重要优势就是有机会收集不同证据来展示整个事件的丰富画面(Yin,1994)。“证据三角形”便是强调对同一现象采用多种手段研究,通过多种数据的汇聚和相互验证来确认新的发现,避免由于偏见影响最终判断,解决了研究的构念效度问题。本研究的数据证据来源有二手资料、问卷调研、访谈等;数据收集分别由研究团队的不同人员评估分析;另外,在问卷设计过程中还针对同一问题采用了不同维度设计,使用模糊层次分析法、模糊综合分析法等分析。

表6.2　　一手资料采集路径

调研类型		调研内容和花费时间
1	高层管理者访谈	对象:副总裁(李积荣)。内容:“上汽在建设成为世界500强国际化公司进程中软实力培育提升研究”立题背景,预达到的目标,以及他对该命题的理解和SAIC软实力的状况。耗时:1.5小时 对象:上海汽车工业教育基金会秘书长(孟嗣宗)。内容:从技术创新视角谈SAIC软实力的现状、问题及原因,以及未来培育和提升软实力的建议。耗时:2小时 对象:上汽乘用车副总经理(蒋俊)。内容:SAIC自主品牌战略。耗时:1小时
2	领导层报告	报告人:SAIC董事长、党委书记(胡茂元)做党委工作报告,SAIC副董事长、上海汽车总裁(陈虹),SAIC总裁(沈建华)分别做行政工作报告。内容:2010年主要工作总结、2011年形势任务分析、2011年重点工作安排、“十二五”发展目标和任务。耗时:3小时
3	SAIC软实力研讨会	参与人:上海交大安泰管理学院教授、华东理工大学教授、上海财经大学500强企业研究中心教授、SAIC董事会办公室副主任(陈明)、上海汽车工业教育基金会项目主任(杨健康)、课题组研究团队。主题:SAIC软实力现状、问题及培育提升建议。耗时:3小时
4	问卷调研	参与人:SAIC培训部老师、课题研究团队及SAIC中高层管理人员

续表

调研类型		调研内容和花费时间
5	实地访谈	对象：来自SAIC不同岗位的员工。内容：SAIC软实力情况。耗时：4小时(0.5小时/人次)
6	供应商访谈	对象：延锋百利得高管。内容：(供应商角度)SAIC软实力现状、问题及对策。耗时：1小时
7	行业参观和资深人士访谈	参与人员：研究团队人员。2011上海国际汽车展。参观SAIC汽车技术更新、新能源汽车及自主品牌汽车的市场表现，访问预购买者对其评价 参与人员：研究团队人员。OICA(世界汽车组织)首届(上海)高峰论坛。论坛主题："低碳时期的世界汽车工业发展"
8	世界级汽车企业访谈	对象：奔驰汽车销售经理。内容：奔驰软实力的核心体现，以及提升SAIC文化软实力建议。耗时：1小时

案例研究中需要尽量收集定量数据，有助于避免被复杂的定性数据所迷惑(Eisenhardt，1989；Yin，1994)。本研究使用了定性加定量的数据，定量数据来自对SAIC软实力的调研问卷。问卷设计主要围绕SAIC软实力现状展开，对软实力七要素进行调查。通过了解SAIC的软实力现状，提出软实力培育和提升建议。为了避免有些因素在问卷设计中被遗忘和检验被调研者的一致性，在问卷的第二部分设计了半开放式选择题和开放式问答题。调查问卷包括SAIC软实力现状量表题和SAIC软实力开放式问题两部分。其中，软实力七要素以里克特(Likert)五级量表进行度量。问卷设计的依据来自三点：参考企业软实力文献研究成果；借鉴世界500强汽车企业软实力经验；结合访谈和预调研结果。调研采用匿名问卷方式进行，对象是在SAIC培训中心接受培训的来自集团内部多个部门的中高层管理者。实做问卷98份，因8份有缺失值，实际有效问卷90份。深度访谈的对象有企业内部人士、汽车行业研究人员、同行业竞争者、集团供应商等。

6.3.4　数据分析

本研究主要采用数据编码和归类的方法分析和整理资料，目的是从大量资料中提炼主题(李飞、陈浩等，2010)。数据处理过程如下：首先，按照数据来源对资料编码,分别把对3位高层管理者访谈和3位领导人的报告编码为M_1～M_6,对员工实地调研的8人次统一编码为M_0,对供应商的访谈编码为S_0,对同行业内人士访谈统一编码为C_0,对世界级汽车企业访谈编码为B_0;对于二手资料,由于来源广泛,统一编码为SH。其次,以渐进方式整理资料,根据研究的三大主要问题(中国汽车企业软实力构成要素、SAIC软实力存在问题及其原因、SAIC软实力培育提升路径)分析数据资料,把所提及的各项事例编码成相应的问题条目。最后,对所有资料进行初步编码分类,得到了一个包含256个条目的条目库,分为软实力构成要素63个条目、SAIC软实力存在问题及原因108个条目、SAIC软实力培育提升路径85个条目。在编码过程中,研究团队借鉴了前人(李飞、陈浩等,2010)的做法,由3位成员分别独立编码,之后讨论核对。编码过程分为三步:首先,分别对三大主题的256个条目编码,在这一轮中3人在三大主题条目上的一致率分别为92%、86%和81%;其次,讨论存在差异的编码条目,并争取达成共识,本轮一致率上升至95%、88%和86%;最后,对剩余仍无法达成共识的条目进行讨论和分析,剔除无效条目17条,最终保留有效条目239条,包括软实力构成要素61条、SAIC软实力存在问题及原因98条、SAIC软实力培育提升路径80条。

在对软实力构成要素编码过程中发现,软实力虽然可以分解为七个构成要素,但现实中却很难严格区分。这是因为软实力是企业竞争力的高级体现,是一个有机体系。比如,“技术创新激励”条目可以隶属“企业文化软实力”组,也可以隶属“技术创新软实力”组,两个组别之间具有无法割裂的关系,没有注重技术创新的文化,企业就不可能具备技术创新软实力。亦即七要素之间存在紧密联系,相互作用、相互影响,共同构成了中国汽车企业软实力体系。另外,在二手资料编码过程中发现,已有文献在软实力构成要素中对“企业文化软实力”“社会责任软实力”“品牌软实力”“技术创新软实力”及“企业战略软实力”认同度较高,但对“国际化软实力”“企业管理软实力”认同度较低。在一手资料收集和编码中发现,“国际化”及“企业管理”过程中的一些问题(比如供应链管理、客户关系管理等)曾频繁被提及。考虑到目前中国汽车企业所处时代背景,应该确认这两个构成要素为中国汽车企业软实力的构成要素。此外,之所以在品牌前面加上“自主”二字,是因为在调研中发现 SAIC 的“合资”品牌(上海大众和上海通用)较强,但“自主品牌”仍处于培育和起步阶段,鉴于“自主品牌”对 SAIC 未来发展的重要性,研究团队一致认为应该将“自主品牌软实力”作为构成要素之一。

为了确保数据和研究的真实性,防止理解偏差,研究数据及初步结论被反馈至 SAIC,得到了董事会办公室及教育基金会的认同。教育基金会认为“问卷设计基本包含了 SAIC 软实力的所有内容,比较全面”,董事会办公室认同对 SAIC 软实力评价结果,“统计和测评结果比较客观地反映了 SAIC 的软实力状况”。

6.4　研究发现

6.4.1　模糊层次分析法的指标权重结果

模糊层次分析法(FAHP)将层次分析法定量性和客观性的优点与模糊综合评价法的包容性有机结合,是一种适用性更强的决策方法。本研究利用 FAHP 计算企业软实力评价指标及其权重。通过建立企业软实力七要素的 FAHP 模型,根据各因素的重要程度分析,建立两两比较模糊判断矩阵;根据模型计算出的模糊一致判断矩阵,分别计算出企业软实力一级指标和二级指标权重(见表 6.3)。本研究运用 SPSS 软件求出各级指标的权重,以反映各项指标的重要程度,权重越大的指标,表明其越重要。

表 6.3　　SAIC 软实力各指标在总目标下的权重

*P*1	*Q*1	*Q*2	*Q*3	*Q*4	*Q*5	
一级指标	0.139	0.139	0.139	0.139	0.139	

续表

$P1$	$Q1$	$Q2$	$Q3$	$Q4$	$Q5$	
二级指标	0.199	0.193	0.194	0.209	0.205	
总权数	0.028	0.027	0.027	0.029	0.028	
$P2$	$Q6$	$Q7$	$Q8$	$Q9$	$Q10$	$Q11$
一级指标	0.148	0.148	0.148	0.148	0.148	0.148
二级指标	0.137	0.174	0.173	0.176	0.171	0.169
总权数	0.020	0.026	0.026	0.026	0.025	0.025
$P3$	$Q12$	$Q13$	$Q14$			
一级指标	0.141	0.141	0.141			
二级指标	0.326	0.338	0.336			
总权数	0.046	0.048	0.047			
$P4$	$Q15$	$Q16$	$Q17$	$Q18$	$Q19$	
一级指标	0.149	0.149	0.149	0.149	0.149	
二级指标	0.171	0.199	0.209	0.212	0.212	
总权数	0.025	0.030	0.031	0.032	0.032	
$P5$	$Q20$	$Q21$	$Q22$	$Q23$	$Q24$	
一级指标	0.147	0.147	0.147	0.147	0.147	
二级指标	0.170	0.180	0.206	0.220	0.224	
总权数	0.025	0.026	0.030	0.032	0.033	
$P6$	$Q25$	$Q26$	$Q27$	$Q28$		
一级指标	0.134	0.134	0.134	0.134		
二级指标	0.256	0.229	0.240	0.275		
总权数	0.034	0.031	0.032	0.037		
$P7$	$Q29$	$Q30$	$Q31$	$Q32$	$Q33$	$Q34$
一级指标	0.144	0.144	0.144	0.144	0.144	0.144
二级指标	0.182	0.158	0.152	0.153	0.176	0.179
总权数	0.026	0.023	0.022	0.022	0.025	0.026

(1)一级指标权重:$W_{总}$=(0.139,0.148,0.141,0.149,0.147,0.134,0.144)。七要素权重比较平均,即包括国际化软实力和企业管理软实力

在内的中国汽车企业软实力的七个构成要素均得到了证明。其中，技术创新软实力的权重最高，社会责任软实力的权重紧随其后，企业战略软实力位列第三。这一结论在数据编码过程中也得到了证明，在软实力构成要素的 61 条有效编码中，企业文化软实力 8 条、社会责任软实力 11 条、自主品牌软实力 8 条、技术创新软实力 11 条、企业战略软实力 10 条、国际化软实力 7 条、企业管理软实力 6 条。

(2)二级指标权重。由 FAHP 计算结果可知，软实力七要素中的 34 项二级指标的权重分布比较均匀，即软实力的 34 项二级指标也均得到证明。企业文化软实力中，“学习和创新的意愿”“开放的文化氛围”权重较高，即相对于员工归属感、使命感，SAIC 应该更注重员工学习和创新的意愿，营造开放的文化氛围，激发他们不断学习、创新，为企业注入新的思想。社会责任软实力中，“注重节能环保”权重相对较高，而“高性价比的汽车”权重较低。随着低碳经济的到来，节能环保已经成为中国汽车企业发展的主题；而“高性价比的汽车”权重较低则说明了在未来的竞争中，只提供高性价比的汽车已经不能充分体现汽车企业的竞争力。自主品牌软实力的 3 项二级指标的权重相当，说明不管是“明确的自主品牌战略”“自主品牌的竞争力”，还是“发展模式对自主品牌的影响”，都是反映自主品牌软实力的重要指标。技术创新软实力中，“新产品的研发速度”“对研发人员的激励”权重较高，“技术创新方向明确”权重较低。在信息技术飞速发展的带动下，“摩尔定律”也从信息领域传导至汽车领域，汽车企业能够通过科学的激励机制促使研发人员不断创新，加快新产品的研发速度，这将成为技术创新软实力的核心体现。“技术创新方向明确”权重较低，可能是因为技术创新本身就需要发散性的思维和路径。企业战略软实力中权重最高的是“企业应对危机的能力”，其次是“国际化战略方向明确”。可见在瞬息万变的竞争环境中，企业不仅需要高层管理者战略思想明确，更重要的是具备灵活应对危机的能力。企业国际化软实力中，权重最高的是“国际市场的开拓能力”，其次是“管理层中的外籍人士的数量”。可见，中国汽车企业亟待提升国际化软实力，而增加管理层中外籍人士的比重可以促使国际市场开拓能力得到有效提升。企业管理软实力中,“供应链管理能力”权重最高,其次是“客户关系管理能力”和“售后服务的能力”。在全球化运营的今天,以零部件供应体系为代表的企业供应链管理能力是支撑中国汽车企业开拓全球市场的基础,而在汽车产品逐渐同质化趋势下,是否具备强大的售后服务能力和客户关系管理能力是汽车企业竞争力的重要体现。

6.4.2 模糊综合评价结果

模糊综合评价法是一种基于模糊数学的综合评标方法。该方法根据模糊数学的隶属度理论将定性评价转化为定量评价,即用模糊数学对受到多种因素制约的事物或对象做出总体评价。本研究在对问卷量表题统计的基础上使用该法分析和评价 SAIC 软实力总体情况。

(1)一级指标评价。用模糊等级模型计算软实力一级指标的七个层次的等级评判向量为:

$$B=(b_1,b_2,b_3,b_4,b_5)^T=(0.264,6.500,20.906,37.171,25.339\,0)^T$$

结果显示员工对与 SAIC 的软实力总体“比较同意”,按以上评判向量来看,“非常同意”“基本同意”尾随其后。综合指数的运算结果表明,问卷综合评分为 0.748 8,表明内部员工对 SAIC 软实力认同感较高。与计算 b 值相比,模糊等级(比较满意)与综合指数(0.748 8)吻合。研究的可信度较高,员工对于 SAIC 软实力的评价相对集中于比较满意的区域。

(2)二级指标评价。由归一化处理后的数据可以得出各层次在 5 项满意程度指标中的综合满意程度,B_1(企业文化软实力),B_3(自主品牌软实力)选择“非常同意”的占比最大,其余 5 个软实力构成要素的选择集中在“比较同意”阶段。即员工对 SAIC 的文化软实力和自主品牌软实力满意度最高,而对国际化软实力的满意度最低。

$B_1=(0,0.01,0.14,0.39,0.46)^T$;

$B_2=(0,0.02,0.23,0.42,0.32)^T$;

$B_3=(0,0.03,0.13,0.40,0.43)^T$;

$B_4=(0,0.02,0.26,0.47,0.26)^T$；

$B_5=(0,0.03,0.24,0.48,0.24)^T$；

$B_6=(0,0.12,0.37,0.39,0.12)^T$；

$B_7=(0,0.04,0.28,0.47,0.21)^T$。

6.4.3　评价结果的进一步分析

（1）员工对 SAIC 文化的认同度很高，但认知度较低。被调研者对 SAIC 企业文化软实力总体认同度有 46%集中在“非常同意”。通过量表的统计结果发现，员工对“集团的核心价值观”非常认同，也有“较强的学习或创新意愿”。“为了用户满意，为了股东满意，为了社会和谐，上汽要建成品牌卓越、员工优秀，具有核心竞争力和国际经营能力的汽车集团”是 SAIC 的战略愿景；“满足用户需求，提高创新能力，集成全球资源，崇尚人本管理”是 SAIC 的核心价值观。战略愿景和核心价值观是 SAIC 员工培训的必修课，并作为重点内容写进了《上汽合格汽车工人培训 5W 读本》。经过培训，员工对 SAIC 文化的认同度大幅提高。

为验证被调研者回答的一致性，本研究在问卷的第二部分设计了一个问答题，让员工用一句话总结 SAIC 的企业文化。在 90 份有效问卷中，只有 55 名员工写下了 SAIC 的企业文化，参与度不高，回答内容也比较零乱（详见表 6.4）。由此提示，虽然员工对 SAIC 的企业文化认同度很高，但认知程度并不高。原因可能是多方面的。从 SAIC 战略愿景和价值观看，表述中过多地凸显了利益相关者，对企业的特色则表现不足，文化个性不鲜明。这不但对内部员工起不到应有的凝聚和激励作用，也很难对社会和市场起到感召和吸引作用。企业软实力是在企业既有文化基础上的文化认同和融合，若离开文化，企业就会迷失自我。以丰田汽车为代表的日本汽车工业国际化进程中，丰田“生生不息的持续改善文化”有力地支撑着生产方式系统、高效运行，形成了具有特色的丰田汽车软实力。一位受访专家在接受研究小组访谈时，畅想了当前环境下 SAIC 需要具备的基本文化特质：“进取，独立，危机意识，使命感，主人翁精神。”

表 6.4　　SAIC 企业文化调研题项统计整理

序号	回答内容	序号	回答内容	序号	回答内容
1	精益生产	6	精益管理、创新发展	11	多元、和谐、积极向上
2	做大做强	7	尚优文化	12	以人为本
3	造车育人	8	精益求精	13	人文管理
4	造好车、育好人	9	以人为本、客户第一	14	造车育人
5	提供用户满意的服务	10	以人文本	15	凝聚用户、凝聚党员

注：任选 15 名员工的回答内容。

(2)员工对 SAIC 社会责任软实力较为认同，但认为集团在“生产高性价比的汽车”和“尊重员工利益”方面尚需提升。社会责任软实力是软实力的重要构成要素，其权重位列第二。员工对 SAIC 社会责任软实力总体上比较认同，其中对集团“追求可持续发展”和“积极参与社会公益活动”方面给予了很高的评价。SAIC 的前身可以追溯到 1956 年的上海市内燃机配件制造公司，公司成立之初便秉承“可持续发展”理念，经过半个世纪尤其是改革开放后 40 多年的发展，成为中国三大汽车集团之一，取得了非凡成就。2010 年的上海世博会给 SAIC 提供了展示风采的最佳机遇，SAIC 以极高的责任感和饱满的工作热情，积极投入参与世博会建设和运营保障工作，赢得了社会的认可和好评。另外，SAIC 一直热心公益事业，2010 年向汶川和玉树地震灾区、希望小学、贫困大学生等社会各类公益事业捐款共计 1 500 多万元。在对社会公益事业奉献爱心的同时，SAIC 也赢得了员工和社会的尊重。

问卷统计结果显示，SAIC 在“生产高性价比汽车”(25.55%的员工选择了“基本同意”“不太同意”)和“尊重员工利益”(23.33%的员工选择的“基本同意”)方面的认可程度略显不足。原因是与国内汽车企业相比，SAIC 品牌溢价较高，影响汽车的性价比。另外，SAIC 属于国有企业，员工数量较多，历史包袱比较沉重，体制不够灵活，从而影响员工的利益。“尊重员工利益”“生产高性价比的汽车”是企业社会责任中最为基本的责任，多数学者认为强化企业社会责任能够提升企业软实力，以宝骏为代表的汽车企业社会责任软实力也得到了验证。宝骏深信“在追求企业利润和股东价值的同时，还应该对社会和环境的需求报以同等的关注”，并在员工发展、教育支持、环境保护、爱心车等几个方面诠释自己的社会责任理念。因此，SAIC 需要从提供高性价比的汽车和尊重员工利益方面提升集团的社会责任软实力。

(3)员工对 SAIC 自主品牌认同度很高，但仍有超过半数的人认为 SAIC 的“合资模式制约了集团的自主品牌开发”。在问卷选择题中 77.78%的员工认为“品牌是集团核心竞争力的体现”，再次证明了员工对 SAIC 品牌的高认同度。多数人比较同意和非常同意“集团自主品牌开发战略明确”“集团自主品牌在国内竞争力强”的判断。SAIC 自主品牌开发经历了突破、停滞和重启三个阶段(详见表 6.5)。2018 年荣威和名爵自主品牌汽车实现销售 73 万辆，同比增长 36.5%。荣威 RX5 年销量超过 20 万辆，i5 等新品上市后快速热销。新能源和互联网汽车销量占比超过 40%，创新产品引领品牌向上。

表 6.5　　SAIC 自主品牌之路

	突破阶段	停滞阶段	重启阶段
实践阶段	1950～1978 年	1991～2001 年	2002 年至今
标志性事件	1958 年上海汽车装配厂试制成第一辆凤凰牌轿车，实现上海汽车工业轿车制造“零”的突破；1964 年凤凰牌轿车改名为上海牌轿车，至 1975 年形成 5 000 辆年产能	1991 年 11 月 25 日，为集中力量发展桑塔纳轿车，上海牌轿车停产	2002 年提出 5 万辆自主品牌的目标，同年成立 SAIC 工程研究院；2004 年购买了罗孚核心技术的知识产权；2006 年自主品牌命名为“荣威”
实现方式	艰苦创业	战略转型	国际并购
总结	上海汽车工业从修配业到整机整车制造的突破，是在缺乏技术、装备、生产经验和资金的困难情况下进行的，形成了“草窝里飞出金凤凰”的艰苦创业精神	1978 年邓小平在回答上海轿车项目能否合资经营的请示时一锤定音：“可以，不但轿车可以，重型车也可以嘛!”自此，上海轿车项目从引进装配线改为中外合资经营	收购英国 Rover75、25 核心知识产权及 K 系列发动机和 L 系列柴油发动机技术等

资料来源：根据 SAIC 发展历程整理。

45.56%的员工“比较同意”“非常同意”“集团的合资模式制约了集团

的自主品牌开发”的说法。合资企业用较短的时间全面系统地学习和吸收了跨国公司长期积累的知识、技术和经验,迅速缩短了与国外的差距,满足了国内市场的需求。但在市场蓬勃发展的背后,中国汽车企业却在核心技术、创造能力和自主品牌开发方面的步伐较为缓慢。目前SAIC的乘用车品牌呈现“3+X”结构,其中上汽大众品牌、上海通用品牌和上汽通用五菱三大合资品牌2010年销量均突破百万辆大关,成为支柱品牌。相比而言,荣威、MG等“X”个品牌共实现了16万辆销量。若以世界级汽车企业为目标,SAIC的品牌结构也是多元化的“3+X”,其中合资的本土化品牌(如朗逸、宝骏等)、并购整合的自主品牌(荣威、MG等)和自主开发的自主品牌(如上海、凤凰等)是三大支柱性自主品牌;“X”是合资品牌(如大众、通用等)。虽然目前SAIC的自主品牌荣威和MG是通过收购重组方式实现的,但已经在国内自主品牌汽车市场获得了消费者的认同。除了并购重组方式之外,SAIC还可以更新和升级“上海牌”“凤凰牌”等原有自主品牌。

(4)员工对SAIC技术创新软实力比较认同,但对“集团的研发费用投入高”的认同度不高,且有超过半数的人认为“合资模式制约了集团的自主创新”。虽然SAIC的自主研发已经有了经营主体,但与国内外汽车企业相比仍严重不足,直接影响了自主创新进程。作为合资企业,SAIC的技术多从国外引进,虽然技术引进模式在早期为其发展提供了必要的技术支撑,但客观上也制约了自主创新的进程。首先,合资带来的提高主要体现在“制造”环节,在“设计研发”“关键零部件研发”等核心技术方面的提升受限。其次,合资企业容易陷入“重复本土化”,从而忽略对自主产品的研发。造成依赖性强的客观原因有多种,其中最根本的是自主意识淡薄。合资模式引发思想上的惰性,导致了SAIC自主意识淡薄。“过分依赖外方技术引进,没有下决心、花大力气在自主创新方面下功夫,使企业在核心技术领域的自主研发上渐行渐远,只具备制造能力而缺乏应有的应用开发能力,企业长远发展受制于外方”。

在企业软实力七要素中,技术创新软实力的权重最高,说明其在软实力构成体系中占据核心地位。在选择题项中，76.67%的被调研者认为“自主研发能力不足”是制约 SAIC 发展的关键要素；71.11%的被调研者认为“自主创新能力”是 SAIC 成为世界级汽车企业亟待改善和提升的方面。因此，在现有合资合作的大环境下如何加强自主创新能力，以获取未来的竞争优势，是 SAIC 在建成世界级汽车企业中必须攻克的难题。目前，汽车行业自主创新的实现方式有五种：对合资品牌的本土化开发、并购重组方式推进自主品牌开发、共用平台策略实行自主开发、独立自主开发方式，以及与专业设计公司进行联合开发。虽然五种方式都能提升 SAIC 的自主创新能力，但其在自主性和创新性方面却存在较大差异：“本土化开发”最容易实现，但自主性和创新性最低；“并购重组”方式自主性较高，但创新性却令人担忧。目前 SAIC 主要使用了前两种方式，对自主性和创新性较高的后三种模式使用不足。

(5)员工对 SAIC 企业战略软实力比较认同，但对集团战略认知程度、国际化战略明确程度和应对危机能力的认同度不高。尽管被调研对象是 SAIC 的中层以上管理人员，但其中仍有 28%的人对“您了解集团的发展战略”的回答是不太同意和基本同意，说明 SAIC 战略沟通和渗透不够。多层级的组织管理体系是阻碍战略沟通的一个重要原因。同样，有 28%的被调研者在回答“您认为集团的国际化战略明确”时选择了“不太同意”“基本同意”。高度国际化是世界级汽车企业的一个显著特点，但 SAIC 的国际化程度依然很低。“国际化”是 SAIC“十二五”规划中的重要战略目标，但规划没有明确海外收入占比、海外分支机构个数等具体的量化指标，这不利于国际化战略的有效执行，可能导致 SAIC 国际化步伐迟缓。因此，SAIC 应该将国际化战略更加明确化和具体化，提出可以量化的具体目标。

FAHP 分析结果显示“企业应对危机的能力”在企业战略软实力中权重最高，即应对危机能力是企业战略软实力的核心体现。但是有 29%被调研者在回答“您认为集团应对危机的能力强”时选择了“不太同意”“基本同意”。2008 年经济危机致使世界汽车工业濒临危局，美国市场退回到1990年的水平,欧洲汽车市场集体大幅下跌,日本创下39年新低,中国汽车市场也是险情频仍。因此,人们对汽车企业的战略能力越发重视,并且提出了更高的要求。

(6)员工对SAIC国际化软实力认同度较低,多数人认为“集团的国际市场开拓不足”。同时问卷选择题的调研结果显示,54.44%的人认为国际化拓展能力是SAIC建成世界级汽车企业过程中亟待改善和提升的另一个方面。除了国际化目标不明确之外,造成SAIC国际市场开拓能力不足的原因还有两个:国际化战略的路径不明确,国际化战略缺乏核心支撑。自主开拓、并购和合资是企业国际化的三种路径,目前SAIC主要通过并购进行国际化拓展。并购虽然能够实现国际化快速扩张,但对企业提出了更高要求,否则失败的可能性很大,收购双龙的失利也证明了这一点。研究发现,“循序渐进”是多数世界500强企业国际化的路径。因此,不能让“拿来主义”成为SAIC在国际化道路上的路径依赖,或许“循序渐进”是SAIC需要正视和采用的国际化战略路径。SAIC国际化战略有效开展需要有自主品牌汽车和自主创新能力作为支撑。“荣威”“名爵”诞生不久,缺乏积累,其品牌认知度有待进一步考验;购买的技术能否充分消化吸收和再创新,也不确定。可见不管是自主品牌还是自主技术,均尚不足以支撑SAIC开拓国际市场。目前,SAIC借力通用汽车进行初级国际化的战略已经启动,但自主开拓市场的深入国际化路径依然不够明朗。未来SAIC若要在国际化道路上持续前行,自主与合资“两手抓,两手都要硬”。

(7)员工对SAIC的管理软实力比较认同,但对集团信息化管理水平和生产体系效率的认同度不高。由评价得出,员工对SAIC的管理软实力较为满意,在融资和客户关系管理方面满意度较高,但对企业信息化管理水平和生产体系效率的评价相对较低。互联网技术可协助汽车厂家之间、整车厂与零部件厂家之间进行计算机辅助设计、采购、销售等远程数据、图像信息的交换,使开发新车型的工作与生产、采购的准备工作同步进行,从而缩短新产品的上市时间。虚拟现实设计系统即设计人员或技术人员进入所设计的虚拟汽车环境中，在计算机上进行样车设计、试验操作以及检验修改，实现数字化产品开发。这些信息化手段的创新及运用可以达到节省开发费用、加快开发进度、缩短研发周期、促进新产品尽快上市的目的。例如，奔驰、宝马、大众等大公司以“数字汽车”模型来代替实际的汽车模型，将新车型设计时间从 1 年缩减到 2 个月左右，有些车型的开发成本可降低到原来的 1/10。在一些汽车零部件设计中，虚拟现实技术使成本降低了 40%之多。因此，通过运用信息化手段提升信息化管理水平，SAIC 不仅可以缩短研发周期，减低研发成本，还有助于提高生产效率。

(8)自主精神缺乏是制约 SAIC 软实力提升的瓶颈。在分析了 SAIC 软实力七要素存在的问题及原因后发现，个别属于战略方面的，比如“国际化战略不明确”“国际化路径不明确”；个别属于战术方面的，比如“研发投入和激励明显不足”“对企业文化的认知度不高”；其余都直接和间接地属于精神层面：自主精神的缺乏。战略和战术层面的问题可以通过转变和调整有效解决，但意识和精神层面的问题是最为深刻和最难转变的。

SAIC 在向世界级汽车企业目标迈进时，国际化是必经之路，只有其产品(即自主品牌汽车)在国际市场上广泛销售，并被国际市场广泛认可，SAIC 才能将国际化之路不断向前推进。因此，自主品牌汽车是 SAIC 国际化的支撑，国际化是 SAIC 成为世界级汽车企业的支撑。然而，自主品牌汽车亦非无源之水，自主技术是支撑自主品牌不断提升和推陈出新的源泉；自主技术也非无本之木，自主技术的研究、开发和成功运用是在企业自主文化环境氛围中产生的，而自主文化氛围的培养需要强有力的自主精神作支撑。以上就是 SAIC 需要具备的软实力体系：自主精神支撑自主文化建设，自主文化支撑自主技术研发，自主技术研发支撑自主品牌培育，自主品牌提升支撑国际化发展，国际化发展支撑世界级汽车企业目标的实现。

表 6.6　　制约上汽集团软实力提升的瓶颈及其原因总结

表现方面	瓶颈因素及原因	原因剖析	改善方法
国际化软实力	国际化战略不明确,无法考核	国际化战略问题,但更为深刻的原因是缺乏自主品牌和技术的支撑	完善国际化战略
	国际化路径不清晰,准备不足		
	国际化缺乏核心支撑,后劲不足	缺乏自主技术研发和自主品牌培育的创业精神所致	培育自主品牌和自主创新的自主精神
自主品牌软实力	对自主品牌不够重视,缺乏创业精神	缺乏自主意识和自主精神所致	培育自主意识和精神
	自主品牌起步较晚,缺乏历史积累	历史问题	时间解决
	自主品牌基础薄弱,缺乏自主开发	缺乏自主开发的精神	培育和提升自主开发的精神
技术创新软实力	依赖性强,自主意识淡薄 研发投入和研发激励明显不足	缺乏自主意识和精神所致	培育自主意识和精神
	国家技术工艺水平的整体性落后	历史问题	时间解决
企业文化软实力	文化认知度不高:体现在文化特色不鲜明,渗透不足	间接地由于文化不能体现自主精神所致	培育自主文化
	创业精神缺乏:对合资模式、技术和品牌的过度依赖	缺乏自主意识和精神所致	培育自主意识和精神
	经营理念落后:体现在研发、生产、销售、服务等多个环节	理念问题	提升理念

6.5　结论与建议

企业软实力是一种综合能力,这种能力通过企业社会责任、技术创新能力、品牌力、文化力、国际化能力、管理能力表现出了难以模仿的竞争优势。对比现有软实力构成要素理论,大多数学者认同企业文化、社会责任、技术创新和品牌软实力,而对国际化和企业管理方面较少提及。但是结合目前的时代背景,国际化软实力和企业管理软实力应该成为当下中国汽车企业软实力的构成要素。本研究中,中国汽车企业软实力的七个构成要素均得到了证明。技术创新软实力、社会责任软实力和企业战略软实力占据相对重要的地位。软实力七要素中的 34 项二级指标也得到证明。

模糊综合评价结果显示，员工对于 SAIC 软实力的评价集中于比较满意的区域。归一化处理后的数据显示，员工对 SAIC 的文化软实力和自主品牌软实力满意度最高，而对国际化软实力的满意度最低。进一步分析发现，员工对 SAIC 文化的认同度很高，但认知度低；对 SAIC 社会责任软实力较为认同，但认为集团在“生产高性价比的汽车”“尊重员工利益”方面需要提升；对 SAIC 自主品牌认同度很高，但超过半数的人认为 SAIC 的“合资模式制约了集团的自主品牌开发”；对 SAIC 技术创新软实力比较认同，但对“集团的研发费用投入高”的认同度不高，且有超过半数的人认为“合资模式制约了集团的自主创新”；对 SAIC 企业战略软实力比较认同，但对集团战略认知程度、国际化战略明确程度和应对危机能力的认同度不高；对 SAIC 国际化软实力认同度较低，多数人认为“集团的国际市场开拓不足”；对 SAIC 的管理软实力比较认同，但对集团信息化管理水平和生产体系效率的认同度不高。

软实力七要素之间具有紧密联系的现象也在进一步研究中得到确认。软实力构成要素间联系紧密，各自从不同层面和内容上相互交织，共同组成软实力的体系。结合 SAIC 案例研究发现，文化是企业软实力的基因和精髓，自主和个性文化是 SAIC 的基因，支持和激励着 SAIC 人进行自主创新；自主创新需要有自主文化的有力支撑和渗透，自主创新又支撑着 SAIC 自主品牌的培育和开发；自主品牌的开发需要自主技术创新作为依托，自主品牌又为 SAIC 巩固国内市场和开拓国际市场提供了必要条件；国际化是需要自主品牌作支撑的，这是世界级汽车企业成功的经验，国际化又为自主品牌提供了更加广阔的市场和发展空间。这就是 SAIC 在建设成为世界 500 强国际化公司进程中软实力培育和提升的路径：以自主文化为基因，以新能源技术研发为突破，以自主创新和自主品牌为支撑，以全球化运作为目标的“软实力体系”。

在对 SAIC 软实力存在问题及原因的深度分析中，发现了制约 SAIC

软实力培育和提升的最深刻和最本质的问题，那就是企业文化中“自主精神”的缺乏。由于建立在企业文化之上的自主创新、自主品牌和国际化建设缺乏自主精神支撑，致使与“合资”相对的“自主”始终处于从属地位，导致SAIC在软实力培育和提升过程中失衡。SAIC是中国汽车工业的一个典型代表，SAIC的发展历程亦是中国汽车工业的发展缩影。因此，本研究对中国其他大型汽车企业和中国汽车工业的发展都有借鉴意义。SAIC也是一家中外合资企业，在借助外资的经验和技术获得快速发展的同时培育和壮大了我国汽车工业。我国还有其他一些制造行业也是通过合资模式发展起来的，在经历了产业培育和积累之后，若要自主发展，在世界舞台上站稳脚跟，都无法回避企业软实力培育和提升的问题。因此，本研究对具有技术依赖性的中资方如何自主发展和提升软实力，具有借鉴和参考价值。

国际化软实力
- 明确的国际化战略目标：“十三五”国际化战略目标（量化）
- 合资借船出海：借力通用汽车进行初级国际化
- 自主开拓市场：依托自主品牌进行深度国际化

自主品牌软实力
- 自主品牌结构：本土化品牌、并购品牌和自主开发品牌三足鼎力
- 自主品牌的知识产权战略：增强产权意识，健全知识产权体系
- 自主品牌的四种路径：自主开发、委托开发、合作开发和并购
- 自主品牌的六个要点：属性、利益、价值、文化、个性和使用者
- 自主品牌的成功条件：符合市场需求、满足消费者预期、激发顾客忠诚和保持自身形象

自主创新软实力
- 自主创新路径和选择：五种创新方式循环渐进，全面开放式的自主创新
- 自主创新的投入：加大自主研发的投入，壮大自主研发机构
- 自主创新组织和流程：规范研发组织，理顺研发流程
- 自主创新周期和成本：紧跟技术发展，创新研发手段
- 自主创新创新体制和管理：市场化运作，系统化管理

企业文化软实力
- 新时代新文化：凸显文化个性，增强文化凝聚力
- 循环的文化管理路径：自上而下参透，自下面上延伸
- 跨文化的管理模式：求同存异，融合创新
- 企业的道德观：建立社会主义市场经济道德观，做负责任的大企业

以自主文化为基因，以新能源技术研发为突破，以自主创新和自主品牌为支撑，以全球化运作为目标的“上汽软实力体系”（路径）

图6.1　上汽集团软实力培养和提升的路径和措施

第 7 章　中国企业成长的相关政策和建议

虽然我国企业以复合成长模式获得了快速成长，但在当前经济转型背景下，仍然面临着一系列的挑战和问题，比如创新能力不足、走出去的风险较大、品牌国际知名度不高、国有企业缺乏活力、政府对企业干预过多、政府对国有企业的保护导致的不公平竞争等。本研究将这些问题分别从企业层面、政府层面和国资国企改革三个方面进行梳理和建议。鉴于国有企业在中国企业中的重要地位和国资国企改革问题的独特性，本章把其作为单独一部分梳理，以期能够促进中国企业在转型中成长，在成长中转型。

7.1　提升竞争力，推动企业国际化成长

尽管中国企业不断加快“走出去”的步伐，但与世界级跨国公司相比仍然有很大差距。据统计，按照“跨国指数”在中国排名前 100 名的跨国公司平均跨国指数为 14.4%，远远低于世界 100 大跨国公司 61.01%的水平，甚至低于发展中国家 100 大跨国公司平均 38.33%的水平。跨国指数是衡量一家跨国公司跨国程度的综合指标，包括海外收入占总收入比重、海外资产占总资产比重和海外员工占员工总数的比重三个指标，三个指标各自占 1/3 的比重，共同构成了跨国指数。一般情况下，世界级跨国公司不仅拥有较高的跨国指数(大于 30%)，还需要具备国际品牌影响力、技术创新能力、国际管理能力、国际化人才、先进的商业模式、全球化的资源配置能力，即表现为较强的企业软实力。

与世界级企业相比，我国企业在国际化方面还有很大差距，需要不断

培养和提升软实力,以增强我国企业的国际竞争力。得益于中国规模巨大的国内市场,中国企业的模仿创新主要是为了适应本土化市场而进行的技术创新,这些技术创新不一定适应其他国家的市场。另外,品牌影响力一直是制约我国企业成长壮大的软肋,虽然进入世界500强的企业已经有110家,但能在国际上有品牌知名度的寥寥无几。因此,如果从企业层面为中国企业未来成长提出建议,本研究将从国际化经营能力、技术创新能力和培育自主品牌等方面重点展开。

7.1.1 抓住"一带一路"机遇,培育国际化经营能力

在"走出去"的过程中,中国企业培育国际化经营能力是关键。虽然我国越来越多的国有企业进入世界500强的名列,但与市场竞争过程中锤炼出的世界500强企业相比,国际化开拓经营能力较弱,"国际化"程度较高的国有企业大多是运用庞大的资本购买海外资源或资产,而非真正意义上的国际化市场开拓和国际化市场经营。总体而言,中国企业普遍存在国际化战略目标不明确、国际化路径不清晰、国际化缺乏核心人才和技术支撑等关键性问题。"一带一路"为中国企业"走出去"提供了难得的战略机遇,鼓励中国企业积极有序地参与"一带一路"重大项目建设,扩大国际产能和装备制造合作,不断开拓和优化海外市场布局,注重采用多种方式防范风险,以此推进国际化经营,培育和提升国际化经营能力。与西方市场经济国家的企业自主开拓国际化市场不同,中国企业的国际化历程同样有"政府引导"的特色。中国企业借力"一带一路",将积累的资金、技能和经验应用在"一带一路"国家上,既可以让它们共享我国改革开放大发展带来的成果,又可以输出中国企业的过剩产能,开辟新市场,实现国际化发展。但国际化是一个比较复杂、充满风险的历程,中国企业需要做好充分的准备。"一带一路"倡议是中国政府为中国企业国际化成长提供的机遇窗口。

首先,中国企业需要制定国际化战略,以明确国际化的目标和路径。虽然,我国企业"走出去"的步伐在加快,但大多没有制定清晰的国际化战

略,也没有明确的国际化目标和路径。企业在国际化过程中比较盲目,随意性强,失败的风险也较大。纵观企业国际化扩张的路径,可以是内部自建的路径,也可以是通过并购实现快速扩张的路径。在适当的时候选择适当的路径是规律,如果企业国际化能力尚未达到成熟阶段,则采用稳健的国际化发展路径,在循序渐进的过程中不断学习和积累经验,是绝大多数世界 500 强的国际化成长路径。如果国际化能力尚不够,大举进行国际化并购,可能造成较为严重的消化不良,甚至成为国际化过程中的"先烈"。企业的国际化过程也是企业在成长为一个世界级大企业的竞争力培育和提升过程,需要"干中学"。但复合成长模式下的中国企业在国际化征程中也需要关注国际市场变化,抓住海外并购的机遇。

其次,国际化能力需要国际化人才、强劲的技术创新能力和强大的品牌影响力支撑。世界级的企业是由世界级的人才成就的,中国企业国际化人才非常缺乏,尤其是国有企业在现有的人才管理体制下,很难吸引国际化的高端人才。国际化人才的匮乏是制约中国企业"走出去"的重要原因。因此,中国企业需要在国际化人才使用、招聘和培育上下大力气。一是要制定明确的国际人才计划,根据企业国际化战略,制定人才需求和聘任计划;二是要注重国际化人才培育,通过与国际院校或跨国公司建立长期人才培养合作关系,实施优秀人才选派计划,联合培养国际化人才;三是要多种形式开展"引智"工程,吸引行业内全球知名专家作为顾问,为企业国际化发展提供建设性建议;四是在有条件的东道国实施人才本土化策略,招聘优秀的本土化人才,促进企业在东道国的本土化运营。

最后,要加强海外风险管控。与国内市场不同,海外市场拥有更大的风险和不确定性,主要体现在东道国不同的法律、军事、社会、宗教和文化环境,企业会面临更多的政治法律风险、文化宗教风险等非商业性风险。为此,中国企业国际化进程中需要建立一套完善的风险管控机制,包括海外投资前的风险评估、风险预警和风险防控方案,将海外投资和经营的风险控制在一定的范围。

对中国企业来讲,国际化不仅仅是一个市场开拓的过程,更是一个培育成长能力的过程。若国际化的能力小于国际化的步伐,会面临承受巨大损失的风险,严重时会拖垮整个企业。若企业的国际化能力大于国际化步伐,可能被竞争对手抢占先机,致使企业在竞争中处于不利的位置。因此,中国企业在国际化过程中,既要量力而行,又要把握稍纵即逝的良机。

7.1.2 提升技术创新能力,从技术模仿到技术创新

企业靠什么做强、做大?纵观世界产业发展的历史,可归结为以下原因:一是技术创新,二是规模经济,三是供应链管理能力,四是品牌,五是垄断资源,包括自然资源的垄断、资本的垄断、市场进入的垄断等。中国企业500强何以做大?资源垄断第一,规模经济第二,品牌价值第三,供应链管理第四,核心技术第五,排序基本与世界500强企业倒置,造成这种现象的根源之一是我国大企业的自主研发能力不足。这点从我国与美国主导产业的对比中也可见一斑:我国依然以资源和资本等有形资源作为国民经济发展的核心驱动力量,而美国早在20世纪80年代便实现了从有形资本向无形资本领导者的转变,这种角色转变反映了美国的发展正在从资本密集型技术向知识密集型技术转变。

从目前世界的研发结构分布看,美国的基础性创新比较强,日本的工艺创新比较强,中国的创新主要体现在产品的外围创新。第二次世界大战后,日本的技术创新成长过程历经了“技术引进—技术模仿—模仿创新—自主创新”的过程。与日本企业的技术演变过程相比,中国一些企业仍然不能脱离“技术引进—技术模仿—技术引进”的怪圈。日本企业成功实现从引进到创新的转变主要得益于其“工业企业的技能网络”,正是技能网络的存在,使得快速开发不同的产品和多功能产品以满足不断细分的市场成为可能。它们最重要的功能是生产出高质量的产品,减少次品(包括返修产品),提高产量和效率。技能必须贯穿生产的整个过程,而非掌握在少数人手里。如果技能网络不能贯穿公司生产的每个功能环节上——原料、加工车间、组装线、零部件生产者,高品质和高产量是不可能

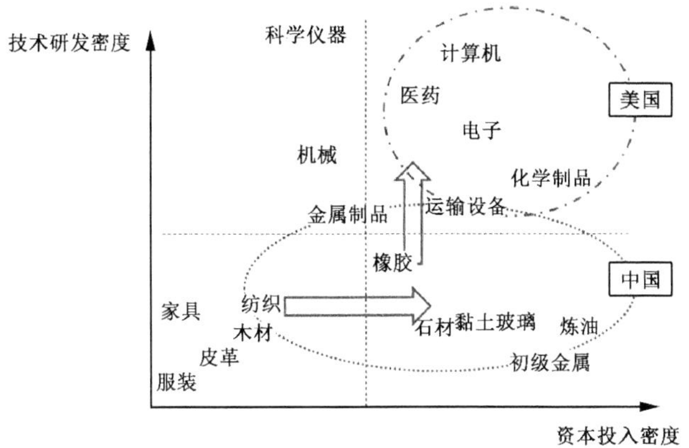

图 7.1　技术研发密度和资本投入密度之中美对比

实现的。

1942 年，在《资本主义、社会主义和民主》一书中，熊彼特强调了垄断(大)企业在技术创新中的巨大作用。上述见解又被称为熊彼特大企业技术创新模式，这个模式可以用图 7.2 表示。

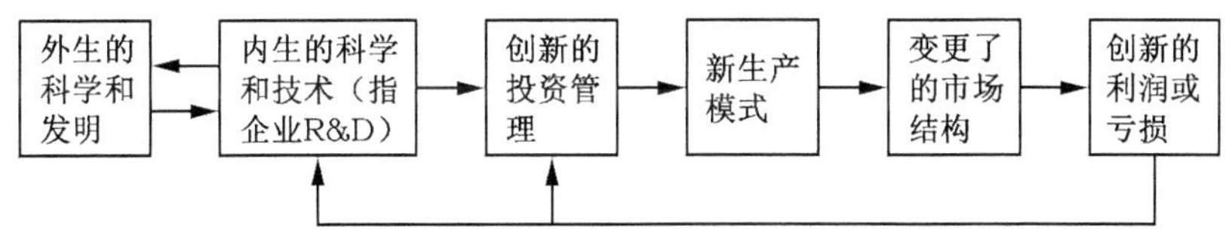

图 7.2　熊彼特大企业创新模式

中国大企业在技术创新中承担着越来越重要的作用，但与世界 500 强企业相比，仍有巨大差距，需要不断培养自主创新的能力。

首先，加大自主研发的投入和壮大自主研发机构，是取得开发自主权和自主知识产权的关键。企业的核心能力是内生的，不能通过引进的方式得到。因此，只有而且必须通过自主开发产品，才能培养出产品自主开发能力，才能拥有自主知识产权。世界各大汽车公司均建立有强大的研究开发机构和实验基地，拥有一支高水平的研究、开发、设计、试验队伍，

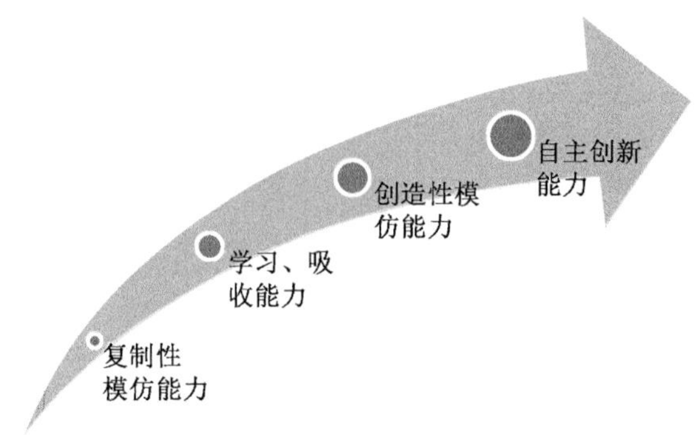

图 7.3 自主创新能力提升的过程

开发试验机构的员工达到数千人,甚至达到一两万人,用于研发的经费占销售额的比重在5%左右。

其次,规范研发组织和理顺研发流程是提高研发的效率和效益的保障。除了研发体系建立、人才队伍建设与投入机制完善外,开发组织和流程的进一步加强也至关重要。随着项目管理方法在美国研发管理实践中的重要性越来越凸显,其在日本、欧洲企业中也受到普遍欢迎,成为其技术开发体制的重要组织形式和方法。

最后,改革研发管理体制,使研发投入发挥更大的效应。自主创新需要一个有效的组织安排。因此可以考虑将企业的技术中心和研发中心独立,成为一个相对独立的实体,引入市场决定机制,脱离集团的“保护伞”,这在提高研发效益方面显得尤为必要。

7.1.3 培育自主品牌,提升国际影响力

品牌是产品走向市场的通行证,也是企业确立市场地位的标志。中国有不少企业在成长过程中忽视了品牌建设,以致受制于他人且经常受到利益侵害。2008年经济危机后,国际贸易保护主义又有抬头迹象,中国大企业的自主品牌建设显得尤为迫切和重要。自主品牌建设必须获得市场的认可,能经得起市场的考验。因此,自主品牌需要企业强大的竞争

力作为后盾，包括产品开发、制造、市场营销等完整的产品链，以及强大的体系能力（孟嗣宗，2007）。以中国汽车制造企业为例，自主品牌的路径可以细分为四种，见表 7.1。

表 7.1　　我国自主品牌汽车发展路径

路径模式	主要内容	代表企业及品牌
产品模仿—自主研发—自主品牌	最早始于对产品的模仿，完全靠自主开发而形成具有自主知识产权、自主品牌的产品	一汽的“红旗”、上汽的“上海”、奇瑞的“风云”、吉利的“豪爵”等
委托开发—买断自主产权和自主品牌产品	寻求与国际专业设计公司合作，花钱买知识产权，进行研发外包，这种路径要求企业本身具有消化吸收、二次创新和集成创新的能力	华晨的“中华”、哈飞的“路宝”等
合作技术—本土化开发—本土化品牌或自主品牌	该路径是利用已有引进平台或依托外方合作伙伴的技术，进行本土化开发，形成本土化品牌或派生出自主品牌的产品	上汽的帕萨特“领驭”和别克“君越”，一汽的“奔腾”等
并购—转移技术—开发自主品牌	通过海外并购，从外部获取知识产权、相关资源，将其整合到中国来生产，在此基础上打造自主品牌	上汽收购罗孚推出的“荣威”“名爵”

尽管自主品牌在一开始发展的路径各不相同，但殊途同归，最后都绕不过提升企业自主开发能力这一关，从最初的“拿来主义”运用，到自主开发能力培养，再到品牌影响力的提升，实现了台阶式发展。在中国建设创新型国家的战略指导下，不管是国有企业、合资企业，还是民营企业，都已经跨过了创建自主品牌的初级阶段，目前都面临着同样的问题，就是提高自主创新能力、强化体系建设、在自主开发的基础上自主发展中国制造企业。

符合市场需求、满足消费者预期、激发顾客忠诚和保持自身形象是自主品牌的成功条件。首先，成功的品牌必须符合市场需求。任何品牌的产品都要在市场销售，以求获得较好的收益。所以，创建一个自主品牌首先要进行市场调查，包括市场调研和预调研。其次，好的品牌形象必须满足消费者和客户的预期。最后，品牌必须能激发顾客的忠诚。

7.1.4 树立社会主义市场经济道德观,做一个负责任的企业

改革开放40多年来,中国一直靠出口和政府投资拉动中国经济发展,后危机时代这种模式显然无法持续。拉动内需是我国经济实现平稳增长的必然选择,如果不增加员工的工资和福利待遇,拉动内需只能成为空谈。内需不振,出口不畅,企业的产品和服务销售不畅,当大量商品销售不出去时,就是"经济危机"。因此,要做一个负责任的大企业,可能不仅局限于对社会的捐助,提高员工的待遇水平,给他们更多的发展机会,是更加实际的表现。以此,应激发员工的潜能和调动积极性,实现员工与企业的良性发展循环。

某知名代工企业员工的"N连跳"就是中国经济转型的"阵痛"表现,转型已经势不可挡,"阵痛"也在所难免,如何将"阵痛"降低到最低程度,实现比较顺利的转型,是目前我们面临的关键问题。企业不仅是社会主义市场经济的主体,也是中国经济转型的主体。企业应将转型提升到战略高度,积极主动促成企业转型,借鉴成功转型企业的经验,不断提升企业技术能力,逐渐向价值链的高端环节延伸,实现生产从"代工"向"创造"转变,经营从"粗放"向"集约"转变,竞争从"低成本"向"差异化"转变,管理从"机器人"向"社会人"转变。国际标准的国际贸易投资规则在劳工保障和环境保护方面有更高的要求。因此,中国企业需要以绿色发展作为理念,建立清洁生产、绿色生产的发展模式,最大限度地节能减排,成为环境友好型企业。

7.2 改革国资国企管理体制,激发国有企业成长活力

国有企业是中国大型企业的重要组成部分,对中国经济发展和社会稳定具有重要影响。虽然国资国企改革已经历经多轮,但仍活力不足,经济效益和效率都有待提升。2013年开始,新一轮的国资国企改革在上海率先拉开。下文以上海市国资国企改革为例来说明。

通过梳理国家和上海市深化国资国企改革的政策发现:以"$1+N$"政

策体系为代表的新一轮深化国资国企改革“顶层设计”基本完成，上海市“1＋38”政策体系也已经完成。这些政策覆盖推进改革、完善现代企业制度、完善国资管理体制、发展混合所有制、强化监督防止国有资产流失、加强和改进党对国有企业的领导等国资国企改革重点领域和关键环节。

通过研究深化国资国企改革的实践，发现本轮改革的7种模式：(1)同业合并重组，做强做大，比如光明食品集团和良友集团合并；(2)整体上市或核心资产上市，如上汽集团；(3)员工持股和核心员工持股，如上港集团员工持股计划；(4)引进战略投资者，如百联集团引入国开金融；(5)公司化改制，“上海久事公司”变更为“上海久事(集团)有限公司”；(6)股权划转到国资运行平台，如上海建工股份划转至国盛；(7)借壳重组，如绿地借壳金丰投资。

经过三年的改革与创新，深化国资国企改革成效已经开始显现：(1)国资国企注重提质增效，稳定增长；(2)国企分类基本完成，功能定位更加明确；(3)国资流动平台平稳运行，效果凸显；(4)国资布局结构优化，国企“走出去”步伐加快；(5)国资统一监管深化，区县改革同步进行。但同时也发现了一些难以解决的问题：国有企业“做大容易、做强难”，国有资产存在一定的退出风险，“僵尸企业”清理困难。

7.2.1　采用动态化分类模式，推动国企分类改革

目前，上海市国资委直接监管的45家企业中，有30家竞争类企业、11家功能类企业和4家公共服务类企业。但是大部分国有企业都属于混业经营，企业的经营业务会随着经营环境的变化而做出改变，现在的辅业可能成为未来的主业，而现在的主业亦有可能成为非主营业务。因此，上海市深化国资国企改革应该是一个动态调整、不断深化的过程。随着供给侧改革的推进，以及产业结构不断调整、优化和升级，企业的业务组合基本上处于动态演化过程中，这是企业成长的规律。在分类方面：一是在对国有企业采用动态化分类的方式，赋予国有企业更大的经营自主权；二是即使对国有企业进行了分类，随着业务的演变，企业有权提出分类变

更的申请,并提供充足的依据,由国资委组织专家委员会审核。

7.2.2 坚持开放性市场化重组,落实“三个一批”

在进一步落实“清理退出一批、重组整合一批、创新发展一批”时,应该依据现实情况制定标准,在充分尊重企业意愿选择的前提下,实施市场化重组的方式,达到优化国资布局的目标。

在“清理退出一批”环节,根据行业发展前景和企业盈利情况两个方面做出评价,采用“3+2”年限模式。比如,企业(或业务)所在行业属于夕阳产业,产能严重过剩,已经连续三年无增长,甚至负增长;企业(或业务)的盈利状况不佳,已经连续三年无盈利或亏损,可以列为清理退出一批的名单。列入清理退出名单的企业如果已经找到了转型和扭亏为盈的方案,可以申请转型,经专家组审核后,给予2~3年的转型实验期,如转型成功,可以继续发展,如达不到预期目标,必须进入清理退出环节。放弃申请转型的,可以直接进入清理退出环节。

在“重组整合一批”环节,以国资布局为导向,采用“国有企业提请、国资委协调”的开放性市场化重组方式进行。以往国资国企重组整合是严格执行国资布局导向的,采用行政管理模式,对国有企业进行多轮“合并同类项”式的重组整合,以便达到“做大做强”的目标。“拉郎配”的方式虽然能较易实现国有企业“做大”,但缺乏市场竞争优势和核心竞争力,大多处于“大而不强”的境地。企业成长有其自身规律,能力和规模相互匹配之后,才会相互助长。在“十三五”期间,上海市国资委规划了新时期的国资布局,即“加大有质量、有效益的投入,确保85%以上的增量集中在战略性新兴产业、先进制造业、现代服务业、基础设施和民生保障四大领域”。国有企业应该以国资布局为导向,有意向重组整合的国有企业可以向国资委提请,国资委负责协调、服务和监管,进行开放性市场化重组;国资委应避免过多的行政性干预、干扰和行政指令。

在“创新发展一批”环节,以资本投资为方式,以“内部创新+开放创新”双轮驱动,以防范风险为重点,增量发展混合所有制经济。由于体制机制等原因，与民营企业相比，国有企业的创新活力不足。国有企业的现有布局是建立在中国工业化、城市化和现代化基础上的，但随着上述进程的结束，国有企业的业务已面临着巨大的转型压力。在转型背景下，国有企业一方面要通过国际化，尤其是“一带一路”沿线国家的国际化，进行产业转移和能力输出；同时，为了在未来的竞争中获取更多的发展机遇，还需要不断创新。当今世界新兴技术和新兴模式层出不穷，创新的摩尔定律仍然存在。在互联网时代，竞争规则已经发生了根本性变化，“无边界竞争”“赢者通吃”交织着发挥作用。很多机遇稍纵即逝，但短期内国有企业很难改变决策缓慢、机构臃肿和不敢冒风险的现状。因此，需要通过新的方式介入新一轮科技革命，即通过股权投资或战略投资的方式，通过混合所有制的形式介入创新：一方面，可以从根源上解决国有资本“一股独大”的问题；另一方面，可以充分发挥创新团体的灵活性和国有资本的规模性优势，通过“内部创新＋开放创新”双轮驱动的方式，“创新发展一批”。

对于国资委来说，鼓励国有企业“创新发展一批”并不为过，但仍然需要把握好“有所为，有所不为”的尺度，尽量以结果导向设置激励约束机制，尽量避免“过度激励”，比如“三个视同于”政策。对国有企业的“过度激励”不符合以《双边投资协定》(BIT)等为代表的国际通行规则，亦有可能成为干扰企业创新选择的“噪音”。建议国资委以国有资本的保值增值为结果导向，设置较长的投资回收期限，允许合理范围的创新风险，以鼓励创新为目的，建立一套创新风险防范体系，为企业标示风险警戒线。在警戒线以内的创新决策和创新行为由企业自主决策，超出警戒线的创新风险需要进入审议程序，经专家评议后再做决定。

7.2.3　以优化国资布局为导向，建立布局重点方向目录

以上海市为例，战略性新兴产业、现代服务业、先进制造业、基础设施与民生保障等领域是上海市“十三五”期间国资产业布局的重点方向，并表明国资的集中度将提高 15 个百分点。以新能源汽车、燃气轮机、新一代信息技术为重点，加快培育战略性新兴产业。“十三五”期间，上海市还

将继续支持互联网与传统产业深度融合,以高端、智能制造、绿色制造为重点,不断推进制造业的创新发展;并将加速应用大数据、物联网、云计算等技术,促进服务企业的商业模式创新和业态升级。

国资布局重点方向是国有企业进行投资决策和结构优化的参照,尽量避免以直接给国有企业下达指标或命令的方式进行。在优化国资布局方面,国资委需要以"管资本"的方式,通过"国有股权"所赋予的权利行使决策和经营权。在优化国资布局过程中,国资委需要实现从"指标下达的管理者"向"信息和服务提供者"职能转变。国资产业布局的重点方向确定之后,国资委需要及时提供产业布局重点方向的前沿信息,包括国内外技术前沿动向、国内外相关政策法规、竞争环境、成功案例等多种信息,为国有企业的战略投资和结构优化提供最新信息和必要的支撑服务。

7.2.4 推进国资流动平台运作,提升国资证券化比例

国盛集团和国际集团是上海在全国率先成立的两大国资流动平台。国资平台不仅有助于转变国资国企监管方式(从"管企业"向"管资本"转变),还有利于提升国资证券化比例。经过两大国资平台的前期运营,上海国有资本实现了重组、优化和提升,还有一些国有企业实现了整体上市、核心业务上市等目标。因此,"十三五"时期应该继续推进国资流动平台的运作,将更多市属国资委直管的国有企业股权纳入两大国资运营平台,争取实现国资全流动,通过资本运营不断提升国资运营效率和效益。

加快区县国资国企改革步伐,鼓励有条件的区县成立区县国资流动平台。在"上海国资20条"发布之后,浦东新区发布"国资国企改革18条",设立浦东新区国资流动平台上海浦东投资控股(集团)有限公司,并确定了5大改革重点。另外,金山区也紧跟国资国企改革步伐,设立了金山区国资流动平台上海金山资本管理集团有限公司。总体上看,目前国资国企改革在区县的推进参差不齐。以金山区为例,虽然成立金山资本集团作为国资流动平台,但目前金山资本集团资产关系复杂,股权管理职能尚未完全实现。

集团的二级公司分为直接监管企业、代持股企业、委托监管企业和区属企业四种类别。其中，直接监管类企业能够履行出资人股权管理职能，其他三类企业由于历史原因，金山资本集团尚无真正履行出资人职责。资产规模较小、业务分布分散，国资整合重组职能难以有效发挥。因此，需要加快推进区县国资国企改革步伐，建议有条件的地区成立国资流动平台。

7.3　转变政府职能，构筑企业良好成长环境

正如马克思所言，经济基础决定上层建筑，但上层建筑会影响经济基础的发展。制度安排作为上层建筑的核心，在中国经济步入“新常态”之后，怎样才能够有效促进中国企业的健康成长呢?

7.3.1　转变传统监管方式，提供优质的服务

以国有企业监管为例，从目前国资委出台的文件、采用的措施来看，仍然属于“监管型”政府。一方面，强调要把企业交给市场，实现从“管企业”到“管资本”转变；另一方面，仍然出台大量文件，全方位、全过程对国有企业实施监管。例如，2014 年以来，上海作为本轮国资国企改革的“排头兵”，累计出台了与“上海国资国企改革 20 条”配套的 38 个实施细则。从国际环境看，政策文件过多和更新过快是环境不确定、不稳定的表现，企业无法预知政策预期，反而会影响企业的正常经营。对企业市场化经营而言，一个相对宽松稳定的营商环境可能胜过应接不暇、变化多端的政策文件。从国际通行规则看，规范和监督企业主要是通过法制化监管的形式，一部国有企业法既能规范和监管国有企业、避免政府“干扰”行为，又符合国际化、法制化、透明化的方向。

政府应该实现主要职能转变:从“监管”向“服务”转变。现阶段需要推进放、管、服改革，最终向服务型政府转变。例如，对于国有企业来说，政府转型、国资委转型是国资国企转型的重要前提。因此，建议我国政府需要积极向香港地区和新加坡等学习取经，转变观念，简政放权和增加服

务同步进行。除了权利清单、责任清单之外,政府部门还需第三张清单——服务清单。根据对标政府的服务经验、国企改革的历史遗留问题、政府机构之间的协调、国企国际化开拓、产业发展动态、技术前沿问题等,制定"服务清单",建立联系服务企业工作机制,做好深化国有企业改革,促进中国企业发展创新,提供更多的针对性服务,由"大政府"提供"大服务",营造有利于中国企业"大发展"的良好环境。

7.3.2 对标国际高标准规则,做到"竞争中立"

对标国际高标准规则,倒逼改革开放。《中美双边投资协定》以"竞争中立"为核心准则,要求建立与国际规则相适应并保证公平公正的法律制度,以此来保护投资者的核心利益和合法权益。在竞争中立方面,我国多数地区表面"大门敞开",实则存在"小门阻碍",政府采购仍有歧视行为,规管国有企业的条例还未出台,未来我国政府将与国际竞争中立规则接轨,倒逼国有企业改革,积极参与国际市场竞争,在国内市场创建公平竞争的国际化营商环境。在规范国有企业经营模式方面,国有企业(包括国有全资和国有控股企业)应当明确划分商业活动和非商业活动各自的范围,并建立配套的成本分配机制,政府可对其非商业活动给予合理且透明的财政补偿,但应避免由于交叉补贴等不当支持对其他投资者的利益造成负面影响。此外,还需对国有企业、民营企业和外资企业在监管和税收方面一视同仁。

与国有企业相关的规则要求已经基本明朗。一是竞争中立制度,要求国有企业在商业基础上运作,在适当例外的情况下,排除一切不正当竞争,范围涵盖政府采购、补贴、税收、监管等诸多方面。二是关于国有企业公司治理,新的规则可能只允许政府两头监管,即通过市场选拔方式,以股东身份选择职业经理人,并给予其充分自主权,最终通过其经营的财务表现决定是否续聘。此外,政府不能参与国有企业的经营决策,也不能干预其人事任命。从目前我国国资国企改革的实际情况看,虽然其有自身章法,但在全球化过程中需要考虑国际上最新规则的发展,且在深化改革的过程中对此积极应对。

7.3.3　鼓励开放式创新，构建开放式创新环境

开放式创新是科技创新的大趋势，大力支持中国企业主导的开放式创新体系。开放式创新更加注重吸纳企业外部资源，协同内部资源共同创新。企业开放式创新的作为可以是多个方面的：一是打破传统创新模式，主动策划和实施企业的开放式创新战略，比如 IBM 的“创新詹姆”；二是打破企业边界，灵活采用“开放式创新”“众包”“挑战赛”“客户参与”“供应商参与”多种方式鼓励和利用社会资源创新，比如思科的“I-PRIZE”；三是鼓励员工创新，为企业开放式创新搭建内部平台和创新氛围，如海尔的“人人创客”；四是企业联合其他开放式创新主体激发开放式创新的新途径，比如改善全球供应链和生活机会，利用大数据、物联网、社交平台、创新平台等推进开放式创新；五是采取多种方式参与投资开放式创新活动，可以通过社会风险资本和小额贷款等投资于创新性的金融机制。国有企业还应该以更加积极的姿态参与其他团体组织的开放式创新活动，以便多渠道获得信息、知识和经验。

政府可培育开放式创新的公共政策框架：(1)以结果为导向的资助模式，为各类主体引入更大程度的竞争和竞赛；(2)权力和资金的分散化，以便允许社会拥有更多的自由和资源提出和实施创新方案；(3)在市场环境方面打破垄断，为国有企业之外的所有制经济类型提供平等的进入机会，创建公平的竞争环境，通过充分竞争激发创新，但国有企业仍然可以通过资本股权、市场品牌等参与其中；(4)在公共服务提供方面，政府需要更加开放和透明，最大限度地增加社会公众的知情权和参与权，将一部分政务外包；(5)为开放式创新活动提供“虚拟”和现实空间，为公共、私人和非营利性组织突破界限的交叉创新和信息交流提供空间；(6)建立各种实验室，测试创新，让用户参与创新过程并对创新进行评价。除此以外，政府还应当在法律制定、人才培养、舆论宣传、税收政策和监管环境等方面鼓励开放式创新。

第8章　结论和展望

目前，中国经济正处在从制造经济向服务经济转型之中。中国经济的转型需要从微观层面实现，即中国企业的转型升级。改革开放40多年来，中国企业的成长极大地丰富了人们的物质生活，改变了人们的生存方式和生活方式。站在转型的十字路口，“在转型中成长，在成长中转型”是中国企业面临的唯一选择。

8.1　研究结论

8.1.1　理论和文献综述部分的研究结论

企业是介于企业与市场之间的一种中间组织，是建立在主导企业或核心企业基础上的基于法律或社会的多种形式的联合。企业的存在和发展坚实的理论支撑包括制度理论、交易费用理论、资源基础理论、规模经济和范围经济理论等。从已有的研究成果看，对企业和企业成长的研究成果俯拾即是，但对企业集团成长的研究成果却凤毛麟角。

企业成长模式是其在成长过程中所表现出的比较稳定的、具有一定普遍性的特征、方式、路径。从对企业成长研究的已有成果看，可以分为内生性成长观和外生性成长观两种理论观点。内生性成长观以彭罗斯的企业成长理论和资源基础理论为代表，外生性成长观以产业组织理论和战略定位学派为代表。从实证文献的结果看，不管是“外生性成长观”还是“内生性成长观”都可以在以往的研究中找到强有力的支撑，因此，很难从以往的研究文献中去评判孰优孰劣。

8.1.2 理论假设和模型的研究结论

中国企业的成长既符合转轨经济体的外生性成长特征，也具备基于资源和能力的内生性成长特征。中国企业最近 10 年的成长很难用上述两种理论单独解释，需要构建中国情境下的企业成长理论。复合成长模式是指在以中国为代表的新兴经济体国家中，企业能将拥有或购买的外部资源，包括资金、人才、技术、土地及其他生产资料，通过灵活多变的方式进行内部整合与创新，创造出独特的竞争优势，主要表现为更高性价比产品、更快的市场反应速度和更广阔的市场范围，创造出独特、快速的成长模式。"复合"体现的是"外部成长"与"内部成长"的有机结合，企业既有获取外部资源和机遇的便捷性，又有发挥后发优势、规模经济和范围经济的优越性，将二者结合、互动，将为企业的快速成长提供"复合"动力。

复合成长模式下，中国企业将外部资源与内部资源相结合，以"大众定位"和提供高性价比的产品赢得市场，成功的市场表现又为企业未来成长带来了获取外部资源的更大可能性，也激励着企业内部通过学习曲线进一步降低成本，提升产品品质，形成独特的中国企业复合成长模式。需要说明的是，复合成长模式是在特定的历史条件下产生的，该模式并不是要否定资源基础理论的内生成长模式，也不是要否定外生成长模式，而是强调在中国现阶段的转型背景下，形成符合中国情境的企业成长模式。未来随着市场经济体制日渐成熟和新技术、新模式的出现，复合成长模式可能被新的模式所取代。

8.1.3 实证部分的研究结论

证实了中国企业的复合成长模式，外生因素和内生因素对中国企业成长影响的假设均得到证明。其中中国企业的融资能力是对其成长影响最大的外部因素，技术研发强度和海外收入占比是对其成长影响最大的内部因素。因此，资本约束、创新能力和国际化能力是驱动中国企业快速成长的核心要素。但是中国企业的资产负债率已经到达了很高的水平，未来需要防范财务风险，避免对资本的过多依赖。

外生成长模式因素实证结果显示:规模对企业成长具有显著正向影响,即规模越大,越有利于其成长,但员工数量指标除外。这说明在自动化和智能制造的时代背景下,员工数作为“劳动力”对企业成长已经没那么重要了;资产负债率对企业成长具有显著的正向影响,说明了我国企业发展的确存在资本约束,融资能力越强的企业,发展的速度越快;另一方面也说明了我国企业成长对于“负债”有明显的依赖性,平均82.05%的资产负债率已经处于高风险水平;不同区域对企业成长具有不同的影响,东部地区对企业成长影响最大、最显著,其次是中部地区,再次是东北地区,最后是西部地区,西部地区对成长速度低的企业成长影响显著,对高成长企业影响不显著;所有制对企业成长的影响具有不确定性,只对净资产增长率在四个分位点都有显著影响,对营业收入增长的影响只有在较低分位数上是显著的,说明国有企业虽然在资源获取上具有显著优势,但只有把这些外部获取的资源转化为内部的能力时,才能更有利于企业的成长;行业仍然对中国企业有比较显著的影响,从显著性和系数来看,建筑业、钢铁和有色金融、能源和采矿业、装备制造业的影响较大,但鉴于“企业”样本选取,金融业和新兴产业对企业成长的影响显著性没有得到验证。

内生成长模式因素实证结果:组织管理能力对企业成长具有显著正向影响,说明我国企业成长已经不是单纯依靠外部驱动因素,内部组织管理能力已经成为重要驱动成长因素,且组织管理能力越强,对企业成长的驱动作用就越明显;多元化程度对企业有显著的正向影响,但多元化程度的增加对企业净利润增长率的影响是不确定的,对成长速度较慢的企业影响是负向的,对成长速度快的企业影响是正向的;海外收入占比对企业成长具有显著的正向影响,国际化水平和能力已经成为驱动中国企业成长的显著要素,并且成长速度越快的企业受国际化能力的影响越大,我国企业的国际化水平和能力还有很大的提升空间,国际化将成为我国企业未来最重要的成长方向之一;研发强度对企业成长具有显著的正向影响,技术创新能力已经成为驱动中国企业成长的重要内部驱动力,但中国企业在研发投入强度上仍然较低,需要继续增加研发投入,不断提升技术创新能力，为中国企业转型升级和国际化发展提供强有力的支撑。

8.1.4　案例研究部分的结论

中国企业成长模式是多种多样的，且很难判断哪个模式的优劣。模式本身并无优劣之分，由于模式是在企业成长中演化出来的，具有路径依赖。因此，直接建议中国企业采用哪种成长模式更好是不现实的，也可能是错误的。比较行之有效的方式是具体到某一家企业，根据其现在的成长模式状况，提出有针对性的建议。因此，本研究选择了上汽集团为案例进行了深入剖析，并提出向世界级汽车企业成长的建议。

结合SAIC案例研究发现，文化是企业软实力的基因和精髓，自主和个性文化是SAIC的基因，支持和激励着SAIC人自主创新；自主创新需要有自主文化的有力支撑和渗透，自主创新又支撑着SAIC自主品牌的培育和开发；自主品牌的开发需要自主技术创新作为依托，自主品牌又为SAIC巩固国内市场和开拓国际市场提供了必要条件；国际化需要自主品牌作支撑，这是世界级汽车企业成功的经验，国际化又为自主品牌提供了更加广阔的市场和发展空间。这就是SAIC在成长为世界级跨国公司进程中软实力培育和提升的路径：以自主文化为基因，以新能源技术研发为突破，以自主创新和自主品牌为支撑，以全球化运作为目标的“软实力体系”。

8.1.5　政策与建议部分的结论

虽然我国企业以复合成长模式获得了快速成长，但在当前经济转型背景下，其成长仍然面临着一系列挑战和问题，比如创新能力不足、走出去的风险较大、品牌国际知名度不高、国有企业缺乏活力、政府对企业干预过多、政府对国有企业的保护导致的不公平竞争等。本研究从企业层面、政府层面和国资国企改革三个方面分别进行梳理和提出建议。

在企业层面，注重提升竞争软实力，推动企业国际化成长。抓住“一带一路”倡议机遇，培育国际化经营能力；提升技术创新能力，从技术模仿到技术创新；培育自主品牌，提升国际影响力；建立社会主义市场经济道德观,做一个负责任的企业。在国资国企管理体制改革层面,需要激发国有企业成长活力。建议采用动态化分类模式,推动国企分类改革;坚持开放型市场化重组,落实"三个一批";以优化国资布局为导向,建立布局重点方向目标;推进国资流动平台运作,提升国资证券化比例。在政府层面,转变政府职能,构建企业成长的良好环境。建议政府转变传统监管方式,提供优质的服务;对标国际高标准投资贸易改革规则,做到"竞争中立";鼓励开放式创新,构建开放式创新环境。

8.2 研究局限和展望

尽管我们做了很多努力和探索,但仍然存在一些局限和不足。实证研究方面,没有把企业与非企业进行对比研究,没有将众多影响企业的因素进行结构化研究。比如,在国有企业性质和资本约束同样是外部影响因素,但可能国有企业性质会对资本约束造成影响,并且还会影响内部因素中的多元化程度等指标。

本研究虽然首次从理论上对中国企业的复合成长模式进行了探索,并在实证上进行了验证,但这更多的是回答了"是什么"的问题,而对于如何指导中国企业成长模式作用有限。并且本研究认为成长模式本身并无优劣之分,只有适用与不适用之分。因此很难从成长模式的角度对中国企业提出建议,只能从中国企业未来发展环境和自身实际出发,提出有利于其健康成长的建议。

本研究认为,中国企业成长模式与西方传统模式存在显著不同,复合成长观可以为未来中国企业成长研究奠定新的基础,对其进行深化和细化研究。比如,复合成长模式下外部资源与内部能力之间的转换、复合成长模式的适用条件和竞争优势、复合成长模式的多案例研究等都是可以继续深化研究的方向。企业成长是复杂的系统,中国企业成长具有鲜明特色,在成长过程中不断有新的问题需要跟进研究,应总结中国企业成长经验和理论,丰富和深化企业成长理论,指导并应用于实践。

参考文献

[1]Alder,P. S. and S. W. Kwon. 2002. Social Capital:Prospects:A New Concept[J]. *Academy of Management Review*,27,1:17—40.

[2]Alfred D. Chandler JR. ,Franco Amatori,Takashi Hikino. 1999. *Big Business and the Wealth of Nations*[M]. Cambridge University Press.

[3]Amsden,A. H. 1989. *Asia's Next Giant:South Korea and Late Industrialization*[M]. New York:Oxford University Press.

[4]Amsden,A. H. and T. Hikino. 1994. Project Execution Capability,Organizational Know-How and Conglomerate Corporate Growth in Late Industrialization[J]. *Industrial and Corporate Change*,3,1:111—47.

[5]Anand,J. & Singh,H. 1997. Asset Redeployment,Acquisitions and Corporate Strategy in Declining Industries[J]. *Strategic Management Journal*,18(S1):99—118.

[6]Autio,E. ,Sapienza,H. J. & Almeida,J. G. 2000. Effects of Age at Entry,Knowledge Intensity,and Imitability on International Growth[J]. *Academy of Management Journal*,43:909—924.

[7]B. Elango,Chinmay Pattnaik,Jamie R. Wieland. 2016. Do Business Group Characteristics Matter? An Exploration on the Drivers of Performance Variation[J]. *Journal of Business Research*,693205—3212.

[8]Baker,W. 1990. Market Networks and Corporate Behavior[J]. *American Journal of Sociology*,96,3:589—625.

[9]Barney,J. 1991. Firm Resources and Sustained Competitive Advantage[J]. *Journal of Management*,17:99—120.

[10]Barney,J. B. ,Ketchen,D. J. & Wright,M. 2011. The Future of Resource-based Theory:Revitalization or Decline? [J]. *Journal of Management*,37:1299—1315.

[11]Becker,G. S. 1964. *Human Capital*[M]. New York:Columbia University Press.

[12]Bhappu,A. D. 2000. The Japanese Family:An Institutional Logic for Japanese Corporate Networks and Japanese Management[J]. *Academy of Management Review*,25,2:409—15.

[13]Birch,D. L. 1981. Who Creates Jobs? [J]. *The Public Interest*,65:3—14.

[14]Boycko,M. ,Shleifer,A. ,Vishny,R. ,1997. A Theory of Privatization[J]. *Economic Journal*,106,309—319

[15]Brandt,L. ,J. Biesenbroeck and Y. Zhang. 2012. Creative Accounting or Creative Destruction? Firm-level Productivity Growth in Chinese Manufacturing[J]. *Journal of Development Economics*,97,339—351.

[16]Brass,DJ. ;K. D. Butterfield and B. C. Skaggs. 1998. Relationships and Unethical Behavior:A Social Network Perspective[J]. *Academy of Management Review*,23,1:14—31.

[17]Chandler,A. 1962. *Strategy and Structure*[M]. Cambridge,MA:MIT Press.

[18]Clague,C. 1997. Institutions and Economic Development:Growth and Governance in Less-Developed and Post-Socialist Countries[M]. Baltimore:John Hopkins University Press.

[19]Coad,A. 2007. Testing the Principle of "Growth of the Fitter":The relationship between Profits and Firm Growth[J]. Structural Change and Economic Dynamics,18:370—386.

[20]Coase,R. 1998. The New Institutional Economics[J]. American Economic Review,88:72—74.

[21]Coff,R. W. 1999. When Competitive Advantage Doesn't Lead to Performance:The Resource-based View and Stakeholder Bargaining Power[J]. Organization Science,10:119—133.

[22]Cohen,W. M. & Levinthal,D. A. 1990. Absorptive Capacity:A New Perspective on Learning and Innovation[J]. Administrative Science Quarterly,35:128—152.

[23]Collis,DJ. and C. A. Montgomery. 2005. Corporate Strategy:Resource and Scope of the Firms[M]. Chicago:McGraw-Hill Irwin,2005.

[24]Crook,T. R. ,Ketchen,D. J. ,Jr. ,Combs,J. G. ,& Todd,S. Y. 2008. Strategic Resources and Performance: A Meta Analysis[J]. Strategic Management Journal,29:1141—1154.

[25]Danneels,E. 2007. The Process of Technological Competence Leveraging

[J]. Strategic Management Journal,28:511—533.

[26]Das,S. ,Srinivasan,K. ,1987. Duration of Firms in an Infant Industry:The Case of Indian Computer Hardware[J]. Journal of Development Economics,53,157—167

[27]Das,T. K. and B. S. Teng. 2002. Alliance Constellations:A Social Exchange Perspective[J]. Academy of Management Review,27,3:445—56.

[28]Davidsson,P. 1991. Continued Entrepreneurship:Ability,Need and Opportunity as Determinants of Small Firm Growth[J]. Journal of Business Venturing,6:405—429.

[29]Dean Shepherd,Johan Wiklund. 2009. Are We Comparing Apples With Apples or Apples With Oranges? Appropriateness of Knowledge Accumulation Across Growth Studies[J]. Entrepreneurship Theory and Practice,1:105—122.

[30]DiMaggio,P. J. and W. W. Powell. 1983. The Iron Cage Revisited:Institutional Isomorphism and Collective Rationality in Organizational Fields[J]. American Sociological Review,48,2:147—60.

[31]Dunne,P. & Hughes,A. 1994. Age,Size,Growth and Survival:UK Companies in the 1980s[J]. Journal of Industrial Economics,42,pp. 115 - 141.

[32]Duval,S. J. & Tweedie,R. L. 2000. A Nonparametric "Trim and Fill" Method of Accounting for Publication Bias in Meta-analysis[J]. Journal of the American Statistical Association,95(449):89—98.

[33]Eichengreen,B. ,D. Park and K. Shin. 2012. When Fast—growing Economies Slow down:International Evidence and Implications for China[J]. Asian Economic Papers,11,42—87.

[34]Elango,B. &Pattnaik,C. 2007. Building Capabilities for International Operations through Networks:A Study of Indian Firms[J]. Journal of International Business Studies,38(4),541—555.

[35]Encarbatuibm,D. 1989. Dislodging Multinationals:India's Comparative Perspectives[M]. New York:Cornell University Press,P. 249.

[36]Erik Brynjolfsson,Andrew Mcfee. 2014. The Second Machine Age[M]. New York:W. W. Norton & Company,Inc..

[37]Evans,D. S. 1987a. The Relationship between Firm Growth,Size and Age:Estimating for 100 Manufacturing Industries[J]. Journal of Industrial Economics,35,pp. 567 581.

[38]Foley,M. W. and B. Edwards. 1999. Is It Time to Disinvest in Social Cap-

ital? [J]. Journal of Public Policy,7,1:38—52.

[39]Foss,N. & Knudsen,T. 2002. The Resource—based Tangle: In Search of Sustainable Foundations[J]. Managerial and Decision Economics,24:291—307.

[40]Fruin,W. M. 1994. The Japanese Enterprise System[M]. Oxford:Clarendon Paperbacks.

[41]Frydman,R. ,Gray,C. ,Hessel,M. ,Rapaczynski,A. 1999. When Does Privatization Work? The Impact of Private Ownership on Corporate Performance in the Transition Economies[J]. Quarterly Journal of Economics,114,1153—1191.

[42]Fukao,M. 1998. Japanese Financial Instability and Weakness in the Corporate Governance Structure[J]. Seoul Journal of Economics,11,2:381—422.

[43]Fulford,B. 2002. The Panic Spreads[J]. Forbes,February 18:68—70.

[44]George,G. 2005. Slack Resources and the Performance of Privately Held Firms[J]. Academy of Management Journal,48:661—676.

[45]Ghemawat,P. 1991. Commitment[M]. New York:Simon and Schuster.

[46]Ghemawat,P. ,& Khanna,T. 1998. The Nature of Diversified Business Groups:A Research Design and Two Case Studies[J]. The Journal of Industrial Economics,46(1),35—61.

[47]Gilbert,B. A. ,McDougall,P. P. & Audretsch,D. B. 2006. New Venture Growth:A Review and Extension[J]. Journal of Management,32:926—950.

[48]Granovetter,M. . N. Smelser,R. . Swedberg. 1994. Business Groups[M]. Handbook of Economic Sociology,453—457.

[49]Grégoire,D. A. ,Corbett,A. C. & McMullen,J. S. 2011. The Cognitive Perspective in Entrepreneurship:An Agenda for Future Research[J]. Journal of Management Studies,48:1443—1477.

[50]Guillen,M. F. 2000. Business Groups in Emerging Economies:A Resource-Based View[J]. Academy of Management Journal,43,3:362—80.

[51]Gulati,R. ,Lavie,D. & Singh,H. 2009. The Nature of Partnering Experience and the Gains from Alliances[J]. Strategic Management Journal,30:1213—1233.

[52]HalitGonenc,Ozgur B. Kan and Ece C. Karadagli. 2007. Business Groups and Internal Capital Markets[J]. Emerging Markets Finance & Trade,Vol. 43,No. 2,pp. 63—81.

[53]Hall,B. H. 1987. The Relationship between Firm Size and Firm Growth in the US Manufacturing Sector[J]. Journal of Industrial Economics,35,pp. 583—

606.

[54]Henderson,A. D. ,Miller,D. & Hambrick,D. C. 2006. How Quickly Do CEOs Become Obsolete? Industry Dynamism,CEO Tenure,and Company Performance[J]. Strategic Management Journal,27:447—460.

[55]Heugens,P. P. ,van Essen,M. & van Oosterhout,J. H. 2009. Meta—analyzing Ownership Concentration and Firm Performance in Asia:Towards a More Fine-grained Understanding[J]. Asia-Pacific Journal of Management,26:481—512.

[56]Hill,C. W. L. 1995. National Institutional Structures,Transaction Cost Economizing and Competitive Advantage:The Case of Japan[J]. Organization Science,6,1 :119—31.

[57]Hiraki,T. ;H. Inoue;A. Ito;F. Furoki and H. Masuda. 2003. Corporate Governance and Firm Value in Japan:Evidence from 1985—1998[J]. Pacific—Basin Finance Journal,11,2:239—65.

[58]Hoskisson,R. E. ;C. W. Hill and H. Kim. 1993. The Multidivisional Structure:Organizational Fossil or Source of Value[J]. Journal of Management,19,2:209—98.

[59]Itoh,M. 2000. Globalization of Japan:Japanese Sakoku Mentality and U. S. Effort to Open Japan[M]. New York:St. Martin's Press.

[60]J. W. Lu,D. Xu. 2006. Growth and Survival of International Joint Ventures:An External-internal Legitimacy Perspective[J]. Journal of Management,Vol. 32,No. 3,pp. 426—448.

[61]Jensen,M. C. and W. H. Meckling. 1976. Theory of the Firm:Managerial Behavior,Agency Costs and Ownership Structure[J]. Journal of Financial Economics,3,4:305—60.

[62]Kae H. Chung. 2004. Business Groups in Japan and Korea:Theoretical Boundaries and Future Direction[J]. International Journal of Political Economy,vol. 34,no. 3,pp. 67—98.

[63]Khanna,T. and J. W Rivkin. 2001. Estimating the Performance Effects of Business Groups in Emerging Markets[J]. Strategic Management Journal,22,no. 1:45—74

[64]Khanna,T. and K. Palepu. 1997. Why Focused Strategies May Be Wrong for Emerging Economies[J]. Harvard Business Review,75,4:41—51.

[65]Khanna,T. and Y. Yafeh. 2007. Business Groups in Emerging Markets:Paragons or Parasites? [J]. J. Economic. Literature,45(2):331—372.

[66]Khanna,T. Rivkin,J. W. 2001. Estimating the Performance Effects of Business Groups[J]. Strategic Management Journal,22(1):45—74.

[67]Kim,B. and I. Lee. 2003. Agency Problems and Performance of Korean Companies During the Asian Financial Crisis:Chaebol V. S. Non-Chaebol Firms[J]. Pacific-Basin Financial Journal,11. 3:327—48.

[68]Kim,C. & Bettis,R. A. 2014. Cash Is Surprisingly Valuable as A Strategic Asset[J]. Strategic Management Journal,35:2053—2063.

[69]Kraatz,M. S. & Zajac,E. J. 2001. How Organizational Resources Affect Strategic Change and Performance in Turbulent Environments:Theory and Evidence[J]. Organization Science,12:632—657.

[70]Krugman,P. 1991b. Increasing Returns and Economic Geography[J]. Journal of Political Economy,99,pp. 483—499.

[71]Krugman,P. 1998. Space:the Final Frontier[J]. Journal of Economic Perspectives,12,pp. 161—174.

[72]Lee,CY. 2010. A Theory of Firm Growth:Learning Capability,Knowledge Threshold,and Patterns of Growth[J]. Research Policy,39;pp:278—289.

[73]Leff,N. H. 1978. Industry Organization and Entrepreneurship in the Developing Countries: The Economic Groups[J]. Economic Development and Cultural Change,(78):661—674.

[74]Levinthal,D. A. 1991. Random Walks and Organizational Mortality[J]. Administrative Science Quarterly,36:397—420.

[75]Lieberman,M. B. & Montgomery,D. B. 1988. First—mover Advantages[J]. Strategic Management Journal,9(S1):41—58.

[76]Manikandan,K. S. & Ramachandran,J. 2015. Beyond Institutional Voids: Business Groups,Incomplete Markets,and Organizational Form[J]. Strategic Management Journal,36(4),598 - 617.

[77]March,J. G. 1991. Exploration and Exploitation in Organizational Learning[J]. Organization Science,2:71—87.

[78]Markides,C. C. and P. J. Williamson. 1994. Related Diversification,Core Competencies and Corporate Performance[J]. Strategic Management Journal,15(Summer Special Issue):149—65.

[79]Mauri,A. J. & Michaels,M. P. 1998. Firm and Industry Effects within Strategic Management:An Empirical Examination[J]. Strategic Management Journal,19:211—219.

[80]Milana,C. and J. Wang . 2013. Fostering Entrepreneurship in China: A Survey of the Economic Literature[J]. Strategic Change,22,387—415.

[81]Miller,C. C. & Cardinal,L. B. 1994. Strategic Planning and Firm Performance: A Synthesis of More Than Two Decades of Research[J]. Academy of Management Journal,37:1649—1665.

[82]Miller, C. C. , Washburn, N. T. & Glick, W. H. 2013. Perspective: The Myth of Firm Performance[J]. Organization Science,24:948—964.

[83]Mishina, Y. , Pollock, T. G. &Porac, J. F. 2004. Are More Resources always better for Growth? Resource Stickiness in Market and Product Expansion[J]. Strategic Management Journal,25:1179—1197.

[84]Moran,P. & Ghoshal,S. 1999. Markets,Firms,and the Process of Economic Development[J]. Academy of Management Review,24:390—412.

[85]N. Singh,S. Kundu. 2002. Explaining the Growth of E-commerce Corporations (ECCs): An Extension and Application of the Ethic Paradigm[J]. Journal of International Business Studies,Vol. 33,No. 4,pp. 679—697.

[86]Narayanan,M. P. 2012. Managerial Incentives for Short-term Results[J]. The Journal of Finance,40:1469—1484.

[87]Nelson,B. J. & Barley,S. R. 1997. For Love or Money? Commodification and the Construction of an Occupational Mandate[J]. Administrative Science Quarterly,42:619—653.

[88]Nelson,R. R. & Winter,S. G. 1982. An Evolutionary Theory of Economic Change[M]. Cambridge,MA: Belknap Press.

[89]O'Sullivan, Arthur; Sheffrin, Steven M. 2003. Economics: Principles in Action[M]. Upper Saddle River,NJ: Pearson Prentice Hall. p. 157.

[90]P. A. Geroski. 2005. Understanding the Implications of Empirical Work on Corporate Growth Rates[J]. Managerial and Decision Economics,26:129—138.

[91]Paul Krugman. 2013. End This Depression Now[M]. New York: W. W. Norton & Company, Inc. ,Reprint edition.

[92]Penrose,E. 1955. Limits to the Growth and Size of firms[M]. American Economic Review,45:531—543.

[93]Peteraf, M. A. 1993. The Cornerstones of Competitive Advantage: A resource—based view[J]. Strategic Management Journal,14:179—191.

[94]Peteraf,M. A. & Barney,J. B. 2003. Unraveling the Resource-based Tangle[J]. Managerial and Decision Economics,24:309—323.

[95]Porter,M. E. 1980. Competitive strategy[M]. New York:Free Press.

[96]Prahalad,C. K. & Hamel,G. 1990. The Core Competence of the Corporation[J]. Harvard Business Review,68(3):79—93.

[97]R. Larsson, K. R. Brousseau, M. J. Driver, M. Holmqvist & V. Tarnovskaya,2003,International Growth through Cooperation: Bran-driven Strategies, Leadership,and Career Development in Sweden[J]. Academy of Management Executive,Vol. 17,No. 1,pp. 7—21.

[98]Robert S. Nason,Johan Wiklund. 2015. An Assessment of Resourced-Based Theorizing on Firm Growth and Suggestions for the Future[J]. Journal of Management,pp. 1—29.

[99]Rumelt,R. P. 1984. Toward a Strategic Theory of the Firm[M]. In R. Lamb (Ed.),Competitive strategic management 556—570. Englewood Cliffs, NJ: Prentice Hall.

[100]Russo,M. 1991. The Multidivisional Structure as an Enabling Device: A Longitudinal Study of Discretionary Cash as Strategic Resource[J]. Academy of Management Journal,34:718—733.

[101]Saibal Ghosh. 2009. Do Productivity and Ownership Really Matter for Growth? Firm—level Evidence[J]. Economic Modeling,26:1403—1413.

[102]Sapienza,H. J. ,Autio,E. ,George,G. & Zahra,S. A. 2006. A Capabilities Perspective on the Effects of Early Internationalization on Firm Survival and Growth[J]. Academy of Management Review,31:914—933.

[103]Scherer, F. M. 1982. Inter-industry Technology Flows in the United States[J]. Res. Policy,11(4):227—245.

[104]Schumpeter,J. A. 1934. The Theory of Economic Development: An Inquiry into Profits,Capital,Credit,Interest and the Business Cycle[M]. Cambridge, MA: Harvard University Press.

[105]Scott,W. R. 1995. Institutions and Organizations[M]. Thousand Oaks, CA: Sage Publishing.

[106]Shepherd,D. &Wiklund,J. 2009. Are We Comparing Apples with Apples or Apples with Oranges? Appropriateness of Knowledge Accumulation across Growth Studies[J]. Entrepreneurship Theory and Practice,33:105—123.

[107]Simonin,B. L. 1999. Ambiguity and the Process of Knowledge Transfer in Strategic Alliances[J]. Strategic Management Journal,20:595—623.

[108]Sirmon,D. G. ,Hitt,M. A. & Ireland,R. D. 2007. Managing Firm Re-

sources in Dynamic Environments to Create Value: Looking inside the Black Box[J]. Academy of Management Review, 32: 273—292.

[109]Stein, J. 1997. Internal Capital Markets and the Competition for Corporate Resources[J]. J. Finance, 52(1) 111—133.

[110]T. R. Holcomb, J. G. Combs, D. C. Sirmon & J. Sexton, 2010, Modeling Levels and Time in Entrepreneurship Research an Illustration With Growth Strategies and Post—IPO Performance[J]. Organizational Research Methods, Vol. 13, No. 2, pp. 348—389.

[111]Teece, D. J. 1982. Towards an Economic Theory of the Multiproduct Firm [J]. Journal of Economic Behavior & Organization, 3: 39—63.

[112]Teece, D. J. , Pisano, G. & Shuen, A. 1997. Dynamic Capabilities and Strategic Management[J]. Strategic Management Journal, 18: 509—533.

[113]Teece, David J. 1980. Economies of Scope and the Scope of the Enterprise [J]. Journal of Economic Behavior & Organization, 1(3).

[114]Toke Reichstein, Michael S. Dahl. April 2004. Are Firm Growth Rates Random? Analyzing Patterns and Dependencies[J]. International Review of Applied Economics, Vol. 18, No. 2, 225—246.

[115]Tsai, W and S. Ghoshal. 1998. Social Capital and Value Creation: The Role of Inter firm Networks[J]. Academy of Management Journal, 41, 1: 464—76.

[116]Wernerfelt, B. 1984. A Resource-based View of the Firm[J]. Strategic Management Journal, 5: 171—180.

[117]Zupic, I. and Drnovsek, M. 2014. Firm Growth: Research Front and Intellectual Structure[A]. Academy of Management Conference, Philadelphia.

[118]巴尔塔基. 面板数据计量经济分析[M]. 北京:中国人民大学出版社,2010.

[119]曾萍,蓝海林. 企业成长战略的政府导向抑或市场导向:珠三角 173 个样本[J]. 改革,2013(10):115—123.

[120]陈岩,翟瑞瑞,韩文征. 2014. 国际化战略、逆向技术溢出与企业成长——整合资源与制度视角的中国企业经验分析[J]. 科研管理(6):24—32.

[121]程丽霞. 2006. 中国企业成长的系统分析[D]. 吉林大学.

[122]崔小花. 2006. 准确把握五大发展理念,推动国资国企改革发展——中央企业、地方国资委负责人会议在京召开[J]. 上海国资 (2):5—6.

[123]杜传忠,郭树龙. 2012. 经济转轨期中国企业成长的影响因素及其机理分析[J]. 中国工业经济(11)97—109.

[124]杜飞进. 1994. 企业论[M]. 北京:人民出版社.

[125]龚丽敏,江诗松. 2014. 21世纪以来企业成长研究的最新进展[J]. 国外社会科学 (1):41—52.

[126]国家统计局. 2002. 2011年中国大企业[M]. 北京:中国统计出版社.

[127]国家工商行政管理总局. 1998年4月6日.《企业登记管理暂行规定》.

[128]侯杰,陆强,石涌江,戎珂. 2011. 基于组织生态学的企业成长演化:有关变异和生存因素的案例研究[J]. 管理世界 (12):116—130.

[129]黄伟雄. 1987. 企业的含义、模式和状况[J]. 经济问题(8).

[130]黄亚生,张世伟,余典范,王丹. 2015. MIT创新课——麻省理工模式对中国创新创业的启迪[M]. 北京:中信出版社.

[131]黄亚生,王丹,张世伟. 2016. 创新的创新——社会创新模式如何引领众创时代[M]. 杭州:浙江人民出版社.

[132]蒋一苇. 1991. 企业概论[M]. 北京:中国劳动出版社.

[133]蓝海林. 2007. 中国企业概念的演化:背离与回归[J]. 管理学报(5):306—311.

[134]李洪亚. 2014. R&D、企业规模与成长关系研究[J]. 世界经济文汇(6):98—120.

[135]李洪亚. 2016. 生产率、规模对企业成长与规模分布会有什么样的影响?——基于1998—2007年中国非制造业工业企业数据的实证研究[J]. 南开经济研究(2):92—115.

[136]李朴民. 1994. 现代中国企业形成、运行与管理协调[M]. 北京:中国经济出版社.

[137]厉以宁. 1986年10月18日. 企业与垄断·竞争[N]. 光明日报.

[138]刘晔,曾经元等. 2019. 科研人才集聚对中国区域创新产出的影响[J]. 经济地理(7):141—147.

[139]陆亚东,孙金云. 2013. 中国企业成长战略新视角:复合基础观的概念、内涵和方法[J]. 管理世界(10):106—117.

[140]罗本德,张皎. 2014. 企业成长模式的国际比较[J]. 重庆大学学报(社会科学版) (1):64—74.

[141]孟嗣宗. 2007. 创新——中国汽车工业之魂[M]. 北京:北京理工大学出版社.

[142]彭坚. 1989. 企业的制式及其规范性[J]. 经济管理(11).

[143][日]奥村宏. 1981. 日本六大企业[M]. 沈阳:辽宁人民出版社.

[144]盛毅. 2010. 中国企业发展的理论与实践[M]. 北京:人民出版社.

[145]王丹. 2008. 百变GE[J]. 装备制造(2—3):78—86.

[146]王丹. 2008. 资源整合:上汽集团的制胜法宝[J]. 装备制造(7).

[147]王丹,王玉. 2012. 中国汽车企业的软实力测评和提升——来自上汽集团的案例[J]. 中国工业经济(6):133—146.

[148]王丹. 2019. 世界一流制造企业服务化转型升级[J]. 清华管理评论(7—8):122—130.

[149]王钦,贺俊. 2008. 我国企业成长力的理论基础和指标体系构建[J]. 经济管理(10):90—96.

[150]王永进,盛丹,李坤望. 2017. 中国企业成长中的规模分布——基于大企业的研究[J]. 中国社会科学(3:)26—47.

[151]王小鲁,余静文,樊纲. 2016年4月14日. 中国市场化八年进程报告[EB/OL]. 人民论坛. http://www. rmlt. com. cn/2016/0414/423199. shtml.

[152]王学工,刘人怀. 2012. 企业成长模式与上市国有企业多元化行为研究[J]. 管理学报 (1):38—44.

[153]王铮. 2016. 上海国资"十三五":谋划新格局[J]. 上海国资(3):54—56.

[154]吴鑑洪,赵卫亚,谢祺. 2014. 面板向量分位数回归及其在居民消费行为研究中的应用[J]. 统计研究(6):91—97.

[155]吴俊杰,戴勇. 企业家社会网络、组织能力与集群企业成长绩效[J]. 管理学报,213(4):516—523.

[156]吴晓波. 2012年9月4日. 创新创业可以学习中美企业创新差距在哪[EB/OL]. 网易财经. http://money. 163. com/12/0904/15/8AIOBMGC00254S6G. html

[157]吴越. 2003. 企业法理研究[M]. 北京:法律出版社.

[158]徐鹏,陈欣,白贵玉. 2014. 中国企业管理研究现状之评价[J]. 科技管理研究(16):233—237.

[159]杨其静. 2011. 企业成长:政治关联还是能力建设?[J]. 经济研究(10):54—66.

[160]殷群. 2014. "世界级"创新型企业成长路径及驱动因素分析——以苹果、三星、华为为例[J]. 中国软科学(10):174—181.

[161]游德馨. 1987. 企业组建的若干问题探讨[J]. 福建论坛(11).

[162]原国家体改委,原国家经委. 1987年12月16日发布,《关于组建和发展企业的几点意见》.

[163]张汉林,蔡春华. 2007. . 韩国规划改革——经济合作和发展组织考察报告[M]. 上海:上海财经大学出版社。

[164]张维迎,周黎安,顾全林. 2005. 高新技术企业的成长及其影响因素:分位回归模型的一个应用[J]. 管理世界(10):94—101.

[165]中国企业代表团. 1994. 日本企业发展经验及启示——中国企业代表团访日考察报告[J]. 管理世界 (1):98－107.

附件　上汽调研问卷和访谈大纲附件

附件(1)　问卷样张

感谢您支持我们的调查！本次调查的目的是探讨上汽集团软实力的问题。调查以无记名方式进行。回答没有对错，只作为整体分析之用。请您按照自己的想法回答。您回答的真实性对于我们研究的准确性十分重要。

一、量表题

请您在每道题目之后1、2、3、4、5中选出一个数字，并在相应的数字上打画"√"，用它来反映上汽集团的真实状况。

题　项	非常不同意	不太同意	基本同意	比较同意	非常同意
1. 您在集团有较强的归属感和荣誉感 ……………	1	2	3	4	5
2. 您非常清楚集团的使命 …………………………	1	2	3	4	5
3. 您非常了解或认同集团的核心价值观……………	1	2	3	4	5
4. 您在集团有较强的学习或创新意愿 ……………	1	2	3	4	5
5. 您在集团乐意表达自己的意见或见解……………	1	2	3	4	5
6. 您认为集团生产的汽车性价比高……………………	1	2	3	4	5
7. 您认为集团尊重员工的利益…………………………	1	2	3	4	5
8. 您认为集团注重消费者的利益………………………	1	2	3	4	5
9. 您认为集团注重节能减排和环境保护……………	1	2	3	4	5
10. 您认为集团积极参与社会公益活动 ……………	1	2	3	4	5
11. 您认为集团追求可持续发展 ……………………	1	2	3	4	5
12. 您认为集团自主品牌开发战略明确 ……………	1	2	3	4	5

续表

题　项	非常不同意	不太同意	基本同意	比较同意	非常同意
13. 您认为集团注重自主品牌开发 ……………………	1	2	3	4	5
14. 您认为集团自主品牌开发起步晚 …………………	1	2	3	4	5
15. 您认为集团自主品牌在国内竞争力强 …………	1	2	3	4	5
16. 您认为集团技术创新方向明确 ……………………	1	2	3	4	5
17. 您认为合资模式制约了集团的自主创新 ………	1	2	3	4	5
18. 您认为集团研发费用投入高 ………………………	1	2	3	4	5
19. 您认为集团自主研发能力强 ………………………	1	2	3	4	5
20. 您认为集团新产品开发速度快 ……………………	1	2	3	4	5
21. 您认为集团技术人才缺乏 …………………………	1	2	3	4	5
22. 您认为集团注重研发人员的激励 …………………	1	2	3	4	5
23. 您了解集团的发展战略 ……………………………	1	2	3	4	5
24. 您认为集团高层领导具有战略眼光 ……………	1	2	3	4	5
25. 您认为集团发展战略得到有力执行 ……………	1	2	3	4	5
26. 您认为集团发展定位准确 …………………………	1	2	3	4	5
27. 您认为集团的国际化战略明确 ……………………	1	2	3	4	5
28. 您认为集团的风险意识强 …………………………	1	2	3	4	5
29. 您认为集团应对危机的能力强 ……………………	1	2	3	4	5
30. 您认为集团的管理者中外籍人士逐渐增加 ……	1	2	3	4	5
31. 您认为集团的高级管理者多数有国际背景 ……	1	2	3	4	5
32. 您认为集团在跨国管理中得到了学习和锻炼 …	1	2	3	4	5
33. 您认为集团的并购整合能力弱 ……………………	1	2	3	4	5
34. 您认为集团的国际化人才缺乏 ……………………	1	2	3	4	5
35. 您认为集团的国际市场开拓不足 …………………	1	2	3	4	5
36. 您认为集团领导的国际化战略意识不强 ………	1	2	3	4	5
37. 您认为集团零部件供应体系完备 …………………	1	2	3	4	5
38. 您认为集团信息化管理水平高 ……………………	1	2	3	4	5
39. 您认为集团的生产体系效率高 ……………………	1	2	3	4	5
40. 您认为集团的投融资能力强 ………………………	1	2	3	4	5
41. 您认为集团的售后服务好 …………………………	1	2	3	4	5
42. 您认为集团的客户关系管理能力强 ……………	1	2	3	4	5

二、选择/填空题(可多选)

1. 您认为上汽集团汽车的竞争力主要体现在( )。

A. 技术 B. 品牌 C. 服务 D. 营销

E. 其他

2. 您认为未来汽车企业的核心竞争力体现在( )。

A. 新能源技术 B. 知名品牌

C. 完善的服务 D. 低价格

E. 高性价比的汽车 F. 其他

3. 您认为制约上汽集团发展的关键要素是( )。

A. 合资带来的制约 B. 管理体系的束缚

C. 自主研发能力不足 D. 生产成本较高

E. 零部件供应体系不完善 F. 发展战略不清晰

G. 缺乏学习和创新的氛围 H. 员工得不到有效激励

I. 其他

4. 上汽集团要建成世界级的汽车企业,亟待改善和提升的是( )。

A. 领导人的战略意识 B. 自主品牌形象

C. 自主创新能力 D. 国际化拓展能力

E. 供应链管理能力 F. 提供服务的能力

G. 市场营销的能力 H. 组织的学习能力

I. 开放的文化氛围 J. 集团的管理体制

K. 其他

5. 请您用一句话描述上汽集团的企业文化:________________。

附件(2)FOR:experts(针对专家)

尊敬的专家:

此次调研是学术课题《中国企业成长模式研究——以上汽为例》中的一部分。

鉴于您在汽车行业研究领域取得的卓越成绩,研究小组成员期望通过访谈,感知、学习和了解中国汽车企业的软实力状况,以充实、完善和丰富理论研究成果。

此次调研将采取访谈的形式进行,预计需要45分钟时间,涉及的内容仅作学术探讨之用,请各位专家及资深人士畅所欲言、各抒己见!

题项如下:

1. 金融危机和新能源战略为上汽集团带来了什么样的机遇?
2. 上汽集团与世界级汽车企业最根本的差距是什么?
3. 上汽集团应该创造什么样的文化氛围以提升竞争力?
4. 合资模式中上汽集团应该如何有效实施自主创新和自主品牌建设?
5. 上汽集团在未来的激烈竞争中需要具备怎样的优势,培养什么样的核心竞争力?
6. 上汽集团培养和提升自身的软实力比较有效的路径是什么?
7. 预测未来能够成为世界级汽车企业的中国汽车企业。

非常感谢您对本项研究的大力支持和帮助!

附件(3)　FOR:enterprises(针对汽车企业高层管理人员)

尊敬的领导:

此次调研是学术课题《中国企业成长模式研究——以上汽为例》中的一部分。

鉴于贵公司的知名度和在竞争力培养与提升中取得的卓越成绩,研究小组成员期望通过实地调研感知、学习和了解贵公司的宝贵经验,以充实、完善和丰富理论研究成果。

此次调研将采取访谈的形式进行,预计需要45分钟时间,涉及的内容仅作学术探讨之用,请各位领导、实干家及资深人士畅所欲言、各抒己见!

题项如下:

1. 金融危机和新能源战略为中国汽车企业带来了什么样的机遇?贵公司打算如何实现“弯道超车”?

2. 中国汽车企业与世界级汽车企业最根本的差距是什么?

3. 中国汽车企业应该创造什么样的文化氛围以提升竞争力?

4. 合资模式中中国汽车企业应该如何有效实施自主创新和自主品牌建设?

5. 民营汽车企业在未来的激烈竞争中需要具备怎样的优势,培养什么样的核心竞争力?

6. 预测未来能够成为世界级汽车企业的中国汽车企业。

7. 中国汽车企业培养和提升自身的软实力比较有效的路径是什么?

非常感谢贵公司对本项研究的大力支持和帮助!